FILOSOFIA EM TEMPO DE TERROR

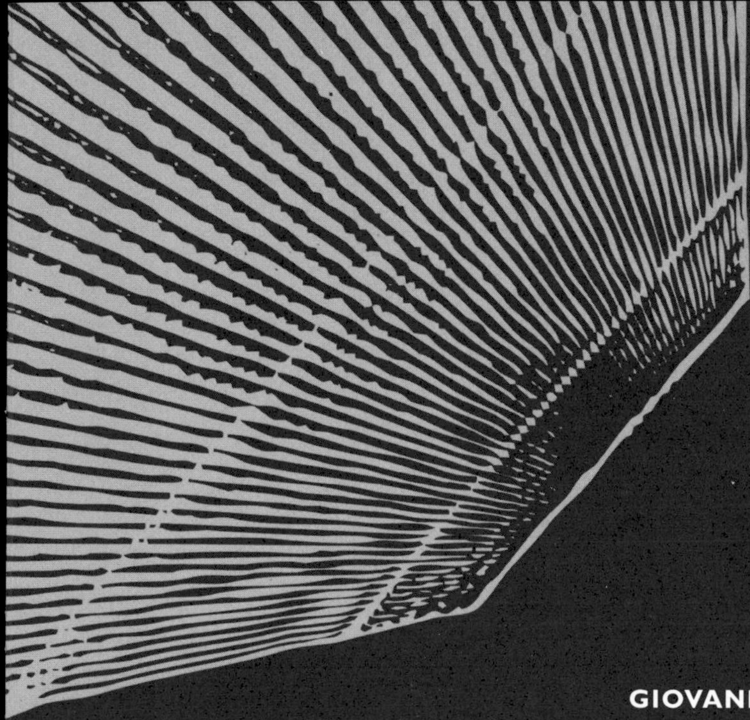

GIOVANNA BORRADORI

FILOSOFIA EM TEMPO DE TERROR

DIÁLOGOS COM HABERMAS E DERRIDA

Tradução: Roberto Muggiati

Jorge Zahar Editor
Rio de Janeiro

Para Gerardo e Lucia Zampaglione,
meus pequenos heróis particulares

Título original:
Philosophy in a time of terror
(Dialogues with Jürgen Habermas and Jacques Derrida)

Jorge Zahar Editor Ltda.
rua México 31 sobreloja
20031-144 Rio de Janeiro, RJ
tel.: (21) 2240-0226 / fax: (21) 2262-5123
e-mail: jze@zahar.com.br
site: www.zahar.com.br

Capa: Sérgio Campante

CIP - Brasil. Catalogação-na-fonte
Sindicato Nacional dos Editores de Livros, RJ.

Habermas, Jürgen, 1929-
H119f Filosofia em tempo de terror : diálogos com Jürgen Habermas e Jacques Derrida / Giovanna Borradori ; tradução Roberto Muggiati. — Rio de Janeiro: Jorge Zahar Ed., 2004

Tradução de: Philosophy in a time of terror: (dialogues with Jürgen Habermas and Jacques Derrida)
ISBN 85-7110-799-8

1. Habermas, Jürgen, 1929- — Entrevistas. 2. Derrida, Jacques, 1930- — Entrevistas. 3. Atentado terrorista de 11 de setembro de 2001. 4. Terrorismo — Filosofia. 5. Ciência política — Filosofia. I. Derrida, Jacques, 1930-. II. Borradori, Giovanna. III. Título.

CDD 303.625
04-1371 CDU 316.485.26

SUMÁRIO

SUMÁRIO

PREFÁCIO

Filosofia em tempo de terror

Os livros de filosofia raramente são concebidos em um ponto preciso do tempo ou em algum lugar específico. Kant ruminou *A crítica da razão pura* durante 11 anos: ele chamou-os de "a década silenciosa". Spinoza trabalhou a maior parte da sua vida na *Ética*, que foi publicada postumamente. Sócrates jamais escreveu uma única linha. O caso deste livro é diferente, pois a idéia inicial foi concebida no breve espaço de algumas horas, na cidade de Nova York, durante a manhã de 11 de setembro de 2001.

Vivi de perto a data de 11 de setembro: estava separada de meus filhos, que ficaram presos nas suas escolas, em extremos opostos da cidade, e de meu marido, que é repórter e correu para salvar a vida enquanto cobria o ataque às Torres Gêmeas. Da minha perspectiva, o impensável irrompeu em uma gloriosa manhã de final do verão, transformando-a inexplicavelmente em algo próximo do apocalipse. Toda comunicação foi cortada subitamente: telefone e Internet foram desligados, não havia transporte público disponível, os aeroportos se fecharam, e também as estações ferroviárias e pontes. Tal como o resto do mundo, acompanhei a tragédia se desdobrando pela televisão; ao contrário do resto do mundo, eu sabia que a uns 50 quarteirões da minha casa inúmeras pessoas jogavam-se do alto de 90 andares para a morte, algumas de mãos dadas, outras sozinhas. Enquanto o World Trade Center se esfacelava, a escalada de acontecimentos parecia estar completamente em aberto: o Pentágono encontrava-se em chamas, o presidente deslocando-se no ar, o vice-presidente escondido em local secreto, a Casa Branca evacuada, e notícias de uma explosão no Capitólio haviam desencadeado uma correria de senadores e congressistas. Até a confirmação de que o quarto avião seqüestrado caíra na Pensilvânia, eu, como muitos, achava-me convencida de que o pior ainda estava para acontecer.

Embora o grau de envolvimento pessoal varie de caso a caso, virtualmente todo nova-iorquino lembra-se em detalhe do que estava fazendo quando soube que dois aviões comerciais cheios de passageiros e de combustível haviam colidido com os edifícios mais altos de Manhattan. Advogados de Wall Street e motoristas de táxi, lojistas e atores da Broadway, porteiros e acadêmicos — todos têm uma história a contar. Até as crianças possuem suas histórias especiais, geralmente coloridas por descrença, medo e solidão.

A minha história é a de uma filósofa em tempo de terror, e como qualquer outra, está de modo singular entrelaçada à vida de sua narradora. Assim, inevitavelmente, minha história tem a ver com a Europa e a tradição filosófica européia, da qual Jürgen Habermas e Jacques Derrida são indiscutivelmente as duas maiores vozes vivas. Ensurdecida pela miríade de sirenes correndo para o sul da cidade e sozinha no meu apartamento do East Side, recordo-me de tentar focalizar a realidade da minha vida para além do momento imediato. Entre muitos outros pensamentos que de forma caótica se amontoavam em minha cabeça, lembrei que tanto Habermas como Derrida eram esperados em Nova York — cada qual por seu lado e vindos por canais diferentes — dentro de apenas poucas semanas. Comecei a pensar: será que ainda conseguirão vir? O que pensarão da tragédia? Chegarei a ter uma oportunidade de perguntar isso a eles?

Habermas e Derrida acabaram chegando a Nova York de acordo com os planos originais, e tive o privilégio de comparar suas reações diante do mais devastador ataque terrorista da história: elas são o foco de *Filosofia em tempo de terror*. Apesar das muitas referências aos acontecimentos atuais, o fio condutor desses diálogos consiste em submeter à análise filosófica as questões mais urgentes em relação ao terror e ao terrorismo. Teria a lei internacional clássica se tornado obsoleta diante das novas ameaças subnacionais e transnacionais? Quem é soberano sobre quem? É oportuno avaliar a globalização por meio das noções de cosmopolitismo e de cidadania mundial? Será a noção política e filosófica de diálogo, tão crucial para toda estratégia diplomática, uma ferramenta universal de comunicação? Ou será o diálogo uma prática cultural específica, que às vezes poderia simplesmente se mostrar inadequada? E, afinal, sob que condições o diálogo é uma opção viável?

A ideologia explícita dos terroristas responsáveis pelos ataques de 11 de setembro rejeita a modernidade e a secularização. Como estes conceitos foram articulados da primeira vez pelos filósofos do Iluminismo, a filosofia é chamada à ação, pois é evidente que pode oferecer uma contribuição única nessa delicada injunção geopolítica. Em meu ensaio introdutório, "Terrorismo e o legado do Iluminismo: Habermas e Derrida", defendo esta tese a partir do ângulo descortinado pelas leituras marcadamente distintas do Iluminismo feitas pelos dois filósofos. Discuto também a relação entre filosofia e história, e identifico diferentes modelos de engajamento político. Isso permitirá ao leitor situar as intervenções de Habermas e Derrida em um contexto mais amplo.

Os diálogos aqui publicados não expressam só os estilos de pensamento singulares de Habermas e Derrida, mas trazem a campo o próprio cerne de suas teorias filosóficas. Cada diálogo é acompanhado por um ensaio crítico no qual meu propósito é realçar as principais argumentações sobre terror e terrorismo que Habermas e Derrida constroem na ocasião, mas também mostrar como elas se encaixam no contexto mais amplo de seus respectivos arcabouços teóricos.

Este livro registra a primeira ocasião em que Habermas e Derrida concordaram em aparecer lado a lado, respondendo a uma seqüência similar de perguntas, de modo paralelo. Admiro imensamente a disposição que tiveram para fazer isso em relação ao tema de 11 de setembro e da ameaça do terrorismo global.

Em 11 de setembro de 2001 Habermas estava em sua casa, em Stamberg, no sul da Alemanha, onde vive há muitos anos. Derrida encontrava-se em Xangai, na China, para uma série de palestras. A notícia chegou quando estava sentado em um café com um amigo. O livro conta também as histórias deles. Nos dois diálogos que mantiveram comigo, os filósofos relataram o que significou para eles estar em Nova York, cidade que ambos amam, durante o período imediatamente após o dia 11 de setembro. Os dois foram profundamente afetados pelo pânico gerado pelos ataques a antraz e pela devastação emocional que se podia sentir simplesmente caminhando na rua. A história deles, porém, é também a história daquilo que lhes foi exigido, como filósofos, para expor a estrutura do seu pensamento à mais dura de todas as tarefas: a avaliação de um acontecimento histórico único. Em razão da enorme autoconfiança e do risco que tal exposição acarreta, para um filósofo, esta *é* uma história muito pessoal para se contar.

O encontro com aquele que talvez tenha sido o dia mais destrutivo de suas vidas de adultos produziu em Habermas e em Derrida reações muito autênticas; reações no sentido de reflexo do modo extremamente original como cada um deles modela, combina e cria idéias.

O diálogo com Habermas é denso, muito compacto e elegantemente tradicional. O uso um tanto espartano da linguagem permite que seu pensamento progrida de conceito em conceito, com o ritmo regular e lúcido que tanto distinguiu a filosofia clássica alemã.

Em contraste, o diálogo com Derrida leva o leitor por uma estrada mais longa e tortuosa, que se abre imprevistamente para amplas paisagens e canyons estreitos, alguns tão profundos que o leito permanece longe da vista. A extrema sensibilidade para os fatos sutis da linguagem torna o pensamento de Derrida virtualmente inseparável das palavras com que ele se expressa. A magia desse diálogo é apresentar de uma maneira acessível e concentrada sua capacidade incomparável de combinar inventividade e rigor, circunlóquio e firmeza. Outro grande filósofo francês, Blaise Pascal, falou desses pares como os dois registros da filosofia: *esprit de finesse* e *esprit de géométrie.*

Apesar das diferenças marcantes das duas abordagens, tanto Habermas quanto Derrida defendem que o terrorismo é um conceito fugaz que expõe a arena política global a perigos iminentes e a desafios futuros. Não está claro, por exemplo, em que base o terrorismo pode reivindicar para si um conteúdo político e assim se separar da atividade criminosa comum. Trata-se também de uma questão aberta saber se pode existir terrorismo de Estado, se o terrorismo pode ser claramente distinguido da guerra e, finalmente, se um Estado, ou uma coalizão de estados, pode declarar guerra a algo que não seja uma entidade política. Essa fugacidade é com muita freqüência ignorada pela mídia ocidental e pelo Departamento de Estado norte-americano, que usam a palavra *terrorismo* como um conceito auto-evidente.

Habermas reconstrói o conteúdo político do terrorismo em função do realismo de suas metas, de modo que o terrorismo adquire conteúdo político apenas retrospectivamente. Em movimentos nacionais de libertação, é muito comum que aqueles considerados como tal — e possivelmente até condenados como terroristas — se tornem, em uma súbita virada dos acontecimentos, os novos líderes políticos. Uma vez que o tipo de terrorismo trazido à luz por 11 de setembro não parece possuir metas politicamente realistas, Habermas desqualifica seu conteúdo político. Nesse sentido, ele se mostra bastante alarmado pela decisão de declarar guerra ao terrorismo, o que viria a conferir a ele legitimidade política. Também se preocupa com a perda potencial de legitimidade por parte dos governos liberais democráticos, que vê sistematicamente expostos ao perigo de reagir de modo exagerado contra um inimigo desconhecido. Esta é uma preocupação considerável, tanto do ponto de vista doméstico — plano no qual a militarização da vida comum poderia minar o funcionamento do Estado constitucional e restringir as possibilidades de participação democrática — como do internacional — em que lançar mão de recursos militares pode se demonstrar uma atitude desproporcional ou ineficaz.

Derrida alega que a desconstrução da noção de terrorismo é a única forma de ação politicamente responsável, porque o uso público dessa noção como se ela fosse evidente em si mesma ajuda perversamente a causa terrorista. Tal desconstrução do que é considerado uma noção auto-evidente consiste em mostrar que as séries de distinções dentro das quais entendemos o significado do termo *terrorismo* estão crivadas de problemas. No pensamento de Derrida, a guerra acarreta a intimidação dos civis e, assim, envolve aspectos de terrorismo; também não se pode fazer qualquer separação rigorosa entre diferentes tipos de terrorismo, como o nacional e o internacional, o local e o global. Ao rejeitar a possibilidade de agregar algum predicado à suposta substância do terrorismo, obviamente negamos que ele tenha qualquer significado, programa e conteúdo político estáveis.

Além disso, Derrida exorta-nos à vigilância quanto à relação entre terrorismo e sistema de comunicação globalizado. É verdade que desde 11 de setembro a mídia vem bombardeando o mundo com imagens e reportagens sobre o terrorismo. Derrida acha que isso exige uma reflexão crítica. Ao se apegarem à lembrança traumática, as vítimas tipicamente tentam afiançar-se de que são capazes de suportar o impacto daquilo que poderá se repetir. Desde 11 de setembro todos nos vimos forçados a fazer um exercício de tranqüilização, e o resultado disso é que o terror parece menos um acontecimento passado do que uma possibilidade futura. Derrida de fato está chocado com o modo pelo qual a mídia tão ingenuamente contribuiu para multiplicar a força dessa experiência traumática. Mas ao mesmo tempo fica desconcertado ao ver como é real a ameaça de que o terrorismo possa explorar as redes de tecnologia e informação. Apesar de todo o horror que testemunhamos, disse-me ele, não é inviável que um dia tenhamos de nos lembrar de 11 de setembro como o último elo entre terror e território, como a última erupção de um teatro da violência arcaico, destinado a chocar a imaginação. Pois os ataques futuros — como seria o caso de armas químicas e biológicas, ou simplesmente de importantes disrupções da comunicação digital — poderão ser silenciosos, invisíveis e em última análise inimagináveis.

Diante desses perigos devastadores, tanto Habermas como Derrida fazem apelo para uma reação planetária envolvendo a mudança da legislação internacional clássica, ainda ancorada no modelo de Estado-nação do século XIX, rumo a uma nova ordem cosmopolita, em que os principais atores políticos seriam instituições multilaterais e alianças continentais.

Essa transição pode demandar, do ponto de vista prático, a criação de novas instituições. Sem dúvida alguma o primeiro passo é fortalecer as instituições já existentes, implementar seu alcance diplomático e respeitar suas deliberações. No campo teórico, o fortalecimento dos atores internacionais requer uma reavaliação crítica do significado da soberania. A esse respeito, tanto Habermas como Derrida afirmam o valor dos ideais do Iluminismo com respeito à cidadania mundial e ao direito cosmopolitano. Como Kant definiu, este é o Estado de uma comunidade universal em que todos os membros estão habilitados a "se apresentar diante da sociedade dos outros, porque têm direito à posse comunal da superfície da terra."[1] Quando essa comunidade estiver formada, uma violação de direitos em uma parcela do mundo seria sentida por toda parte. Somente sob essa condição seremos capazes, escreveu Kant, de nos vangloriar da certeza "de que estamos continuamente avançando na direção de uma paz perpétua".[2]

INTRODUÇÃO

Terrorismo e o Legado do Iluminismo

Habermas e Derrida

Poderíamos nos perguntar se a discussão sobre 11 de setembro e o terrorismo global precisa ir buscar tão longe uma avaliação crítica dos ideais políticos do Iluminismo. Mas o que precisa disso é a tese deste livro. Tanto os ataques de 11 de setembro como a extensão das reações diplomáticas e militares que eles provocaram exigem uma reavaliação do projeto e dos ideais do Iluminismo.

Habermas e Derrida concordam que o sistema jurídico e político que estrutura a legislação internacional e as instituições multilaterais existentes cresceu a partir da herança filosófica ocidental baseada no Iluminismo, entendido como uma orientação intelectual geral ancorada em um certo número de textos-chave. Se isso é verdade, quem mais, a não ser um filósofo, tem as ferramentas para examinar criticamente a adequação da estrutura atual aos precedentes históricos? Eu acrescentaria que a batalha contra o terrorismo e o terror também não é uma partida de xadrez. Não existem regras preestabelecidas: em princípio não há distinção alguma entre lances legítimos e ilegítimos, nem qualquer base para conhecer que lance pode ser decisivo. Não existem peças identificáveis, e o tabuleiro não é independente, porque coincide com o que Kant definiu como a "posse comunal da superfície da terra". Desde o seu alvorecer grego, a filosofia tem sido o lar de labirintos conceituais desse tipo. Definindo seu campo de competência à medida que segue em frente, a filosofia deveria saber melhor do que qualquer outra disciplina como se reorientar, ainda que os pontos de referência familiares pareçam ter-se pulverizado. Este é o caso tanto do conceito fugaz de terrorismo como da experiência de terror que dele irradia.

Nestes diálogos, Habermas e Derrida delineiam claramente os riscos acarretados pela abordagem pragmática, que propositadamente evita encarar a complexidade conceitual subjacente à noção de terrorismo. Apresentarei as razões que eles formulam para tal advertência na última parte deste ensaio. No entanto, acredito que o leitor só poderá apreciar plenamente os argumentos de Habermas e Derrida a partir de uma perspectiva traçada a respeito da posição ímpar da filosofia diante de um acontecimento histórico único de significado mundial. Depois de explorar brevemente essa questão na seção seguinte, faço a descrição de dois modelos alternativos de engajamento político, que traçarão um contexto para as intervenções de Habermas e Derrida. Isso irá enquadrar a discussão de como os enfoques dos dois para a filosofia foram moldados pelos traumas da história do século XX, incluindo colonialismo, totalitarismo e Holocausto. Minha sugestão é que, se o terrorismo global é o trauma que abre o novo milênio, a filosofia poderia ainda não ter consciência da extensão de seu envolvimento com ele.

A filosofia tem algo a dizer sobre a história?

Aristóteles declarava que, como a filosofia estuda princípios universais, e a história se dedica aos acontecimentos singulares, "até a poesia é mais filosófica do que a história".[1] A tese está vinculada ao gênero poético da tragédia. Da *Orestíada* a *Antígona*, qualquer das tragédias gregas exibe em sua leitura a aspiração fundamentalmente racional de entender, e possivelmente até de explicar, os sentimentos e conflitos internos dos protagonistas. Tentando extrair um sentido racional e universal do feixe de emoções que impulsiona a existência humana, a tragédia segue um caminho paralelo ao da filosofia. Em contraste, como a história não se move em torno de princípios universais, ela permanece opaca à análise filosófica. Seguindo o argumento de Aristóteles, como não há qualquer princípio universal óbvio à luz do qual Napoleão tivesse de mandar 500 mil soldados para conquistar a Rússia em 1812, causando assim a morte de 470 mil deles, a filosofia não tem muito a dizer a esse respeito. Assim como ela não pode contribuir para o entendimento da campanha russa de Napoleão, pode-se argumentar que a filosofia nada tem de interessante a acrescentar sobre 11 de setembro — que, segundo essa interpretação, teria o status de um acontecimento contingente, isolado.

Depois de Aristóteles, a indiferença da filosofia com relação à história dominou a tradição ocidental até metade do século XVIII,[2] quando a Revolução Francesa e Guerra de Independência norte-americana revelaram que o presente pode abrigar a possibilidade de uma ruptura radical com o passado. Só então a filosofia começou a avaliar se a razão poderia ter uma responsabilidade moral e social intrínseca, e se, com base nisso, a filosofia deveria desenvolver uma relação mais ativa com a história. Apesar de sua disposição conservadora, Kant admirava o espírito revolucionário, por ter dado aos indivíduos um sentido de sua própria independência diante da autoridade, incluindo a autoridade do passado. Para Kant e outros filósofos do Iluminismo, tornou-se claro que a autoafirmação da razão tem um impacto histórico, pois só a razão é capaz de indicar como transformar o presente em um futuro melhor. A razão permanecia para eles, contudo, uma faculdade mental de que cada indivíduo é dotado simplesmente por pertencer à espécie humana e cuja força depende inteiramente das contingências da história.

Apenas uma geração depois de Kant, Hegel deu o passo final para diminuir a distância entre história e filosofia, quando declarou que a razão em si está ligada à história. A razão para ele não é uma faculdade mental abstrata com a qual todos os seres humanos estão equipados e que se pode afirmar em territórios autônomos; na verdade, ela cresce a partir do modo como um indivíduo percebe a si mesmo como parte de uma comunidade. Se a capacidade de pensar é indelevelmente transformada pelo tempo e pela cultura, apenas o estudo da história pode revelar nossa natureza e nosso lugar no mundo. Na perspectiva de Hegel, como a razão depende da história, a máxima aristotélica encontra-se invertida: além da filosofia, não há nada mais filosófico do que a história.

A relação entre história e filosofia tem um impacto direto sobre o significado de responsabilidade e liberdade. Se a razão é concebida como precedendo a história, existe espaço para que o agente racional experimente a si mesmo como uma unidade autônoma, cujas escolhas resultam somente de sua vontade e de suas necessidades singulares. Em meados do século XIX, a tradição liberalista desenvolveu esse sentido de autonomia individual em uma noção de liberdade negativa, segundo a qual eu sou livre quando me deixam em paz, sem interferências e capaz de escolher à vontade.[3] A resposta de Hegel a essa posição — bem como a resposta daqueles que os seguiram, incluindo Marx e Freud — foi de que esta é uma concepção ilusória, pois não mergulha abaixo da superfície, nem pergunta por que os indivíduos fazem as escolhas que fazem. Como essas opções são limitadas pelo acesso que temos a todos os tipos de recursos — econômicos, culturais, educacionais, psicológicos, religiosos, tecnológicos —, a idéia de que as pessoas podem ser deixadas em paz para fazer suas próprias escolhas, sem a interferência de outras, não as torna livres; ao contrário, deixa-as à mercê das forças dominantes de sua época.

Acreditar que nada há de mais filosófico do que a história implica pensar que a liberdade real começa com a percepção de que as escolhas individuais são formadas em permanente negociação com forças externas. A liberdade é assim medida pelo grau em que nos tornamos aptos a adquirir controle sobre essas forças, que de outro modo nos controlariam. Dessa perspectiva, a filosofia tem não só a permissão, mas a responsabilidade de contribuir para a discussão pública sobre o significado de 11 de setembro, que surge assim como um acontecimento que produz um impacto sobre o nosso entendimento do mundo e de nós mesmos.

Dois modelos de participação pública: ativismo político e crítica social

No século XX, a avaliação do laço entre a filosofia e o presente teve um impacto crucial na maneira como os filósofos têm interpretado sua responsabilidade face à sociedade e à política. Eu gostaria de distinguir dois modelos diferentes de engajamento social e político, aproximadamente alinhados ao enfoque liberal e à linhagem hegeliana: irei chamá-los de *ativismo político* e *crítica social*. O filósofo inglês Bertrand Russell e a filósofa alemã Hannah Arendt — que imigrou para os Estados Unidos — incorporaram, cada qual, um desses princípios, respectivamente. Os dois engajaram-se na política a ponto de se tornarem intelectuais públicos. Sugiro, todavia, que cada um deles entendeu a relação entre filosofia e política de pontos de vista opostos. Enquanto Russell encarou o envolvimento político como uma questão de escolha pessoal, sob a alegação de que a filosofia está comprometida com a busca da verdade atemporal, para Arendt a filosofia sempre esteve historicamente envolvida, de modo que qualquer engajamento filosófico tem uma implicação política. A distinção entre ativismo político e crítica social que irei sistematizar a seguir esclarece o alcance intelectual das contribuições de Habermas e Derrida para o entendimento de 11 de setembro e do terrorismo global.[4]

Figura filosófica monumental nos campos da lógica, filosofia da matemática e metafísica, Russell foi também um dos mais visíveis ativistas políticos a agir no cenário internacional em todos os tempos. A história de seu engajamento político cobre toda a extensão do século XX, da Primeira Guerra Mundial até os últimos estágios da Guerra Fria. Pacifista engajado, passou seis meses na prisão em 1918. Durante os anos 20 e 30, escreveu livros que levantaram controvérsias, sobre a libertação sexual, a obsolescência da instituição do casamento e os modelos progressistas de educação. Depois de receber o Prêmio Nobel de Literatura em 1950, tornou-se membro convicto da campanha pelo desarmamento nuclear. Foi responsável pela criação da Atlantic Peace Foundation, consagrada a pesquisas sobre a paz, e da Bertrand Russell Peace Foundation, dedicada ao estudo do desarmamento e à defesa dos povos oprimidos. Em 1966, os esforços de Russell levaram à criação da primeira corte internacional para crimes de guerra. Intitulado em sua homenagem, o Tribunal Russell indiciou os Estados Unidos por genocídio na guerra do Vietnã. Russell morreu aos 92 anos, em 1970.

O perfil público de Russell era o do ativista político, porque entendia seu envolvimento público como contribuição pessoal para assuntos urgentes específicos. O ativista político, no sentido que estou tentando demarcar aqui, pode escolher livremente envolver-se do ponto de vista político, o que o leva a intervir e combater a favor ou contra. Pressupor a disponibilidade de todas essas escolhas é endossar a concepção liberalista "viva-e-deixe-viver" da liberdade, na qual se concede ao sujeito o poder autônomo de agir e deliberar para além de qualquer coação social.

Uma condição do ativismo político de Russell é que a história conceda à filosofia a mesma liberdade negativa que a sociedade concede ao cidadão individual. Vinculando o conhecimento à experiência, o empirismo parecia-lhe a única orientação a assegurar à filosofia sua independência das pressões históricas. "A única filosofia que fornece uma justificação teórica à democracia em sua disposição mental é o empirismo".[5] "Isso ocorre parcialmente porque democracia e empirismo (que estão intimamente interligados) não exigem uma distorção de fatos no interesse da teoria."[6] Tomemos a controvérsia entre o sistema geocêntrico de Ptolomeu e o heliocêntrico de Copérnico. Por meio da observação simplesmente sabemos que Ptolomeu estava errado e Copérnico estava certo. A responsabilidade da filosofia, argumentava Russell, "tal como praticada nas universidades do mundo democrático ocidental, é, pelo menos em intenção, parte da busca de conhecimento, objetivando o mesmo tipo de distanciamento que se procura ter na ciência, e não aquele tipo exigido pelas autoridades para chegar a conclusões que são convenientes para o governo".[7]

Para um ativista político do modelo russelliano, a especificidade da contribuição de um filósofo reside em compartilhar com o público suas ferramentas analíticas, ajudando-o a pensar lucidamente sobre questões confusas e multifacetadas, separando os argumentos bons dos maus, apoiando os primeiros e combatendo os últimos. Em anos mais recentes, o engajamento público de Noam Chomsky, que inclui um pequeno livro sobre 11 de setembro,[8] continua na tradição russelliana de ativismo político.

Em contrapartida, a vida e o comprometimento político de Hannah Arendt oferecem uma definição diferente do perfil público de um filósofo. Uma das mais notáveis pensadoras políticas do século XX, Arendt experimentou ao vivo a ascensão do nazismo na Alemanha, do qual escapou para os Estados Unidos, para nunca mais voltar como residente. Filha única de uma família judia secular, aos 23 anos já tinha sua dissertação de doutorado pronta para impressão. Depois do incêndio do Reichstag em Berlim, em 1933, foi detida junto com a mãe, presa e interrogada pela polícia durante mais de uma semana. Solta, escapou via Tchecoslováquia e Suíça, para finalmente chegar a Paris, onde passou sete anos trabalhando para organizações judaicas que facilitavam o encaminhamento de crianças para a Palestina. Em 1940 casou-se com o segundo marido, um esquerdista alemão que acabara de ser libertado de uma detenção de dois meses em um campo de internação. Antes de terminar o ano, no entanto, a própria Arendt foi recolhida com a mãe em um campo para mulheres "estrangeiras inimigas", do qual acabaria escapando. Reunida ao marido, embarcou por navio em Lisboa rumo a Nova York. Nos Estados Unidos, tornou-se crítica do papel central que o movimento sionista atribuía à Palestina, e não à Europa: uma das causas que apoiou era a formação de um exército judeu para lutar ao lado dos Aliados. De 1933 até 1951, quando finalmente obteve a cidadania nos Estados Unidos, falava de si mesma como uma "pessoa sem Estado". Morreu aos 69 anos de idade, tendo lecionado em várias universidades norte-americanas e colaborado na imprensa, na condição de intelectual pública.

Se, para a filosofia de Russell, o primeiro compromisso é a busca do conhecimento acima e além do impacto do tempo, para Arendt, o primeiro compromisso da filosofia é com as leis e instituições humanas, que por definição evoluem com o tempo. Tais leis, segundo ela, designam não só as fronteiras entre interesse público e privado, mas também a descrição das relações entre cidadãos.

Em seus dois livros principais, *A condição humana* (1958) e *As origens do totalitarismo* (1951), Arendt sublinha a necessidade que a filosofia tem de reconhecer a extrema fragilidade das leis e instituições humanas, fragilidade que a filósofa vê dramaticamente ampliada pelo surgimento da modernidade, tomada como um paradigma cultural e histórico. Nesse sentido, Arendt entendia sua responsabilidade filosófica em termos de uma crítica à modernidade — uma avaliação dos desafios peculiares apresentados ao pensamento pela história européia moderna, na qual o conceito de totalitarismo representa o desafio máximo.

Ao contrário da tirania, que promove a falta de lei, os dois regimes totalitários de meados do século XX, estalinismo e nazismo, não possuíam lei. Ambos fomentavam leis inexoráveis, apresentadas como leis da natureza (leis biológicas da superioridade racial) ou da história (leis econômicas da luta de classes). Na leitura de Arendt, o totalitarismo é um perigo político peculiarmente *moderno* que combina uma coerção serializada sem precedentes com uma ideologia secular totalizante.[9] O "terror total" praticado nos campos de extermínio e nos gulags não é o meio, mas "a essência do governo totalitário".[10] Por sua vez, a essência do terror não é a eliminação física de quem quer que seja percebido como diferente, mas a erradicação da diferença nas pessoas, sobretudo sua individualidade e capacidade de ação autônoma. O monopólio do poder cobiçado pelos regimes totalitários "pode ser alcançado e salvaguardado somente em um mundo de reflexos condicionados, de marionetes sem o menor traço de espontaneidade. Precisamente porque seus recursos são tão grandes, o homem só pode ser dominado plenamente quando se torna um exemplar de homem da espécie animal".[11]

A objetificação que Arendt vê como o cerne definidor do totalitarismo não se restringiu às vítimas dos assassinatos em massa nos campos de concentração e nos gulags, mas também foi exigida na punição dos autores dos massacres. Em 1961, a revista *New Yorker* pediu a Arendt que cobrisse o julgamento do foragido criminoso nazista Adolf Eichmann, capturado na Argentina pelo Mossad, o serviço secreto israelense, e levado a julgamento em Jerusalém, onde acabou por ser executado. A correspondência de Arendt de Jerusalém rompeu o longo silêncio que ela havia imposto a si mesma sobre a "questão judaica", que datava do estabelecimento do Estado de Israel e do fracasso dos esforços de Judah Magnes em estabelecer uma federação democrática binacional na Palestina. Revisada depois e publicada em livro,[12] a reportagem de Arendt centrava-se na descrição de Eichmann como um indivíduo obtuso, em descompasso com a época, e que se recusava a examinar criticamente qualquer de suas ações criminosas. Em sua trivialidade irrefletida — a fala cheia de clichês, a ausência aparente de ódio fanático pelos judeus e o orgulho de ser um cidadão respeitador da lei —, Eichmann pareceu-lhe uma encarnação da "banalidade do mal".[13]

Sem dúvida a crença de Arendt de que a filosofia se move em torno do cultivo e da proteção de um espaço político saudável — forjado a partir da participação popular, da diversidade humana e da igualdade — refletia a urgência de sua própria reação ao terror total: uma reação que vinha do trauma, do deslocamento, da perda e do exílio. Isso é também, contudo, a marca de uma antiga orientação que Arendt herdou dos gregos. Desde Sócrates, a filosofia envolveu a insolucionável mas produtiva tensão entre ação e especulação, temporalidade e atemporalidade, *vita activa* e *vita contemplativa*.

A filosofia e os traumas da história do século XX

Apesar de suas concepções totalmente distintas de filosofia, Habermas e Derrida parecem seguir o modelo de Hannah Arendt. Como ela, e ao contrário de Russell, eles não encaram o engajamento político como um complemento à participação na filosofia, como uma opção que pode ser assumida, adiada ou até mesmo totalmente recusada. Ambos encontraram e adotaram a filosofia no contexto dos traumas da história européia do século XX: colonialismo, totalitarismo e Holocausto. Suas contribuições ao tema de 11 de setembro e do terrorismo global seguem o mesmo veio.

Habermas e Derrida nasceram com apenas um ano de diferença, em 1929 e 1930, respectivamente, e eram adolescentes durante a Segunda Guerra Mundial. Habermas viveu na Alemanha sob o jugo ameaçador do Terceiro Reich, enquanto Derrida vivia na Argélia, na época uma colônia francesa.

Habermas lembra o profundo estado de choque em que ele e seus amigos ficaram ao tomar conhecimento — por intermédio de uma série de documentários realizados durante os julgamentos de Nuremberg e depois — das atrocidades nazistas. "Acreditávamos que era indispensável e inevitável uma renovação espiritual e moral".[14] O desafio de produzir uma renovação moral em um país com um "passado indômito"[15] tem sido a luta de toda a vida de Habermas, e ele conduziu essa batalha com excepcional lealdade e paixão, como filósofo e também como intelectual público. A tarefa foi tão monumental, que não podemos evitar de pensar como um homem com o seu enorme talento, que tantas vezes recebeu ofertas acadêmicas de toda parte do mundo, não resolveu deixar a Alemanha e remover a "questão alemã" do centro do palco de sua vida e de seu pensamento. Afinal, isso teria feito todo sentido do ponto de vista de suas crenças cosmopolitas. O fato de que nunca tenha deixado a Alemanha é para mim causa de grande admiração. O papel crucial que desempenhou durante o Debate dos Historiadores (*Historikerstreit*) representa prova irrefutável da profundidade do engajamento público de Habermas.

Em meados dos anos 1980 inúmeros historiadores alemães começaram a questionar a "singularidade" dos crimes nazistas, abrindo assim o caminho para uma leitura revisionista destinada a igualar esses crimes a outras tragédias políticas do século XX. Habermas ficou particularmente ultrajado quando o famoso historiador berlinense Ernst Nolte sugeriu que: "uma limitação evidente da literatura sobre o nacional-socialismo é desconhecer — ou não querer admitir — em que medida tudo o que foi feito mais tarde pelos nazistas, com a única exceção do procedimento técnico de extermínio por gás, já fora descrito em uma extensa literatura que datava do início dos anos 1920."[16] Nolte alega que o Holocausto ocorreu fundamentalmente no mesmo nível dos expurgos estalinistas e até mesmo do levante bolchevique, exceto pelo "procedimento técnico de extermínio por gás".

Naquela ocasião, Habermas representou a voz mais eloqüente contra a normalização do passado alemão e em defesa da necessidade absoluta de lidar com o lado obscuro desse passado. Observou que uma "recusa traumática" de encarar a realidade do nazismo entrara em ação no país desde a queda do Terceiro Reich. Salientou também o perigo dessa recusa. Descrevendo a perspectiva de sua própria geração, observou: "Já estão crescendo os netos daqueles que, no final da Segunda Guerra Mundial, eram jovens demais para experimentar qualquer culpa pessoal. A memória, porém, não está do mesmo modo distanciada", pois, independentemente da perspectiva subjetiva de cada um, o ponto de partida permanece o mesmo — "as imagens da rampa de desembarque em Auschwitz".[17]

A culpa não é simplesmente individual, e a responsabilidade não vem apenas das escolhas pessoais. Este é um ponto que tanto Habermas como Derrida compartilham, porque, como Arendt, eles são filósofos do pós-Holocausto.

Habermas analisa como a culpa e a responsabilidade impregnam-se mutuamente no contexto de nossa interação diária. Citando Ludwig Wittgenstein, ele chama esse contexto de uma "forma de vida".

> Existe o simples fato de que as gerações subseqüentes também cresceram a partir de uma forma de vida em que aquilo era possível. Nossa própria vida está ligada ao contexto de vida em que Auschwitz foi possível, não só por circunstâncias contingentes, mas intrinsecamente. Nossa forma de vida está ligada àquela de nossos pais e avós por meio de uma trama de tradições familiares, locais, políticas e intelectuais que é difícil desenredar, isto é, por meio de um ambiente histórico que fez de nós quem somos. Nenhum de nós pode escapar a esse ambiente, porque nossas identidades como indivíduos e como alemães estão inextricavelmente entrelaçadas a ele.[18]

Não deveríamos porém presumir que, uma vez que Habermas privilegia o papel constitutivo da história, ele minimize a importância da participação individual na arena política ou acredite que a identidade política é fornecida de modo automático por uma tradição historicamente estabelecida. Ao contrário, em particular no contexto da identidade nacional alemã, Habermas defende uma noção de patriotismo constitucional. Somente tal patriotismo, baseado na livre adesão à constituição por parte de cada cidadão individual, pode forjar uma aliança nacional progressiva. Para Habermas, é essencial que os alemães entendam a si mesmos como uma nação, baseados unicamente na sua lealdade à constituição republicana, sem se agarrar ao que ele chama de "muletas pré-políticas da nacionalidade e comunidade de destino".[19]

Derrida experimentou essas muletas em primeira mão quando, em outubro de 1942, foi expulso de sua escola, o Lycée de Ben Aknoun, e viu-se alojado em um antigo mosteiro localizado perto de El-Biar, na Argélia, onde viveu até os 19 anos de idade. O motivo da expulsão não foi comportamento desordeiro, mas a aplicação das leis raciais na França e em suas possessões coloniais, incluindo a Argélia. A identidade emergiu para Derrida como um feixe de fronteiras instáveis. Como relembra dolorosamente, o menino que foi expulso em 1942 era "um moreninho e judeu árabe demais, que nada entendia daquilo, a quem ninguém nunca ofereceu a menor explicação, nem seus pais, nem seus amigos".[20] Os antecedentes de Derrida destacam o desafio de existir nas fronteiras de múltiplos territórios: judaísmo e cristianismo, judaísmo e islamismo, Europa e África, França continental e suas colônias, o mar e o deserto. Este é o mesmo desafio que ele apresenta à filosofia.

A linguagem que Derrida se lembra de ter sido usada na época da sua expulsão da escola enfatiza a polifonia dessas vozes:

> Em minha família e entre os judeus argelinos, raramente dizíamos "circunscisão", mas "batismo", nem *Bar Mitzvah*, mas "comunhão", com as conseqüências de abrandamento, de anulação — por meio de uma aculturação medrosa, a qual sempre sofri mais ou menos conscientemente — de acontecimentos inadmissíveis, sentidos como tais, não-"católico", violento, bárbaro, duro, "árabe", circuncidado, circuncisão, interiorizado, acusação secretamente assumida de assassinato ritual.[21]

Para Derrida, então, e pelo resto de sua vida, cada palavra se ramifica em uma rede de conexões históricas e textuais. Suas intervenções políticas freqüentemente buscam lançar luz sobre esses continentes escondidos. Enquanto usarmos irrefletidamente a linguagem, permaneceremos completamente alheios a esses continentes; o problema dessa abençoada ignorância é que reiteramos um número de pressuposições normativas das quais não temos sequer consciência, simplesmente ao depender delas.

Tomemos o ser humano como exemplo. A maioria das pessoas suporia que esta é uma designação evidente em si mesma: um ser humano é um membro da espécie humana. O problema é que tanto "humana" como "espécie" são termos que se ramificam em labirintos historicamente construídos, que se desdobram e complicam indefinidamente o espectro semântico da palavra. Por outro lado, a espécie humana, como acontece com todas as espécies, está inscrita na história da evolução: a questão de quando nos tornamos humanos depende do princípio de classificação que adotamos — e que em teoria poderia ser diferente do que é.[22] Por outro lado, o adjetivo "humano", que acompanha a noção de um ser individual ou de toda a espécie, nos coloca face à questão do que significa "humano". Significa agir como um ser humano? Como demarcamos o comportamento humano? Não podemos sequer abordar esse problema sem nos referir à noção de natureza humana, sua humanidade ou desumanidade.

Essa questão foi crucial para a reação de Derrida aos acontecimentos de 1968.[23] A contribuição que ele deu para a compreensão daquela época de grande conflito ideológico e tumulto político foi interrogar que concepção de ser humano estava na verdade em jogo. Suas considerações começavam com o questionamento do "antropologismo" que ele viu dominar a cena intelectual francesa, tomando como certa a herança humanista associada ao ideal grego do *anthropos*. Da Renascença italiana ao Iluminismo, o humanismo permaneceu leal ao que Derrida chamou de "a unidade do homem". Não poderia haver "ciências humanas" sem uma crença no empenho singular e distintamente "humano" que mantém o "homem" coeso, como conceito.

Nas trevas da Segunda Guerra Mundial, os filósofos existencialistas como Jean-Paul Sartre esperavam lançar uma nova versão do humanismo clássico. Sartre propunha redefinir o homem em termos de "realidade humana", sustentando assim que o sujeito humano não poderia ser entendido separadamente de seu mundo.[24] Essa interdependência entre sujeito e mundo forneceu a Sartre um caminho para basear firmemente a responsabilidade moral e política na própria constituição do sujeito. Ancorar a realidade humana na responsabilidade com relação ao nosso mundo parecia ser um antídoto necessário para a desumanidade do totalitarismo.

Derrida no entanto argumentava que, embora os existencialistas fossem os primeiros a levantar a questão do significado do homem, eles não haviam conseguido superar a idéia clássica da unidade do homem.[25] "Apesar de o tema da história estar bastante presente no discurso do período, ainda é pequena a prática da história dos conceitos. A história do conceito do homem, por exemplo, nunca é examinada. É como se o signo 'homem' não tivesse origem alguma, qualquer limite histórico, cultural ou lingüístico."[26] Derrida defende aqui que, uma vez que o conceito de homem seja dotado de fronteiras históricas, culturais e lingüísticas, será muito mais difícil recorrer a qualquer argumento essencialista. A própria multiplicidade de narrativas históricas impedirá qualquer tentativa de construir um conceito em termos de pares irredutíveis — homem versus mulher, humano versus inumano, humano versus animal, racionalidade versus instinto, cultura versus natureza — que, na opinião de Derrida, produzem perigosas simplificações.

Para uma geração em particular, que tinha de extrair algum sentido do fracasso do ideal humanista de proteger a Europa do totalitarismo e do genocídio, o ângulo adotado por Derrida acrescenta uma dimensão completamente nova ao conceito de crítica social. Assim como para Habermas, para Derrida a culpa e a responsabilidade pelos horrores do século XX não podem ser limitadas àqueles que estiveram diretamente envolvidos. Na mesma linha, para ambos, o comprometimento político da filosofia não é uma questão de escolha pessoal. Ao nos engajarmos na filosofia, nos engajamos automaticamente no esforço de levar em conta o nosso tempo: nesse sentido, nenhum dos dois é um ativista político, enquanto ambos, ainda que de maneiras muito diferentes, sejam críticos sociais. Para Habermas, Derrida e Arendt, o primeiro compromisso da filosofia é com relação às leis e instituições humanas à medida que elas evoluem no tempo. Essa crença marca-os como filósofos do pós-Holocausto. Seu desafio comum tem sido, necessariamente: como dar uma virada positiva na depressão intelectual em que a geração dos seus professores havia caído depois da experiência de exílio pessoal e dos horrores dos anos 30 e 40.

Por um lado, Habermas admite o valor das instituições republicanas e da participação democrática como coisa certa, transmitida a nós pela tradição do Iluminismo. Falando contra a normalização do passado alemão, ele escreveu: "Depois de Auschwitz, nossa consciência nacional só pode derivar das melhores tradições de nossa história, uma história que não é abandonada sem exame, mas criticamente apropriada."[27] O problema para ele não é que o Iluminismo falhou como projeto intelectual, mas que a atitude crítica original do Iluminismo em relação à história perdeu-se, abrindo caminho para o barbarismo político. Por outro lado, Derrida acredita que as instituições republicanas e a participação democrática se esforçam por alcançar o universalismo em sua busca infinita de justiça. Essa procura só se efetivará se estivermos abertos para considerar as noções de republicanismo e democracia, instituição e participação, não como valores absolutos, mas como construções cuja validade evolui com o tempo e que, portanto, necessitam de uma constante revisão.

O legado do Iluminismo em um mundo globalizado

A ideologia explícita dos terroristas que atacaram as Torres Gêmeas e o Pentágono em 11 de setembro é uma rejeição do tipo de modernidade e secularização que, na tradição filosófica, está associada ao conceito de Iluminismo. Em filosofia, o Iluminismo descreve não só um período específico, que coincide historicamente com o século XVIII, mas também a afirmação da democracia e a separação entre poder político e crença religiosa, valores que constituíram o centro da Revolução Francesa e da Guerra de Independência norte-americana.

Kant escreveu, admiravelmente, que "o Iluminismo é a emergência do homem com relação à sua imaturidade auto-induzida. Imaturidade é a incapacidade de lançar mão de nosso próprio entendimento sem a orientação de outro".[28] Menos do que um conjunto coerente de crenças, o Iluminismo marca uma ruptura com o passado, que se torna disponível somente com base na independência do indivíduo diante da autoridade. É precisamente essa independência a marca da modernidade. "Quando nos perguntamos se, no presente, vivemos em uma era *iluminada*, a resposta é: não, mas vivemos em uma era de *iluminação*."[29]

Em 14 de fevereiro de 1989, mais de 200 anos depois da publicação das palavras de Kant, foi lembrado ao mundo que o filósofo estava certo: na verdade, nunca podemos confiar que vivemos em uma era iluminada, mas em uma era na qual a iluminação é um processo que tem a necessidade constante de ser cultivado. Naquele dia exato, o líder absoluto da República Islâmica do Irã, o aiatolá Khomeini, lançou uma *fatwa*, ou sentença de morte, contra o escritor nascido na Índia, Salman Rushdie, com o seguinte comunicado pela rádio pública: "Informo ao orgulhoso povo muçulmano do mundo que o autor de *Os versos satânicos*, que é contra o Islã, o Profeta e o Corão, e todos aqueles envolvidos na sua publicação e que tinham conhecimento do seu conteúdo estão sentenciados à morte."[30] Durante nove anos Rushdie teve de viver escondido, pesadelo do qual foi formalmente liberado em 1998, quando representantes dos governos britânico e iraniano fecharam um acordo nas Nações Unidas para pôr fim à ameaça de morte.[31]

Em que lugar o filósofo se situa face à herança do Iluminismo — esta é, portanto, não apenas uma questão teórica, mas que também envolve delicadas ramificações políticas. Como muitos filósofos que chegaram à maioridade nos anos 1980, cresci convencida de que Habermas e Derrida expressavam opiniões acentuadamente opostas em relação ao Iluminismo: Habermas defendia-o, e Derrida rejeitava-o. Mais tarde vim a perceber que essa era uma visão distorcida, da qual a obsessão intelectual daquela década — a *querelle* entre o modernismo e o pós-modernismo — é a principal culpada. Se a identificação de Habermas com o modernismo e os valores políticos do Iluminismo é indiscutível, a alegação predominante de que Derrida é um pensador antiiluminista revela-se simplesmente errônea.[32]

Habermas segue na tradição da teoria crítica,[33] que atribui à filosofia uma função de diagnose em relação aos males da sociedade moderna e também ao discurso intelectual que fundamenta sua insurreição e justifica seus objetivos e motivações. É exatamente o que acontece na prática da clínica médica, pois o diagnóstico da teoria crítica não é uma empreitada especulativa, mas uma avaliação orientada para a possibilidade de cura. Essa avaliação confere à filosofia o fardo e o privilégio da responsabilidade política. A interdependência entre teoria e prática é um dos axiomas da teoria crítica. Seu fulcro é a emancipação, encarada como demanda por melhoria da situação humana presente. Habermas chama essa demanda de "projeto inacabado de modernidade". Iniciado por Kant e outros pensadores do Iluminismo, o projeto requer a crença em princípios cuja validade é universal, exatamente porque eles se sustentam por meio de especificidades históricas e culturais.

Em contrapartida, o suporte intelectual da desconstrução de Derrida deve muito à linhagem dos séculos XIX e XX, constituída por Nietzsche, Heidegger e Freud. Para Derrida, muitos dos princípios aos quais a tradição ocidental atribuiu validade universal não comportam o que todos nós partilhamos ou até esperamos. Em lugar disso, impõem um conjunto de padrões que beneficiam alguns e trazem desvantagem para outros, dependendo do contexto. Para ele, demarcar as fronteiras históricas e culturais desses princípios é uma precondição para esposar a demanda do Iluminismo por justiça e liberdade para todos. No entanto, a abordagem de Derrida com relação à ética e à política tem uma outra dimensão: ele chama-a de responsabilidade diante da alteridade e da diferença, aquilo que está além das fronteiras da descrição, do excluído e do silencioso. Para ele, esse senso de responsabilidade expressa a demanda por universalismo que está associada ao Iluminismo.

À luz dos diálogos coligidos neste livro, não podemos deixar de nos persuadir de que Habermas e Derrida compartilham um compromisso com o Iluminismo. A diferença em suas abordagens não é apenas de interesse histórico (porque lança uma nova luz sobre a relação entre os dois), mas uma ilustração da riqueza e da variedade que a filosofia é singularmente capaz de oferecer à interpretação do momento presente. A questão da tolerância, um conceito-chave tanto do Iluminismo como da auto-representação das democracias ocidentais, é um tema em pauta.[34]

Derrida enfatiza a matriz marcadamente cristã da noção de tolerância, o que a torna um conceito político e ético menos neutro do que pretende ser. A origem religiosa e o foco da noção de tolerância fazem dela o remanescente de um gesto paternalista em que o outro não é aceito como um parceiro igual, mas subordinado, talvez assimilado e certamente mal interpretado em sua diferença. Por certo a tolerância é antes de mais nada uma forma de caridade. Uma caridade cristã, portanto, ainda que judeus e muçulmanos pudessem aparentemente se apropriar dessa linguagem também. ... Em adição ao significado religioso [da tolerância], ... deveríamos também mencionar as conotações biológicas, genéticas ou organicistas. Na França a expressão "limite da tolerância" era usada para descrever o limiar além do qual não é mais decente pedir a uma comunidade nacional que acolha outros estrangeiros, trabalhadores imigrantes e gente parecida.

A noção de tolerância é, para Derrida, de uso inadequado na política secular. Sua implicação religiosa, com raízes profundas na concepção cristã da caridade, derruba qualquer pretensão de universalismo.[35] Atento a todos os fatos da linguagem, Derrida salienta que não é uma coincidência o fato de que a tolerância tenha sido apropriada pelo discurso biológico para indicar a linha tênue entre integração e rejeição. Assim como acontece nos transplantes de órgãos e no controle da dor, o limiar da tolerância designa a tolerância como o limite extremo da luta do organismo para se manter em equilíbrio antes do colapso.

A tolerância é, assim, o oposto da hospitalidade, termo que Derrida sugere como alternativa ao primeiro. A distinção entre tolerância e hospitalidade não é claramente uma sutileza semântica, mas aponta para o que é mais importante no enfoque de Derrida com relação à ética e à política: a obrigação única que cada um de nós tem com o outro.

> A hospitalidade pura ou incondicional não consiste nesse *convite* ("Eu convido-o, eu dou-lhe as boas-vindas ao *meu lar*, sob a condição de que você se adapte às leis e normas do meu território, de acordo com minha linguagem, tradição, memória etc."). A hospitalidade pura e incondicional, a hospitalidade *em si*, abre-se ou está aberta previamente para alguém que não é esperado nem convidado, para quem quer que chegue como um *visitante* absolutamente estranho, como um *recém-chegado*, não identificável e imprevisível, em suma, totalmente outro.

O endosso de Derrida à hospitalidade, em lugar da tolerância, é uma reelaboração sofisticada de um texto-chave de um filósofo-chave do Iluminismo, Kant, que levantou pela primeira vez a questão da hospitalidade no contexto das relações internacionais.[36]

Aqueles que interpretam Derrida como um certo tipo de pós-modernista — um filósofo antiiluminista com uma queda para o relativismo — poderiam lançar mãos dessa desconstrução do alcance universal da tolerância como apoio a seus argumentos.[37] Mas é bem ao contrário, porque Derrida, ao demarcar os limites históricos e culturais de conceitos aparentemente neutros da tradição do Iluminismo, tais como a tolerância, expande e atualiza, mais do que trai, o temário desses conceitos.[38] Para vir ao encontro dos desafios especificamente globais da nossa época, a crítica social e a responsabilidade ética impõem a desconstrução de ideais falsamente neutros e potencialmente hegemônicos. Longe de restringir a demanda por justiça e liberdade universais, a desconstrução renova-as ao infinito.

Em contraste, Habermas adota a tolerância tanto no campo ético quanto legal. Sua defesa da tolerância emerge de sua concepção de democracia constitucional como a única situação política capaz de abrigar comunicação livre e sem coação e formação de um consenso racional. É verdade, diz ele, que o termo tem uma origem religiosa e que só posteriormente foi apropriado pela política secular. Além disso, é verdade que a tolerância é intrinsecamente unilateral: "é óbvio que o limite de tolerância, que separa o que é ainda 'aceitável' do que não é, será estabelecido arbitrariamente pela autoridade existente." No entanto, na visão de Habermas, a unilateralidade da tolerância é neutralizada se a tolerância for praticada no contexto de um sistema político participante tal como aquele oferecido pela democracia parlamentar. Em resposta direta a Derrida, durante nosso diálogo, Habermas esclareceu esse ponto:

> Entretanto, a partir desse exemplo, podemos também aprender que a desconstrução pura e simples do conceito de tolerância cai em uma armadilha, uma vez que o Estado constitucional contradiz precisamente a premissa da qual deriva o sentido paternalista do conceito tradicional de "tolerância". No interior de uma comunidade democrática, cujos cidadãos concedem reciprocamente direitos iguais uns aos outros, não sobra espaço para que uma autoridade determine *unilateralmente* as fronteiras do que deve ser tolerado. Na base dos direitos iguais dos cidadãos e do respeito recíproco de um pelo outro, ninguém possui o privilégio de estabelecer as fronteiras da tolerância do ponto de vista de suas próprias preferências e orientações segundo valores.

A objeção que Habermas dirige a Derrida e à sua desconstrução da noção de tolerância aplica-se a uma situação política muito específica: uma democracia funcional participante. Nela, a tolerância não pode ser praticada como a razão dos mais fortes.

Observo no entanto que a globalização parece ter transformado as condições e o significado da participação, tanto econômica como politicamente. Quem participa do quê? Se é verdade que novos rumos de participação global estão se abrindo, por que o limite de tolerância parece regredir, em especial por parte daqueles que supostamente acabaram de entrar no fórum público na condição de participantes? Deveríamos admitir que a globalização propaga mais a ilusão do que a realidade da participação universal? Será o opulento Primeiro Mundo honesto ao se apresentar e promover como tolerante? O que devemos fazer do conceito de tolerância?

Habermas volta-se para a modernidade a fim de fazer face a esses desafios. O paradigma da intolerância religiosa — e ele considera o fundamentalismo a sua encarnação — aparece-lhe como um fenômeno exclusivamente moderno. Como Kant, Habermas entende que a modernidade é uma mudança na atitude de crença, mais do que um corpo coerente de crenças. Uma atitude de crença indica o modo como acreditamos, mais do que aquilo em que acreditamos. Assim, o fundamentalismo tem menos a ver com qualquer texto específico ou dogma religioso, e mais a ver com a moralidade da crença. Quer discutamos crenças fundamentalistas islâmicas, cristãs ou hindus, estamos sempre falando de reações violentas contra a maneira moderna de entender e praticar a religião. Nessa perspectiva, o fundamentalismo não é o simples retorno a um modo pré-moderno de se relacionar com a religião: é uma reação de pânico à modernidade, percebida mais como ameaça do que como oportunidade.

Habermas admite que toda doutrina religiosa se baseia em um cerne dogmático de crença; de outro modo, não acarretaria a fé. No entanto, com o advento da modernidade, as religiões tiveram de "abrir mão do caráter de envolvimento universal e aceitação política da sua doutrina", a fim de coexistir em uma sociedade pluralista. A transição da atitude de crença pré-moderna para a moderna foi um desafio monumental para as religiões mundiais. Estas são religiões cuja reivindicação exclusiva da verdade foi apoiada e confirmada por situações políticas "cujas periferias pareciam se tornar indistintas além de suas fronteiras". A modernidade traz à cena tal pluralidade de nações e tamanho crescimento em complexidade social e política, que a exclusividade de reivindicações absolutas torna-se simplesmente insustentável. "Na Europa, o cisma confessional e a secularização da sociedade compeliram a crença religiosa a refletir sobre seu próprio lugar não-exclusivo dentro de um discurso universal partilhado com outras religiões e limitado por um conhecimento do mundo gerado cientificamente."

A globalização acelerou a reação defensiva que acompanha o medo do que Habermas define como o "violento desenraizamento dos modos tradicionais de vida" algo de que a modernização é geralmente acusada. Não podemos negar, diz Habermas, que a globalização dividiu a sociedade mundial em vencedores, beneficiários e perdedores. Nesse sentido, "o Ocidente como um todo serve de bode expiatório para as experiências muito efetivas de perda vivenciadas pelo mundo árabe". Em um nível psicológico, tal experiência cria uma situação favorável a uma visão de mundo altamente polarizada, em que várias fontes espirituais buscam resistir à força secularizadora da influência ocidental. Para afastar essa perigosa polarização entre a amoralidade do Ocidente e a suposta espiritualidade do fundamentalismo religioso, Habermas apela para um rigoroso auto-exame por parte da cultura ocidental. Porque, se a mensagem normativa que as democracias liberais do Ocidente exportam for a do consumismo, o fundamentalismo permanecerá incontestado.

A relação entre o fundamentalismo e o terrorismo é mediada pela violência, que Habermas entende como uma patologia comunicativa. "A espiral de violência começa como uma espiral de comunicação distorcida que leva, por meio da incontrolável espiral de desconfiança recíproca, à ruptura da comunicação." No entanto, a diferença entre a violência existente nas sociedades ocidentais — que são certamente assoladas por desigualdade social, discriminação e marginalização — e a violência transcultural é que, nesta, aqueles "que poderiam se *tornar alienados* uns dos outros somente pela comunicação sistematicamente distorcida" não reconhecem uns aos outros como membros participantes de uma comunidade. A estrutura legal das relações internacionais não faz muito no sentido de abrir novos canais. É necessária, portanto, uma mudança de mentalidade, que "acontece sobretudo pela melhoria das condições de vida, por um alívio sensível da opressão e do medo. A confiança também deve ser capaz de se desenvolver nas práticas comunicativas do cotidiano. Só então um esclarecimento efetivo poderá se estender à mídia, às escolas e aos lares. E deve fazê-lo afetando as premissas da própria cultura política".

O remédio contra as distorções sistemáticas de comunicação que levam à violência transcultural é reconstruir um elo fundamental de confiança entre as pessoas, o que não pode ocorrer enquanto a opressão e o medo dominarem. Esse elo depende tanto da melhoria das condições materiais como da cultura política em que os indivíduos se encontram em interação uns com os outros, pois, na ausência de um desses dois fatores, torna-se impossível a adoção de qualquer perspectiva mútua.

Enquanto, para Habermas, a razão, entendida como uma possibilidade de comunicação transparente e não manipuladora, pode curar os males da modernização, entre eles fundamentalismo e terrorismo, para Derrida essas forças destrutivas podem ser detectadas e nomeadas, mas não totalmente controladas ou conquistadas. Se, para Habermas, os agentes patológicos são fruto da velocidade com a qual a modernização se impôs e da reação defensiva que ela provocou por parte dos modos tradicionais de vida, para Derrida a reação defensiva vem da própria modernidade. O terrorismo é, para ele, o sintoma de uma desordem auto-imune que ameaça a vida da democracia participativa, o sistema legal que a embasa e a possibilidade de uma separação nítida entre as dimensões religiosa e secular. As condições auto-imunes implicam o suicídio espontâneo do mecanismo que deveria proteger o organismo da agressão externa. Partindo dessa análise sombria, a exortação de Derrida é no sentido de que se proceda lenta e pacientemente à busca de uma cura.

A tese que Derrida defende, no diálogo, é de que o tipo de terrorismo global subjacente aos ataques de 11 de setembro não é o primeiro sintoma da crise auto-imune, mas apenas sua manifestação mais recente. Durante a Guerra Fria, as democracias liberais do Ocidente armaram e treinaram seus futuros inimigos de uma maneira quase suicida. A exibição simétrica do poder na Guerra Fria foi minada pela disseminação do arsenal nuclear, bem como de armas bacteriológicas e químicas. Agora nos defrontamos com a realidade de um conflito assimétrico que, como tal, representa um estágio mais avançado da crise auto-imune. Na era do terror não há equilíbrio possível: desde que forças incalculáveis, mais do que estados soberanos, representam a verdadeira ameaça, o próprio conceito de responsabilidade torna-se potencialmente incalculável. Quem é responsável pelo quê, em que estágio de planejamento, diante de que corpo jurídico?

Como a Guerra Fria, o espectro do terrorismo global persegue o nosso sentido do futuro, porque assassina a promessa da qual depende uma relação positiva com o nosso presente. Em todo o seu horror, 11 de setembro deixou-nos esperando pelo pior. A violência dos ataques contra as Torres Gêmeas e o Pentágono revelou um abismo de terror que irá perseguir nossa existência e nosso pensamento pelos anos e talvez pelas décadas vindouras. A escolha da data, 11 de setembro, para dar nome aos ataques tem o objetivo de atribuir-lhes monumentalidade histórica, o que interessa tanto à mídia ocidental como aos terroristas.

Para Habermas, bem como para Derrida, a globalização desempenha um papel importante face ao terrorismo. Enquanto para o primeiro o que está em jogo é um aumento da desigualdade produzida pela modernização acelerada, o segundo faz uma leitura diferenciada da questão de acordo com o contexto. A globalização, para ele, possibilitou o processo rápido e relativamente suave de democratização da maioria das nações da Europa Oriental que anteriormente constituíam a União Soviética. Derrida acredita que, nessas nações, esse processo foi positivo. "Movimentos recentes para a democratização ... devem grande parte, quase tudo, talvez, à televisão, à comunicação de modelos, normas, imagens, produtos de informática e assim por diante." Em contraste, ele mostra-se extremamente preocupado com o efeito da globalização sobre a dinâmica do conflito e da guerra. "Entre os dois supostos líderes da guerra, as duas metonímias 'bin Laden' e 'Bush', a guerra de imagens e de discursos prossegue em um ritmo cada vez mais acelerado pelas ondas do rádio e da TV, dissimulando e desviando cada vez mais rapidamente a verdade que revela." Em outros casos, ainda, a globalização nada mais é do que um artifício retórico destinado a dissimular a injustiça. É isso, na opinião de Derrida, o que está acontecendo dentro das culturas islâmicas, nas quais apenas *se acredita* que a globalização esteja ocorrendo, mas na realidade não está. Aqui Derrida chega mais próximo de Habermas, não só por entender a globalização sob a rubrica da desigualdade, mas também por relacioná-la ao problema da modernidade e do Iluminismo.

> No curso dos últimos poucos séculos, cuja história teria de ser cuidadosamente reexaminada (a ausência de uma era do Iluminismo, da colonização, do imperialismo e assim por diante), vários fatores contribuíram para a situação geopolítica cujos efeitos estamos sentindo atualmente, a começar pelo paradoxo de uma marginalização e de um empobrecimento cujo ritmo é proporcional ao crescimento demográfico. Essas populações estão não só privadas de acesso ao que chamamos de democracia (por causa da história que relembrei apenas brevemente), mas despojadas até das chamadas riquezas naturais da terra. ... As "riquezas" naturais são de fato os únicos bens não-virtualizáveis e não-desterritorializáveis que hoje restam.

A posição do mundo islâmico é única sob dois aspectos: por um lado, ele carece historicamente de exposição à experiência quintessencialmente moderna da democracia que Derrida, como Habermas, considera necessária para que uma cultura encare positivamente a modernização. Por outro lado, muitas culturas islâmicas floresceram em solo rico de recursos naturais tais como o petróleo, que Derrida define como o último recurso "não-virtualizável e não-desterritorializável". Essa situação torna o bloco islâmico mais vulnerável à modernização selvagem produzida pelos mercados globalizados e dominada por um pequeno número de estados e corporações internacionais.

Enquanto para Habermas o terrorismo é o efeito do trauma da modernização que se espalhou pelo mundo em uma velocidade patológica, para Derrida o terrorismo é o sintoma de um elemento traumático intrínseco à experiência moderna, cujo foco está sempre no futuro, de certo modo entendido patologicamente como promessa, esperança e auto-afirmação. Ambas são reflexões sombrias sobre o legado do Iluminismo, e a busca incansável de uma perspectiva crítica que deve começar pelo auto-exame.

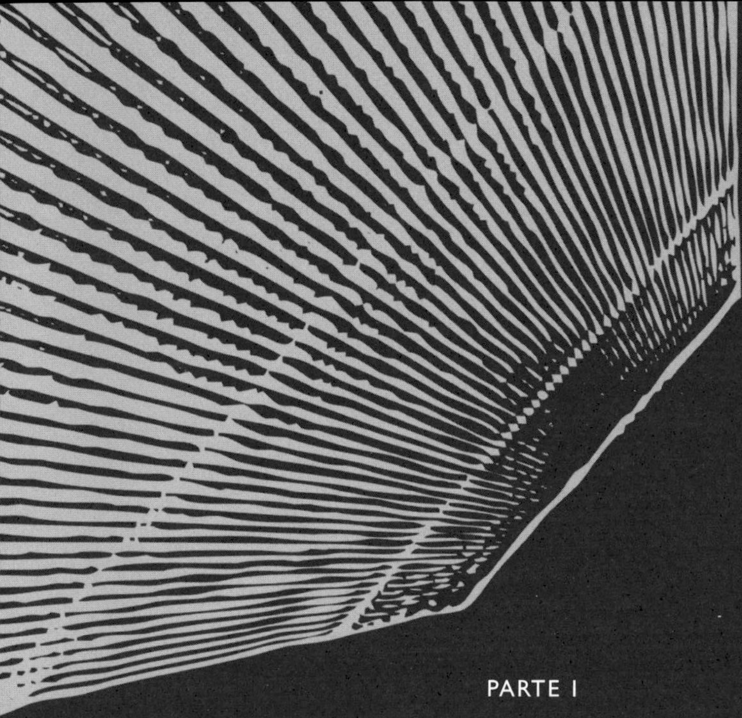

PARTE I

Fundamentalismo e Terror
Um diálogo com Jürgen Habermas

▪

Reconstruindo o Terrorismo
Habermas

Fundamentalismo e Terror

Um diálogo com Jürgen Habermas

GIOVANNA BORRADORI: O senhor considera aquilo que passamos a chamar de "11 de setembro" um acontecimento sem precedentes, que altera radicalmente a nossa própria maneira de nos encarar?

JÜRGEN HABERMAS: Permita-me primeiro dizer que estou respondendo às suas perguntas com um distanciamento de três meses.[1] Seria útil, portanto, mencionar minha experiência pessoal em relação ao acontecimento. No começo de outubro, eu iniciava uma estada de dois meses em Manhattan. Devo confessar que, de certa forma, me sentia mais estrangeiro desta vez do que em visitas anteriores à "capital do século XX", uma cidade que me fascina há mais de três décadas. Não foi só o patriotismo de bandeira em punho e o lema um tanto desafiador de "Estamos Unidos" que haviam mudado o clima, nem o peculiar pedido de solidariedade, e a suscetibilidade que o acompanhava, diante de qualquer suposto "antiamericanismo". A impressionante liberalidade norte-americana em relação aos estrangeiros, o encanto do abraço ansioso e às vezes também constrangido de aceitação — esta nobre mentalidade de coração aberto — parecia ter dado lugar a uma ligeira desconfiança. Ficaríamos nós, aqueles que não haviam estado presentes ao acontecimento, ao lado dos americanos, agora de maneira incondicional? Mesmo os que têm uma "ficha" inquestionável, como é o meu caso entre meus amigos americanos, precisavam ser cautelosos em relação às críticas. Desde a intervenção no Afeganistão, subitamente começamos a notar quando, em discussões políticas, acabávamos ficando apenas entre europeus (ou entre israelenses).

Por outro lado, somente aqui senti pela primeira vez a plena magnitude do acontecimento. O terror desse desastre que literalmente explodiu do nada, as horríveis convicções por trás daquele ataque traiçoeiro, bem como a depressão sufocante que baixou sobre a cidade, tudo isso foi uma experiência completamente diferente aqui do que na Alemanha. Cada amigo e colega podia lembrar exatamente o que estava fazendo naquele dia pouco depois das nove horas da manhã. Em suma, só aqui comecei a compreender a atmosfera agourenta que já ecoa em sua pergunta. Também entre a esquerda existe uma consciência generalizada de que estamos vivendo um ponto crucial na história. Não sei se o próprio governo dos Estados Unidos estava ligeiramente paranóico ou apenas fugindo da responsabilidade. De qualquer maneira, os comunicados repetidos e extremamente imprecisos acerca de possíveis novos ataques terroristas e os apelos insensatos para se "ficar em alerta" geraram ainda mais uma vaga sensação de angústia, ao lado de uma prontidão incerta — exatamente a intenção dos terroristas. Em Nova York as pessoas pareciam preparadas para o pior. Como era de se esperar, o pânico do antraz (e até a queda do avião em Queens)[2] foi atribuído às maquinações diabólicas de Osama bin Laden.

Levando em conta esse pano de fundo, é possível entender uma certa tendência para o ceticismo. Mas será que aquilo que nós, contemporâneos, pensamos no momento é tão importante para um diagnóstico a longo prazo? Se o ataque terrorista de 11 de setembro deve constituir uma ruptura na história mundial, como muitos julgam, então ele deve ser capaz de suportar uma comparação com outros acontecimentos de impacto histórico. Nesse caso, a comparação não deve ser feita com Pearl Harbor, mas com os desdobramentos de agosto de 1914. A irrupção da Primeira Guerra Mundial assinalou o fim de uma era pacífica e, vista em retrospecto, de certo modo confiante, desencadeando uma era de luta armada, opressão totalitária, barbárie mecanicista e burocráticos assassinatos em massa. Na época havia algo como um presságio generalizado. Somente em retrospectiva seremos capazes de entender se o colapso simbolicamente disseminado das cidadelas capitalistas no baixo Manhattan implica uma ruptura daquele tipo, ou se essa catástrofe meramente confirma, de modo desumano e dramático, a vulnerabilidade há muito conhecida de nossa complexa civilização. Se um acontecimento não for, de modo bem claro, considerado importante, como a Revolução Francesa — não muito tempo depois da revolução Kant falou em um "sinal histórico" que apontava para uma "tendência moral da humanidade" —, apenas em retrospecto a "história efetiva" poderá julgar sua magnitude.

Talvez em algum ponto mais adiante será possível atribuir conseqüências importantes a 11 de setembro. Mas por ora não sabemos quais dos muitos cenários descritos hoje irão de fato se sustentar no futuro. A inteligente, embora frágil, coalizão contra o terrorismo reunida pelo governo dos Estados Unidos poderia, no caso mais favorável, ser capaz de avançar na transição da lei internacional clássica para uma ordem cosmopolita. Aconteça o que acontecer, um sinal favorável foi a conferência sobre o Afeganistão em Bonn, que, sob os auspícios das Nações Unidas, estabeleceu as prioridades na direção correta.[3] No entanto, depois de 11 de setembro, os governos europeus fracassaram completamente. São obviamente incapazes de enxergar além do seu próprio âmbito de interesses nacionais e de oferecer pelo menos seu apoio ao secretário de Estado dos Estados Unidos Colin Powell contra a linha-dura. A administração Bush parece continuar, mais ou menos imperturbada, o curso centrado sobre si mesmo de uma superpotência insensível. Está lutando agora, como lutou no passado, contra a formação de uma corte criminal internacional, recorrendo, em vez disso, a tribunais militares próprios. Estes constituem, do ponto de vista da lei internacional, uma inovação duvidosa. Os Estados Unidos recusam-se a assinar a Convenção das Armas Biológicas. Unilateralmente põem fim ao Tratado de Mísseis Balísticos (ABM) e de modo absurdo planejam montar um sistema de defesa com mísseis, validado pelos acontecimentos de 11 de setembro. O mundo se tornou muito complexo para esse unilateralismo mal disfarçado. Ainda que a Europa não se levante, como deveria, para desempenhar um papel civilizador, o poder emergente da China e o poder em declínio da Rússia não se encaixam tão simplesmente assim no modelo da *pax americana*. Em vez do tipo de ação de polícia internacional que esperávamos durante a guerra em Kosovo, novamente há guerras — conduzidas com a tecnologia mais refinada, mas ainda no velho estilo.

A miséria no Afeganistão dilacerado pela guerra é uma reminiscência das imagens da guerra dos Trinta Anos. Naturalmente havia boas razões, até mesmo normativas, para remover à força o regime Talibã, que oprimia brutalmente, não só as mulheres como toda a população. Os afegãos também se recusavam a atender à exigência legítima de entregar bin Laden. Contudo a assimetria entre o concentrado poder destrutivo dos feixes eletronicamente controlados de mísseis elegantes e versáteis no ar e a ferocidade arcaica dos enxames de guerreiros barbudos equipados com Kalashnikovs na terra persiste como uma visão moralmente obscena. Este sentimento é mais bem entendido quando nos lembramos da sanguinária história colonial do Afeganistão, seu desmembramento geográfico arbitrário e a continuada instrumentalização do país nas mãos do jogo do poder europeu. Em todo caso, o regime Talibã já pertence à história.

GB: É verdade, mas o nosso tópico é o terrorismo, que parece ter assumido um novo significado e uma nova definição depois de 11 de setembro.

JH: O próprio ato monstruoso foi novo. E não me refiro apenas à ação dos seqüestradores suicidas que transformaram os aviões carregados de combustível e seus reféns em armas vivas, ou até mesmo ao número insuportável de vítimas e à extensão dramática da devastação. A novidade foi a força simbólica dos alvos atingidos. Os agressores não fizeram apenas fisicamente implodir os edifícios mais altos de Manhattan; eles destruíram também um ícone da imagem familiar da nação norte-americana. Só no surto de patriotismo que se seguiu começamos a reconhecer a importância central que as torres desempenhavam na imaginação popular, com sua marca insubstituível na silhueta de Manhattan e sua poderosa corporificação de força econômica e projeção para o futuro. A presença das câmaras e da mídia também foi uma novidade, ao transformar o acontecimento local em um acontecimento global, e toda a população do mundo, em testemunha entorpecida. Talvez o dia 11 de setembro pudesse ser chamado de o primeiro acontecimento histórico mundial no sentido mais estrito: o impacto, a explosão, o lento colapso — tudo o que não era mais Hollywood, mas, na verdade, era uma realidade medonha, teve lugar literalmente diante da "testemunha ocular universal" de um público global. Só Deus sabe o que minha amiga e colega *experimentou*, observando o segundo avião explodir nos últimos andares do World Trade Center, a apenas alguns quarteirões do telhado de sua casa em Duane Street. Sem dúvida foi algo completamente diferente do que eu *experimentei* na Alemanha diante da televisão, embora *víssemos* a mesma coisa.

É claro que nenhuma observação de um único acontecimento pode fornecer uma explicação *per se* para o fato de que o terrorismo tenha assumido uma nova característica. A este respeito, um fator acima de tudo me parece relevante: nunca sabemos realmente quem é o nosso inimigo. Osama bin Laden, a pessoa, acaba servindo na função de substituto. Comparem os novos terroristas com guerrilheiros ou terroristas convencionais, por exemplo, em Israel. Estas pessoas geralmente lutam de uma maneira descentralizada e também em unidades pequenas e autônomas. Igualmente, nesses casos, não há concentração de forças ou organização central, característica que os torna alvos difíceis. Mas os guerrilheiros combatem em território familiar com objetivos políticos declarados, a fim de conquistar o poder. Isso é o que os distingue dos terroristas que estão espalhados ao redor do mundo e funcionando em rede, à maneira dos serviços secretos. Os terroristas permitem que suas motivações religiosas de natureza fundamentalista sejam conhecidas, embora não obedeçam a um programa que vá além de arquitetar a destruição e a insegurança. O terrorismo que associamos por enquanto com o nome de "al-Qaeda" torna impossíveis a identificação do oponente e qualquer avaliação realista do perigo. Essa intangibilidade é o que dá ao novo terrorismo uma qualidade diversa.

Sem dúvida a incerteza do perigo pertence à essência do terrorismo. Mas os cenários de guerra biológica ou química pintados em detalhe pela mídia norte-americana durante os meses que se sucederam ao dia 11 de setembro, as especulações sobre os vários tipos de terrorismo nuclear, tudo isso apenas trai a incapacidade que o governo tem de pelo menos determinar a magnitude do perigo. Nunca sabemos se existe algum perigo real. Em Israel, as pessoas ao menos sabem o que lhes pode acontecer se pegarem um ônibus, se forem a uma loja de departamentos, uma discoteca ou a qualquer área aberta — e com que freqüência isso acontece. Nos Estados Unidos ou na Europa não podemos circunscrever o risco; não existe uma forma realista de estimar o tipo, a magnitude e a probabilidade do risco, ou qualquer maneira de definir as regiões potencialmente afetadas.

Isso produz uma nação ameaçada que pode reagir a tais perigos incertos unicamente por meio de canais administrativos, com a situação realmente constrangedora de talvez reagir em excesso, e, no entanto, pelo nível inadequado do serviço secreto, ver-se incapacitada de saber com certeza se a reação é desmesurada ou não. Por isso, o Estado corre o risco de cair em descrédito, pela evidência de seus recursos inadequados: tanto no plano doméstico, com uma militarização das medidas de segurança que colocam em perigo o Estado constitucional, quanto internacionalmente, com a mobilização de uma superioridade militar e tecnológica simultaneamente desproporcional e ineficaz. Com motivos transparentes, o secretário de Defesa dos Estados Unidos Donald Rumsfeld mais uma vez advertiu sobre ameaças de terror *não especificadas* contra a conferência da Otan

(Organização do Tratado do Atlântico Norte) em Bruxelas, em meados de dezembro [2001]: "Quando vemos a destruição que eles causaram nos Estados Unidos, imaginem o que poderiam fazer em Nova York, Londres, Paris ou Berlim com armas nucleares, químicas ou biológicas."[4] De tipo totalmente diferente foram as medidas — necessárias e prudentes, mas só eficazes a longo prazo — que o governo dos Estados Unidos tomou depois do ataque: a criação de uma coalizão de países em âmbito mundial contra o terrorismo, o controle efetivo sobre movimentações financeiras suspeitas e associações internacionais de bancos, a criação de redes para a troca de informações relevantes entre agências nacionais de serviço secreto, bem como uma coordenação internacional de investigações policiais correspondentes.

GB: O senhor afirmou que o intelectual é uma figura com características históricas específicas, profundamente entrelaçado com a história européia, o século XIX e o início da modernidade. Ele, ou ela, desempenha um papel particular em nosso presente contexto?

JH: Eu diria que não. Os suspeitos de sempre — escritores, filósofos, artistas, eruditos trabalhando na área das humanidades bem como na das ciências sociais —, que se pronunciam em outras ocasiões, fizeram-no desta vez também. Houve os costumeiros "a favor e contra", o mesmo rosnar de vozes, com as diferenças nacionais de estilo e ressonância pública — não foi muito diferente das guerras do Golfo e de Kosovo. Talvez as vozes americanas tenham sido ouvidas mais rápido e mais alto do que de costume — no fim, também de certo modo mais devotadamente governamentais e patrióticas. Por um lado, até liberais esquerdistas parecem no momento estar de acordo com a política de Bush. As posições declaradas de Richard Rorty, se entendo corretamente, não são completamente atípicas. Por outro lado, os críticos da operação no Afeganistão começaram a partir de um prognóstico falso na sua avaliação pragmática das oportunidades de sucesso. Desta vez, o que se exigia, não era só o conhecimento antropológico-histórico de um tipo um tanto especializado, mas também perícia militar e geopolítica. Não estou aderindo ao preconceito antiintelectual segundo o qual os intelectuais regularmente carecem da perícia necessária. Se a pessoa não chega a ser um economista, ela se furta de julgar fenômenos econômicos complexos. Com relação a questões militares, no entanto, os intelectuais obviamente não agem de modo diferente de outros estrategistas teóricos.

GB: No seu discurso na Paulskirche (Frankfurt, outubro de 2001),[5] o senhor definiu o fundamentalismo como um fenômeno especificamente moderno. Por quê?

JH: Depende, naturalmente, de como se usa o termo. "Fundamentalista" tem um ar pejorativo. Usamos o predicado para caracterizar uma posição mental peculiar, uma atitude teimosa que insiste na imposição política de suas próprias convicções e razões, mesmo quando elas estão longe de serem racionalmente aceitáveis. Isso vale especialmente para as crenças religiosas. Certamente não deveríamos confundir fundamentalismo com dogmatismo ou ortodoxia. Cada doutrina religiosa baseia-se em um cerne dogmático de crenças. Às vezes existe uma autoridade como a do papa ou da congregação romana, que determina que interpretações desviam-se desse dogma e, portanto, da ortodoxia. Tal ortodoxia, em primeiro lugar, tende para o fundamentalismo quando os guardiães e representantes da verdadeira fé ignoram a situação epistêmica de uma sociedade pluralista e insistem — chegando até à violência — no caráter universalmente basilar de sua doutrina e na aceitação política dela.

Até o surgimento da modernidade, os ensinamentos proféticos eram também religiões *mundiais*, no sentido de que eram capazes de se expandir dentro dos horizontes cognitivos de antigos impérios percebidos de dentro como mundos abrangentes. O "universalismo" daqueles impérios, cujas periferias pareciam ficar indistintas para além das fronteiras, proporcionava um substrato apropriado para a reivindicação exclusiva da verdade por parte das religiões mundiais. No entanto, nas condições modernas de um crescimento acelerado em termos de complexidade, tal reivindicação exclusiva por parte de uma fé não pode mais ser ingenuamente mantida. Na Europa, o cisma confessional e a secularização da sociedade compeliram a crença religiosa a refletir sobre seu lugar não exclusivo dentro de um discurso universal compartilhado com outras religiões e limitado pelo conhecimento secular gerado cientificamente. Ao mesmo tempo, a percepção dessa dupla relativização de nossa posição obviamente não deveria significar a relativização de nossas próprias crenças. Essa conquista auto-reflexiva de uma religião que aprendeu a se ver pelos olhos dos outros tem tido importantes implicações políticas. Os fiéis poderiam, a partir de então, perceber por que tiveram de renunciar à violência, em geral, e evitar o poder do Estado, em particular, com o propósito de impor reivindicações religiosas. Essa investida cognitiva tornou possíveis pela primeira vez a tolerância religiosa e a separação entre a Igreja e o Estado.

Quando um regime contemporâneo, como o do Irã, recusa-se a manter essa separação, ou quando movimentos inspirados pela religião se empenham no restabelecimento de uma forma islâmica de teocracia, consideramos isso fundamentalismo. Eu explicaria as características congeladas de tal mentalidade em termos da repressão de dissonâncias cognitivas palpáveis. A repressão ocorre quando a inocência da situação epistemológica de uma perspectiva mundial abrangente é perdida, e quando, sob as condições cognitivas de conhecimento científico e pluralismo religioso, propaga-se um retorno ao exclusivismo das atitudes de crença pré-modernas. Tais atitudes causam essas dissonâncias cognitivas impressionantes, uma vez que as circunstâncias complexas de vida nas sociedades pluralistas modernas são normativamente compatíveis apenas com um universalismo *estrito*, em que o mesmo respeito é exigido de todo mundo — sejam católicos, protestantes, muçulmanos, judeus, hindus ou budistas, crentes ou descrentes.

GB: Em que o tipo de fundamentalismo islâmico que vemos hoje é diferente de tendências e práticas fundamentalistas mais antigas, como a caça às bruxas do início da era moderna?

JH: Existe provavelmente um motivo a ligar os dois fenômenos que a senhora menciona, a saber, a reação defensiva contra o medo de um violento desenraizamento dos modos tradicionais de vida. Naquele início da era moderna, os primórdios da modernização política e econômica podem ter dado surgimento a tais temores em algumas regiões da Europa. Claro, com a globalização dos mercados, particularmente dos mercados financeiros, e com a expansão dos investimentos diretos estrangeiros, estamos hoje em um estágio completamente diferente. As coisas são diversas à medida que a sociedade mundial está no momento *rachada* em países vencedores, beneficiários e perdedores. Para o mundo árabe, os Estados Unidos são a força propulsora da modernização capitalista. Com a liderança insuperável em termos de desenvolvimento e com a esmagadora superioridade tecnológica, econômica, política e militar, os Estados Unidos aparecem como um insulto à autoconfiança, enquanto simultaneamente fornecem o modelo secretamente admirado. O Ocidente como um todo serve de bode expiatório para as experiências muito efetivas de perda vivenciadas pelo mundo árabe, sofridas por parte de populações arrancadas de suas tradições culturais durante os processos de modernização acelerada. O que foi experimentado na Europa, sob circunstâncias mais favoráveis, como um processo de destruição *produtiva* não comporta em si a promessa de compensação pela dor da desintegração de modos habituais de vida em outros países. Eles sentem que essa compensação não pode ser sequer alcançada dentro do horizonte das próximas gerações.

É compreensível, em um nível psicológico, que essa reação defensiva se alimente de fontes espirituais as quais colocam em movimento, contra a força secularizadora do Ocidente, um potencial que já parece ter desaparecido. O recurso furioso dos fundamentalistas a um conjunto de crenças — nas quais a modernidade não acarretou qualquer processo de aprendizado auto-reflexivo nem qualquer diferenciação entre religião, conhecimento secular e política — ganha uma certa plausibilidade porque essas crenças se nutrem de uma substância que aparentemente desapareceu no Ocidente. Um Ocidente materialista enfrenta outras culturas — que devem o seu perfil à marca de uma das grandes religiões do mundo — apenas com a irresistibilidade provocativa e vulgarizante de uma cultura consumista padronizadora. Vamos admitir isso: o Ocidente apresenta-se como uma forma desprovida de qualquer núcleo normativo, à medida que sua preocupação com os direitos humanos refere-se apenas à tentativa de abrir novos mercados livres e à proporção que, no plano doméstico, permite o domínio livre da divisão neoconservadora de trabalho entre o fundamentalismo religioso e uma espécie de secularização esvaziadora e depauperante.

GB: Para falar do ponto de vista filosófico, o senhor considera o terrorismo uma ação totalmente política?

JH: Não no sentido subjetivo pelo qual Mohammed Atta, o cidadão egípcio que veio de Hamburgo e pilotou o primeiro dos dois aviões catastróficos, teria oferecido à senhora uma resposta política. Sem dúvida o fundamentalismo islâmico de hoje também dá cobertura a motivos políticos. Seguramente não deveríamos deixar de lado os motivos políticos que encontramos sob as formas de fanatismo religioso. Isso explica o fato de que alguns daqueles que foram atraídos para a "guerra santa" tenham sido nacionalistas seculares até há bem poucos anos. Se examinarmos as biografias dessas pessoas, continuidades notáveis irão se revelar. O desapontamento com os regimes autoritários nacionalistas pode ter contribuído para o fato de que hoje a religião oferece uma linguagem nova e subjetivamente mais convincente para as antigas orientações políticas.

GB: Como o senhor definiria na verdade o terrorismo? É possível traçar uma distinção significativa entre o terrorismo nacional e o terrorismo internacional, ou até mesmo global?

JH: Em um sentido, o terrorismo palestino ainda possui certa característica antiquada de se mover em torno do assassinato, da eliminação indiscriminada dos inimigos, homens, mulheres e crianças — vida contra vida. É isso que o distingue do terror que surge sob a forma paramilitar da guerra de guerrilhas. Essa forma de guerra caracterizou muitos movimentos de libertação na segunda metade do século XX — e deixou sua marca atualmente na luta pela independência da Chechênia, por exemplo. Em contraste com isto, o terror global que culminou com o ataque de 11 de setembro carrega os traços anarquistas da revolta impotente dirigida contra um inimigo que não pode ser derrotado em qualquer sentido pragmático. O único efeito possível que ele pode exercer é chocar e alarmar o governo e a população. Tecnicamente falando, uma vez que nossas sociedades complexas são altamente suscetíveis a interferências e acidentes, elas certamente oferecem as oportunidades ideais para a pronta interrupção das atividades normais. As interrupções podem, com o mínimo de despesa, ter conseqüências destrutivas consideráveis. O terrorismo global é extremo, tanto em sua falta de metas realistas como na exploração da vulnerabilidade dos sistemas complexos.

GB: O terrorismo deveria ser diferençado do crime comum e de outros tipos de violência?

JH: Sim e não. De um ponto de vista moral, não há desculpa para os atos terroristas, independentemente do motivo ou da situação sob a qual foram realizados. Nada justifica a atitude de "dar um desconto" para o assassinato ou o sofrimento dos outros somente para atingirmos os nossos próprios fins. Todo assassinato é em demasia. Historicamente, porém, o terrorismo cai em uma categoria distinta daquela que inclui os crimes da alçada do juiz de um tribunal criminal. Ele difere de um incidente privado, no sentido de que merece interesse público e exige um tipo de análise diferente da realizada para se examinar um crime passional, por exemplo. De outro modo não estaríamos tendo este diálogo. A diferença entre o terror político e o crime comum torna-se clara durante as mudanças de regimes, quando os antigos terroristas assumem o poder e tornam-se os representantes do país com ampla aprovação. Certamente essa transição política só pode ser esperada por terroristas que perseguem metas realistas de uma maneira realista; que são capazes de extrair, pelo menos retrospectivamente, uma certa legitimação de suas ações criminais, adotadas para superar uma situação manifestamente injusta. Hoje, porém, não consigo imaginar um contexto no qual um dia, de certo modo, o crime monstruoso de 11 de setembro possa se tornar um ato político inteligível e compreensível.

GB: O senhor acha que foi correto interpretar 11 de setembro como uma declaração de guerra?

JH: Mesmo que o termo "guerra" seja menos enganoso e moralmente menos controvertido do que "cruzada", considero a decisão de Bush de declarar uma "guerra contra o terrorismo" um erro sério, tanto normativa como pragmaticamente. Do ponto de vista normativo, ele está elevando os criminoso ao status de inimigos de guerra; e, pragmaticamente, não podemos conduzir uma guerra contra uma "rede", caso queiramos dar ao termo "guerra" qualquer significado definido.

GB: Se o Ocidente precisa desenvolver maior sensibilidade e adotar mais autocrítica em seus contatos com outras culturas, como se deveria partir para isso? Filosoficamente, o senhor articulou a inter-relação entre "tradução" e "busca de uma linguagem comum". Isso pode ser a chave para um novo rumo político?

JH: Desde 11 de setembro muitas vezes me foi perguntado se, à luz desse fenômeno violento, toda a concepção da "ação comunicativa" que desenvolvi em minha teoria foi ou não colocada em xeque. Nós, no Ocidente, vivemos em sociedades pacíficas e prósperas; e, no entanto, elas comportam uma violência *estrutural* à qual, até certo ponto, nós nos acostumamos, isto é, a desigualdade social desproporcionada, a discriminação degradante, o empobrecimento e a marginalização. Precisamente porque nossas relações sociais são permeadas de violência, ação estratégica e manipulação, existem dois outros fatos que não deveríamos ignorar. Por um lado, a práxis de nossa vida cotidiana conjunta repousa sobre uma sólida base de convicções fundamentais comuns, verdades culturais auto-evidentes e expectativas recíprocas. Aqui, a coordenação da ação passa pelos jogos de linguagem comuns, por meio de reivindicações de validade pelo menos implicitamente reconhecidas *no espaço público de razões mais ou menos boas.* Por outro lado, e por isso, os conflitos surgem da *distorção na comunicação*, do mal-entendido e da incompreensão, da insinceridade e da impostura. Quando as conseqüências desses conflitos tornam-se dolorosas o bastante, elas vão parar em um tribunal ou no consultório de um terapeuta. A espiral de violência começa como uma espiral de comunicação distorcida que leva, por meio da incontrolável espiral de desconfiança recíproca, à ruptura da comunicação. Se a violência começa, assim, com uma distorção na comunicação, depois que ela entrou em erupção é possível saber o que não deu certo e o que deve ser consertado.

Essa percepção trivial pode ser aplicada aos conflitos de que você fala. A questão é mais complicada nesse caso, porque culturas, modos de vida e nações estão muito distantes uns dos outros; por conseguinte, são mais estranhos uns aos outros. Eles não se encontram uns com os outros como membros de uma sociedade que se poderiam *tornar alienados* uns dos outros somente pela comunicação sistematicamente distorcida. Além do mais, nas *relações internacionais*, o poder inibidor da lei desempenha um papel comparativamente fraco. Nas relações *interculturais*, o sistema legal alcança, na melhor das hipóteses, um arcabouço institucional para encontros formais, tais como a Conferência Mundial dos Direitos Humanos realizada em Viena pelas Nações Unidas. Por mais importante que possa ser o discurso intercultural em diversos níveis sobre as interpretações controvertidas dos direitos humanos, tais encontros formais não podem por si mesmos cessar a espiral dos estereótipos. A desejada transformação de uma mentalidade acontece sobretudo pela melhoria das condições de vida, por um alívio sensível da opressão e do medo. A confiança também deve ser capaz de se desenvolver nas práticas comunicativas do cotidiano. Só então um esclarecimento efetivo poderá se estender à mídia, às escolas e aos lares. E deve fazê-lo afetando as premissas de sua própria cultura política..

Nesse contexto, o tipo de auto-representação normativa em face a outras culturas também se torna importante para nós mesmos. No processo de revisão de sua auto-imagem, o Ocidente poderia aprender, por exemplo, como seria necessário mudar sua política se quiser ser percebido como um poder modelador de impacto civilizacional. Sem a domesticação política de um capitalismo irrefreado, a estratificação devastadora da sociedade mundial permanecerá intratável. As disparidades na dinâmica do desenvolvimento econômico mundial teriam de ser pelo menos equilibradas em relação a suas conseqüências mais destrutivas — a privação e a miséria de regiões e continentes inteiros nos vem à mente. Isso não diz respeito meramente à discriminação de outras culturas, sua humilhação ou a ofensa contra elas. O chamado "choque das civilizações" [*Kampf der Kulturen*] é freqüentemente o véu que mascara os interesses materiais indispensáveis do Ocidente (campos de petróleo acessíveis e suprimento garantido de energia, por exemplo).[6]

GB: À luz do que o senhor vem sugerindo, deveríamos nos perguntar se o modelo do diálogo chega a ser adequado à troca intercultural. Não é sempre em nossos próprios termos que juramos fidelidade à solidariedade entre culturas?

JH: A constante suspeita desconstrutivista de nossos preconceitos europocêntricos levanta uma contraquestão: por que o modelo hermenêutico de entendimento — que funciona nas conversas do cotidiano e, desde Humboldt, tem sido metodologicamente desenvolvido a partir da prática de interpretar textos — deveria subitamente partir para além das fronteiras de nossa própria cultura, do nosso próprio modo de vida e da nossa tradição? Em cada caso uma interpretação deve transpor o abismo do pré-entendimento hermenêutico dos dois lados — mesmo quando as distâncias culturais e espaço-temporais são mais curtas ou mais longas, ou as diferenças semânticas, menores ou maiores. Todas as interpretações são traduções *in nuce*. Não é sequer necessário recorrer a Donald Davidson para entender que a *própria idéia de um esquema conceitual*, que constitui um de vários mundos, não pode ser concebida sem contradição. Também é possível mostrar, com argumentos gadamerianos, que a idéia de um universo de significados contido em si mesmo, que não pode ser mensurado a partir de outros universos do mesmo tipo, é um conceito inconsistente.

Disso, contudo, não decorre necessariamente um etnocentrismo metódico. Rorty e Alasdair McIntyre defendem um modelo de assimilação do entendimento pelo qual a interpretação radical significa a assimilação a um de nossos próprios padrões de racionalidade ou uma conversão, e, desse modo, uma espécie de sujeição à racionalidade de uma concepção, para nós, completamente estranha do mundo. Deveríamos apenas ser capazes de entender o que está sob os ditames de uma linguagem de abertura para o mundo. Aquela descrição encaixa-se, na melhor das hipóteses, no próprio início de uma interpretação — uma situação perturbadora que exige um esforço hermenêutico, de vez que torna seus participantes penosamente cônscios da natureza unilateral e das limitações de suas conjeturas iniciais. Lutando com as dificuldades de entendimento, as pessoas devem, passo a passo, ampliar suas perspectivas originais e, em última análise, conciliá-las. E elas podem ter sucesso nessa "fusão de horizontes", pela capacidade peculiar que têm de assumir os papéis de "interlocutor" e "ouvinte". Ao assumir esses papéis em um diálogo, as pessoas se envolvem em uma simetria fundamental que, no fundo, todas as situações de discurso exigem. Quando uma interlocutora nativa aprendeu a usar o sistema de pronomes pessoais, ela adquiriu competência para trocar de perspectiva entre a primeira e a segunda pessoa. E, no curso da adoção da perspectiva mútua, pode se desenvolver um horizonte comum de suposições de base em que ambos os lados realizam uma interpretação não etnocentricamente adotada ou convertida, mas, em vez disso, *intersubjetivamente* compartilhada.

Esse modelo explica por que as tentativas de entendimento só têm oportunidade sob condições simétricas de adoção de perspectivas *mútuas*. Boas intenções e ausência de violência manifesta naturalmente ajudam, mas não são suficientes. Sem as estruturas de uma situação comunicativa livre de distorção, sempre há suspeita de que os resultados foram forçados. Naturalmente, na maior parte do tempo, apenas a falibilidade inevitável da mente humana é revelada pela escolha e pela necessidade de revisão e expansão das interpretações obtidas. Essas falhas normais, contudo, são freqüentemente indistinguíveis daquele momento peculiar de cegueira em que as interpretações devem seus traços de assimilação forçada a coações impostas por um grupo superior. Por isso a comunicação é sempre ambígua e suspeita de carregar uma violência latente. Mas quando a comunicação fica ontologizada sob essa descrição, quando "nada além" da violência é visto nela, perdemos o ponto principal: que o poder crítico de pôr fim à violência sem reproduzir os ciclos de uma nova violência só pode residir no telos do entendimento mútuo e em nossa orientação rumo a essa meta.

GB: A globalização levou-nos a reconsiderar o conceito da lei internacional da soberania. Como o senhor vê o papel das organizações internacionais em relação a essa lei? O cosmopolitismo, uma das idéias centrais do Iluminismo, ainda desempenha um papel útil nas circunstâncias de hoje?

JH: Acredito que a idéia existencialista de Carl Schmitt, segundo a qual "o político" consiste apenas na auto-afirmação de uma identidade coletiva acima de outras identidades coletivas, é falsa e perigosa, em vista de suas conseqüências práticas. A ontologização da relação amigo-inimigo sugere que as tentativas de uma juridificação cosmopolita das relações entre os sujeitos beligerantes da lei internacional estão destinadas a servir ao mascaramento de interesses particulares sob disfarce universalista. Como podemos, sustentando esta opinião, ignorar o fato de que os regimes totalitários do século XX, com seus crimes políticos em massa, tenham repudiado de uma maneira sem precedentes a suposição de inocência que se encontra na lei internacional clássica? Por essa razão histórica, há muito tempo nos encontramos na transição da lei internacional clássica para aquilo que Kant antecipou como um Estado de cidadania mundial. Este é um fato; além do mais, normativamente falando, não vejo qualquer alternativa significativa para tal desenvolvimento. Apesar disso, existem obstáculos que não podem ser ignorados. Desde os tribunais de guerra de Nuremberg e de Tóquio, depois do final da Segunda Guerra Mundial, desde a fundação das Nações Unidas e da Declaração dos Direitos Humanos das Nações Unidas, desde a política mais ativa de direitos humanos que se seguiu à Guerra Fria, desde a controvertida intervenção da Otan em Kosovo e, finalmente, desde a declaração de guerra contra o terrorismo internacional, depois de todos estes acontecimentos, a ambivalência dessa transição emergiu mais claramente.

Por um lado, a idéia de uma comunidade internacional que elimina efetivamente o estado de natureza entre nações, penalizando as guerras de agressão, o genocídio e os crimes contra a humanidade e punindo as violações dos direitos humanos, tomou forma nas Nações Unidas e em suas ramificações. O Tribunal de Haia está ouvindo o caso contra Slobodan Milosevic, um ex-chefe de Estado. Os principais juízes britânicos quase impediram a repatriação de Augusto Pinochet, um ex-ditador criminoso. O estabelecimento de uma corte criminal internacional já está em andamento. O princípio de não-intervenção nos afazeres domésticos de um Estado soberano foi minado. Resoluções do Conselho de Segurança das Nações Unidas revogaram o uso livre, pelo governo iraquiano, de seu próprio espaço aéreo. Soldados da ONU estão garantindo a segurança do governo pós-Talibã em Kabul. A Macedônia, que esteve à beira de uma guerra civil, concordou, sob pressão da União Européia, a atender às exigências da minoria albanesa.

Por outro lado, a organização mundial geralmente não passa de um tigre de papel. Ela depende da boa vontade das grandes potências em colaborar. O Conselho de Segurança pode fornecer apenas uma observância muito seletiva dos princípios aceitos pela comunidade internacional, mesmo depois dos acontecimentos de 1989. Como a tragédia de Srebrenica mostra, as tropas da ONU freqüentemente não se acham em posição de impor certas garantias. Se o Conselho de Segurança é bloqueado em suas decisões, como foi diante do conflito de Kosovo, e se, em seu lugar, uma aliança regional como a Otan atua sem um mandato, isso revela o irrevogável diferencial de poder que existe entre a legítima mas fraca autoridade da comunidade internacional e a força real de estados-nações capacitados para a ação militar, mas atendendo a seus próprios interesses.

A discrepância entre o que devia e o que pode ser feito, entre a justiça e o poder, lança uma luz negativa, tanto sobre a credibilidade da ONU como sobre a prática da intervenção de estados não-autorizados que meramente usurpam um mandato — ainda que com boas razões — e transformam o que seria justificado como ação policial em ato de guerra. A suposta ação policial freqüentemente torna-se indistinguível de uma guerra bastante trivial. A confusão entre política clássica do poder, consideração pelas alianças regionais e tentativas de um regime cosmopolita não apenas fortalece os interesses opostos que existem entre o Norte e o Sul, o Leste e o Oeste dentro da ONU. Também enseja que as superpotências apreendam todas as restrições normativas ao seu objetivo de cautela. Isso, por sua vez, favorece a dissensão crescente, dentro do campo ocidental, entre os países anglo-saxônicos e os continentais. Os primeiros tiram sua inspiração da "escola realista" das relações internacionais, enquanto os últimos favorecem uma legitimação normativa e a gradual transformação da lei internacional em uma ordem cosmopolita.

Durante a guerra em Kosovo, ou mesmo na política em relação ao Afeganistão, podiam-se ver claramente as correspondentes diferenças no estabelecimento de um programa. A tensão entre metas pragmáticas de poder e metas mais normativas só será resolvida se, um dia, as grandes alianças de âmbito continental, como a União Européia, a Nafta e a Asean,[7] se desenvolverem como atores dotados de poder, capazes de realizar acordos transnacionais e de assumir a responsabilidade por uma rede transnacional cada vez mais coesa de organizações, conferências e práticas. Só com esse tipo de atores globais, habilitados a formar um contrapeso político à expansão global de mercados que corre adiante de qualquer estrutura política, é que a ONU poderia encontrar uma base para a implementação de programas e diretrizes de alto nível.

GB: Muitos têm admirado o universalismo que o senhor defende em seus escritos sobre filosofia moral e política; outros criticaram-no. O que esse universalismo tem a ver com tolerância? "Tolerância" não seria um termo paternalista, que seria melhor substituir pelo conceito de "hospitalidade" ou "amizade"?

JH: O conceito de tolerância tem tido certamente essa conotação ao longo da história. Lembre, por exemplo, o Édito de Nantes, sob o qual o rei francês permitiu aos huguenotes, uma minoria religiosa, professar suas crenças e observar seus rituais sob a condição de que não questionassem a autoridade do trono ou a supremacia do catolicismo. A tolerância tem sido praticada há séculos com esse espírito paternalista. A declaração unilateral de que um monarca soberano ou a cultura da maioria estão dispostos, por seu próprio arbítrio, a "tolerar" as práticas divergentes da minoria é paternalista. Nesse contexto, o ato de tolerância detém um elemento de um ato de misericórdia, ou de um "favor". Um partido permite a outro certa quantidade de desvio da "normalidade" sob uma condição: que a minoria tolerada não pise além do "limiar de tolerância". Houve críticas, e justificadas, contra essa "concepção permissiva" autoritária, pois é óbvio que o limite de tolerância, que separa o que é ainda "aceitável" do que não é, será estabelecido arbitrariamente pela autoridade existente. E surge assim a impressão de que a tolerância — uma vez que só pode ser praticada dentro de uma fronteira além da qual ela cessaria — possui em si um cerne de intolerância. Essa consideração reflete-se em sua pergunta.

Hoje, por exemplo, encontramos esse paradoxo no conceito de "democracia militante": nenhuma liberdade para os inimigos da liberdade. No entanto, a partir do exemplo, podemos também aprender que a desconstrução pura e simples do conceito de tolerância cai em uma armadilha, uma vez que o Estado constitucional contradiz precisamente a premissa da qual deriva o sentido paternalista do conceito tradicional de "tolerância". No interior de uma comunidade democrática, cujos cidadãos concedem reciprocamente direitos iguais uns aos outros, não sobra espaço para que uma autoridade determine *unilateralmente* as fronteiras do que deve ser tolerado. Na base dos direitos iguais dos cidadãos e do respeito recíproco de um pelo outro, ninguém possui o privilégio de estabelecer as fronteiras da tolerância do ponto de vista de suas próprias preferências e orientações segundo valores. Certamente tolerar as crenças de outras pessoas sem aceitar a sua verdade, e tolerar outros modos de vida sem apreciar o seu valor intrínseco, como fazemos com relação a nós mesmos, isso requer um padrão comum. No caso de uma comunidade democrática, essa base de valor comum é encontrada no princípio da constituição. É claro que surgem disputas também quanto à verdadeira compreensão desses princípios. O importante, porém, é o caráter peculiar de reflexividade de que gozam os princípios constitucionais. A explicação dessa questão intrincada nos traz de volta o problema do universalismo.

A própria constituição tomou as necessárias providências para os conflitos de interpretação constitucional. Existem instituições e procedimentos para resolver a questão dos limites do que se poderia ainda ou não mais considerar como "ser leal à constituição." A questão aplica-se em particular a um tipo de agitação pública que renuncia às "fundações da constituição" (como é o caso, hoje, do extremismo islâmico). O interessante é que, em uma comunidade que tolera a "desobediência civil", a proteção se estende para além da ordem estabelecida, para além de todas as práticas e instituições sob as quais seu próprio conteúdo normativo foi decifrado e assumiu o poder de estabelecer conexões. Em sua tolerância da desobediência civil, a constituição amplia-se auto-reflexivamente para incluir até mesmo as condições de travessia de suas próprias fronteiras. Uma constituição democrática pode portanto tolerar a resistência de dissidentes que, depois de exaurirem todas as vias legais, ainda assim se opõem às decisões tomadas dentro da legitimidade. Ela só determina que essa resistência — que quebra as regras — esteja plausivelmente justificada no espírito e na letra da constituição e seja conduzida por meios simbólicos que emprestem à luta o caráter de um apelo não violento à maioria, para que mais uma vez reflita sobre suas decisões. Desse modo, o projeto democrático de realização de direitos civis iguais na verdade se nutre da resistência das minorias, que, embora parecendo inimigas da democracia aos olhos da maioria de hoje, *poderiam* de fato acabar se tornando suas autênticas amigas amanhã.

Para voltar à sua pergunta, essa ultrapassagem reflexiva das fronteiras da tolerância dentro de uma "democracia militante" deve-se à natureza universalista da fundação moral e legal de uma ordem liberal. No sentido estrito, o "universalismo" equivale ao individualismo igualitário de uma moralidade que exige reconhecimento mútuo, no sentido de respeito igual e consideração recíproca por todos. Ser membro dessa comunidade moral inclusiva, que está portanto aberta para todos, promete não apenas solidariedade e inclusão sem discriminação, mas, ao mesmo tempo, direitos iguais para a proteção da individualidade e da alteridade de todos.

Os discursos inspirados por essa idéia são distintos de todos os outros em duas características essenciais. Por um lado, pode-se abusar dos discursos universalistas da lei e moralidade como uma forma particularmente insidiosa de legitimação, uma vez que os interesses particulares podem se esconder por sob a reluzente fachada de uma razoável universalidade. Essa função ideológica, que já foi denunciada pelo jovem Marx, forma a base do ressentimento de Carl Schmitt quando ele coloca a "humanidade" — a insistência em padrões de individualismo igualitário — no mesmo saco da "bestialidade". O que fascistas como Schmitt parecem ignorar, e o que Marx claramente viu, é a outra característica desse discurso: a peculiar auto-referência que o torna o veículo para processos autocorretivos de aprendizado. Assim como toda objeção levantada contra a aplicação seletiva ou estrábica de padrões universalistas deve já pressupor esses mesmos padrões; qualquer desmascaramento desconstrutivo do uso ideologicamente ocultador de discursos universalistas na verdade pressupõe os pontos de vista críticos levantados por esses mesmos discursos. O universalismo moral e legal é, assim, auto-reflexivamente fechado, no sentido de que suas práticas imperfeitas só podem ser criticadas com base em seus próprios padrões.

GB: Uma última pergunta: quais são suas idéias sobre o heroísmo?

JH: A coragem, a disciplina e o altruísmo demonstrados pelos bombeiros de Nova York, que em 11 de setembro espontaneamente colocaram suas vidas na linha de frente para salvar os outros, são admiráveis. Mas por que precisam ser chamados de "heróis"? Talvez a palavra tenha conotações diferentes no inglês norte-americano que as do alemão. Parece-me que toda vez que se honram os "heróis", levanta-se a questão de quem precisa deles e por quê. Mesmo nesse sentido perdedor do termo, podemos entender a advertência de Bertolt Brecht: "Pobre do país que precisa de heróis."

Reconstruindo o Terrorismo

Habermas

Há mais de quatro décadas o pensamento de Habermas está centrado sobre a idéia de que a democracia — e a luta pública pela melhor forma de democracia — é a chave para a resolução de problemas aparentemente insuperáveis. A democracia, em sua perfeição, é tanto fim quanto meio da emancipação individual e social. No século XVIII, Kant definiu emancipação como o processo de maturação cívica que proporciona aos indivíduos a autoconfiança necessária para que eles lancem mão de sua própria razão e de seu próprio entendimento. Tal maturidade é um pré-requisito para participar, igualitária e livremente, em uma comunidade politicamente estruturada como uma democracia constitucional. Habermas cresceu na Alemanha do pós-Segunda Guerra Mundial, onde a democracia não só era uma realidade, mas uma realidade esposada com paixão. Essa particularidade faz com que ele enfatize a emancipação como "uma experiência pessoal de um tipo muito peculiar, porque, nela, processos de autoentendimento ligam-se à ampliação da autonomia".[1] Em outras palavras, o tipo de emancipação que a democracia estimula nos indivíduos leva-os a viver em primeira mão a interdependência entre o autoconhecimento e a liberdade. Quanto mais discursivamente nos examinamos, por meio da conversa e do diálogo, mais livremente podemos pensar e agir.

O cultivo do autoconhecimento figura entre as mais antigas buscas da filosofia. "Conhece a ti mesmo" era a inscrição acima da entrada do templo de

Delfos, dedicado a Apolo, o mais devotadamente racional de todos os deuses. No entanto, para Habermas, o autoconhecimento deve ser orientado no sentido muito específico de aperfeiçoar a autonomia de julgamento e a liberdade de ação — os dois pilares do projeto político de modernidade canonizado por Kant. Essa compreensão do autoconhecimento é um tema constante na filosofia de Habermas, recuando até *Conhecimento e interesses humanos* (1968). Neste livro, Habermas compara a teoria social à psicanálise. A manobra revela que o autor não considera a autonomia individual como um fato consumado, como se fosse concedida aos sujeitos humanos pela natureza. Em vez disso, ele a vê como uma função de troca interpessoal. O diálogo que um paciente mantém com um terapeuta não é manipulativo ou exploratório, mas busca estimular o potencial humano de auto-reflexão e autoconhecimento. No entanto, a comparação entre psicanálise e teoria social é válida somente no plano das estruturas metodológicas e dos conceitos básicos. Pois Habermas nunca concebeu a sociedade como um sujeito unitário que mantém com o teórico social a mesma relação assimétrica que o paciente tem com o seu terapeuta. A autonomia, para ele, sempre foi uma função da simetria fundamental ou igualdade entre os interlocutores, simetria embutida no conceito de participação democrática.

Desde o final dos anos 70 Habermas começou a estruturar as questões de autonomia e participação no interior da prática da comunicação cotidiana. Desde a publicação da monumental *Teoria da ação comunicativa* (1981), sua pressuposição tem sido de que nós aprendemos quem somos como agentes autônomos a partir de nossas relações básicas com os outros. A mais fundamental dessas relações é o ato de se comunicar pela palavra. O ponto de vista de Habermas é, portanto, que a substância da comunicação é o entendimento mútuo; e, no entanto, o entendimento não pode ocorrer em um contexto completamente desregulado, a saber, um contexto em que predominem mentiras, mistificação e manipulação. Para que a comunicação seja bem-sucedida é necessário que haja, tanto da parte do interlocutor como do ouvinte, um compromisso de dizer a verdade e ser sincero no que está falando. Isso estabelece a comunicação como uma prática racional, que permite a formação de um consenso livremente alcançado entre os interlocutores. Tal consenso é estruturalmente análogo à natureza aberta do debate que funda a deliberação democrática.

> É realmente bem simples: sempre que falamos com sinceridade, levantamos a reivindicação de que o que dissemos é verdade, correto ou confiável. Com essa reivin-

> dicação, um pedacinho de idealidade irrompe em nossas vidas cotidianas, porque tais reivindicações de validade podem ser resolvidas ao final somente com argumentos. Ao mesmo tempo, sabemos que argumentos que parecem válidos para nós hoje podem se demonstrar falsos amanhã, à luz de novas experiências e de nova informação.[2]

A reivindicação de que o que estou dizendo é válido — se por válido entendo verdadeiro, correto ou confiável — é o "pedacinho de idealidade" que Habermas vê irrompendo "em nossas vidas cotidianas". Ao mesmo tempo que é possível para certos indivíduos decidir não dizer a verdade, para que a informação circule de forma distorcida, por motivos políticos, comerciais ou pessoais, nem todo mundo é capaz de agir manipuladoramente o tempo todo. Se isso acontecesse, a categoria de mentira, definida a dizer a verdade, estaria perdida; a apropriação da tradição se tornaria impossível; e, em última instância, não ocorreria comunicação.

Para Habermas, mais pedacinhos de idealidade se insinuam em nossa vida cotidiana quanto mais nos comunicamos efetivamente com os outros e quanto mais crescemos no entendimento de nós mesmos e dos outros. Isso permite que nos tornemos indivíduos mais autônomos, agentes mais maduros e mais emancipados e, em última análise, cidadãos mais racionais. À proporção que a emancipação é reinserida na prática comunicativa cotidiana, ela perde o caráter de uma experiência extraordinária: o acontecimento histórico singular na imaginação de Kant. Fundamentalmente, Habermas reestrutura esse acontecimento histórico singular como a reivindicação de validade que está vinculada a cada ato de fala de um interlocutor em direção a um ouvinte, em uma situação não-manipulativa e não-mistificadora.

O objetivo da filosofia é oferecer uma *reconstrução* das condições que tornam a comunicação, não só possível, mas também efetiva e produtiva, nos planos individual e social. A reconstrução dessas condições dá à filosofia uma ferramenta crítica aguçada para avaliar o presente e suas distorções na comunicação. Ao contrário da filosofia política clássica, cuja tarefa é esboçar os requisitos para uma sociedade bem ordenada e justa, o enfoque de Habermas fornece à filosofia a possibilidade de diagnosticar os males da sociedade em termos de falhas na comunicação.

Será o terrorismo uma falha de comunicação? Se for, ele ocorre no plano da comunicação local — dentro dos limites de uma única cultura, nação ou religião —, ou no nível da comunicação global? Se for local, ou global, ou ambas, quem responde por ele?

Meu diálogo com Habermas se deu em torno dessas questões cruciais. Nele, Habermas expôs seu arcabouço filosófico como um todo para interpretar os ataques de 11 de setembro, a mais hedionda e gigantesca missão terrorista já perpetrada. Considerado no geral, o diálogo tem a estrutura de uma anamnese: a análise dessa ocorrência específica permite uma interpretação do terrorismo global que ajuda a expor sua perigosa fugacidade conceitual. O propósito do meu ensaio é passar em revista os principais argumentos expostos por Habermas e colocá-los no contexto mais amplo de sua filosofia. Entender como eles se encaixam no seu projeto filosófico ajudará o leitor a caminhar na mesma trilha que Habermas percorreu para chegar às suas avaliações sobre o terrorismo. Será destacado também um número de implicações que, particularmente para os novatos na teoria de Habermas, poderiam ser facilmente deixadas de lado.

11 de setembro: o primeiro acontecimento histórico mundial

É um grande privilégio ter uma mente do calibre da de Habermas aplicando-se à leitura e interpretação de um acontecimento que apagou tão radicalmente um certo sentimento de segurança produzido pelo fim da Guerra Fria. Por coincidência ele esteve em Nova York nas semanas seguintes aos ataques terroristas que destruíram as Torres Gêmeas, uma porção do Pentágono, em Washington, D.C., e derrubaram um avião comercial cheio de passageiros no oeste da Pensilvânia. A experiência direta daqueles dias posteriores à tragédia deu-lhe uma perspectiva completamente diferente sobre o grau de devastação emocional que os nova-iorquinos sofreram em 11 de setembro.

Nosso diálogo começou a partir da admissão, por Habermas, do abismo intransponível entre fato e representação, perspectivas de primeira e terceira pessoas. Ele admite com franqueza que foi só depois de chegar a Nova York que a plena intensidade emocional do abismo se tornou palpável para ele. Até Habermas, um rigoroso defensor dos intermináveis benefícios daquilo que se pode articular pela fala, admitiu a força do indizível, ao recontar a história de um amigo que viu a tragédia se desenrolar da cobertura de sua casa. Por mais gráficas e chocantes que fossem, as imagens a que assistiu na tela de sua televisão na Alemanha exibiram-se no formato do "plantão noticioso", deixando aberta a possibilidade de uma perspectiva de terceira pessoa. Em contraste, os nova-iorquinos, como eu, foram jogados em um caos existencial e sensorial: não só um cheiro penetrante pairou sobre Manhattan durante semanas, mas o grito agudo das sirenes, geralmente perdido na poluição acústica, insistia em romper o silêncio deixado pelo espaço aéreo vazio — a grande cúpula de esteiras de jato e zumbidos ziguezagueando sobre a cidade.

E, no entanto, como Habermas salienta, nunca antes alguém extraiu tanta realidade de uma tela de TV quanto as pessoas do mundo inteiro durante 11 de setembro. As imagens do dia não foram editadas ou produzidas pela mídia para sua própria cobertura, e isso transforma o evento, nas palavras do filósofo, no "primeiro acontecimento histórico mundial".[3]

> Talvez 11 de setembro pudesse ser chamado de o primeiro acontecimento histórico mundial no sentido mais estrito: o impacto, a explosão, o lento colapso — tudo o que não era mais Hollywood, mas, na verdade, era uma realidade medonha, teve lugar literalmente diante da "testemunha ocular universal" de um público global.

Uma comparação com a reação de Habermas à Guerra do Golfo esclarece sua visão da singularidade de 11 de setembro. Naquele caso também, ele foi uma voz pública ativa. Em janeiro de 1991, quando a Guerra do Golfo estourou, o mundo ficou impressionado de como o conflito parecia "encenado": ele sugeria, escreveu Habermas depois, "comparações com videogames, com o replay loucamente irresistível de um programa eletrônico".[4] Ainda assim, "nós, observadores de fora, ficamos todos muito conscientes de que uma boa porção da realidade — de fato, a dimensão bélica da guerra — estava sendo suprimida, e essa consciência pode ter estimulado nossos próprios poderes de imaginação. A faixa negra da censura na tela da TV coloca nossa própria imaginação em movimento".[5] A Guerra do Golfo expôs ao público uma quantidade mínima de imagens do que aconteceu em campo. Enquanto, em 1991, comprovando o velho ditado de que "A verdade é a primeira baixa em uma guerra", o público global foi brindado com uma construção da mídia, em 2001, o mesmo público global tornou-se uma "testemunha ocular universal". Só este fato, para Habermas, faz de 11 de setembro o "primeiro acontecimento histórico mundial".

Enquanto Habermas sublinha a singularidade absoluta de 11 de setembro do ponto de vista de sua própria modalidade comunicativa, ele prefere deixar que a história julgue sua importância relativa. Se 11 de setembro vai ou não "suportar a comparação com outros acontecimentos de impacto histórico mundial", disse ele, cabe à própria história decidir. Mas como a história vai julgar? A resposta para a pergunta reside, segundo Habermas, na noção de "história efetiva" (*Wirkungsgeschichte*), primeiramente teorizada por outro filósofo alemão, Hans Georg Gadamer. Por história efetiva Gadamer indica que o intérprete de um acontecimento passado está condicionado, em sua avaliação, pelos efeitos de seu próprio presente. Isso nega ao conhecimento histórico qualquer grau de objetividade, pela simples razão de que estamos sempre imersos na história. Em contraste, julgamentos históricos baseiam-se em uma interação peculiar entre passado e presente, que Gadamer chama "fusão de horizontes".[6]

Contrariamente à maioria dos comentaristas políticos, Habermas aposta que 11 de setembro está mais próximo de agosto de 1914, o início da Primeira Guerra Mundial, do que do ataque de surpresa contra a frota naval dos Estados Unidos pelo exército japonês em Pearl Harbor, em 1941. Em sua leitura, precisamente como 1914, o acontecimento de 11 de setembro marca o começo de uma era de pronunciada instabilidade, não só nas relações entre o Oriente e o Ocidente, mas talvez, e o que é ainda mais perturbador, entre os Estados Unidos e a Europa. A reação dos Estados Unidos ao terrorismo produziu uma desconfiança fundamental com relação aos estrangeiros e, ao mesmo tempo, criou uma expectativa de apoio incondicional da parte de seus parceiros políticos, com a Comunidade Européia em primeiro lugar. Essas duas posições — desconfiança com os estrangeiros e expectativa de apoio incondicional — correm contra a própria natureza do enfoque de Habermas dos domínios político e ético, que ele vê governados pelo diálogo e pela argumentação racional.

A ênfase na argumentação racional como condição final para a justiça é o tema central da abordagem filosófica de Habermas. Ela surge a partir do enorme desafio apresentado pelo fato de ele ser um intelectual alemão do pós-Segunda Guerra Mundial. Crescer em um país física e culturalmente devastado por um "passado ingovernável" levou Habermas a assumir a responsabilidade de ser um cidadão alemão e europeu no grau máximo. A Europa "deve usar uma de suas forças, a saber, seu potencial para a autocrítica, seu poder de autotransformação, a fim de se relativizar muito mais radicalmente face aos outros, os estrangeiros, os mal compreendidos. Isso é o oposto do europocentrismo. Mas *nós* podemos superar o europocentrismo somente por meio do melhor espírito da Europa".[7] Para Habermas, o melhor espírito da Europa é a tradição racionalista, em que o apoio nunca é concedido sem argumentação racional. Dentro dessa tradição, Kant destaca-se como o mestre insuperável.

De fato, a concepção kantiana do Iluminismo é posta contra a noção de apoio incondicional que Habermas sente ser solicitada pelos Estados Unidos a seus aliados depois de 11 de setembro. Para Kant, o Iluminismo marca a libertação da humanidade da obediência cega à autoridade, conquistada por meio de auto-afirmação racional. O Iluminismo é a "liberdade que temos de fazer *uso público* de nossa razão em todas as questões".[8] Declarar que o exercício da razão depende de "uso público" significa afirmar que existe um efeito exponencial de iluminação caso a liberdade pública se estabeleça. A liberdade pública estimula a liberdade "privada", porque, segundo Kant, todo indivíduo defende "naturalmente" sua autonomia de julgamento se as condições externas assim o permitirem. O julgamento autônomo ou a liberdade privada são a formulação de um argumento racional: uma vez que os argumentos, para Kant, consistem na troca entre interlocutores que consideram um ao outro iguais, a própria forma da argumentação racional é modelada segundo o uso público da razão, até mesmo quando os argumentos estão sendo formulados na privacidade de nossa mente.

Se a liberdade privada depende de seu uso público — como para Kant —, ela também depende da disponibilidade de um interlocutor se abrir para ouvir e responder com sinceridade. Assumir a perspectiva kantiana, como faz Habermas, significa rejeitar *de facto* qualquer apelo de apoio incondicional.[9]

Da lei internacional clássica a uma nova ordem cosmopolita

O pedido de apoio incondicional feito pelo governo dos Estados Unidos, não só para seus aliados políticos, mas para o "mundo civilizado", é, para Habermas, apenas uma característica da era pós-11 de setembro. Outra é que a ameaça de terrorismo global acelerou a necessidade de uma transformação da lei internacional clássica em uma nova ordem cosmopolita em escala mundial.

Durante pelo menos três décadas, a globalização financeira e política tem colocado pressão sobre a forma de organização do Estado-nação, concebido como um Estado territorial. Esse envelhecimento coloca a questão de até quando o Estado-nação vai durar e, no final, o que o irá substituir. A intervenção política de Habermas por ocasião da unificação das duas repúblicas alemãs em 1989 fala diretamente de sua posição referente ao destino do Estado-nação. A imensa sombra de Kant pode ser encontrada na declaração de Habermas de que seria um erro para os cidadãos alemães basearem sua identidade na tradição. Para ele, a única articulação política da identidade de uma nação, com ou sem um passado ingovernável, é o "patriotismo constitucional", pelo qual a lealdade com a constituição atesta a participação consensual de todos os cidadãos. Essa lealdade também expressa uma lealdade à idéia dos direitos universais, que ele considera a condição necessária para a coexistência dos seres humanos, particularmente em uma sociedade complexa e multicultural. Poucos meses depois da queda do Muro de Berlim, que levou à unificação das duas repúblicas alemãs, Habermas escreveu o seguinte:

> Se não nos libertarmos das noções difusas sobre o Estado-nação, se não nos livrarmos das muletas pré-políticas da nacionalidade e comunidade do destino, seremos incapazes de seguir em frente, livres de qualquer fardo, no próprio caminho que há muito tempo escolhemos: o caminho para uma sociedade multicultural, para um Estado federal com amplas diferenças regionais, um forte poder federal, e, acima de tudo, para um Estado europeu unificado de várias nacionalidades. Uma identidade nacional que não se baseie de modo predominante no auto-entendimento republicano e no patriotismo constitucional necessariamente colide com as regras universalistas de coexistência mútua para os seres humanos.[10]

A noção de patriotismo constitucional é um ponto de partida útil para desvelar a visão de Habermas referente à possibilidade de uma nova ordem cosmopolita, que ele reconhece como o desafio mais urgente com que se defronta a cena geopolítica depois dos ataques terroristas de 11 de setembro.

Para se livrar de todos os atavismos, o pensamento político deve abandonar a idéia de que a política é outra coisa além de uma troca comunicativa cuja exigência-chave é chegar a um acordo racional sobre o que queremos dizer quando falamos um com o outro. Interlocutores e ouvintes implicitamente assinam esse acordo toda vez que se comunicam sobre qualquer assunto em qualquer arena, privada ou pública, ética ou política. A política é assim indistinguível da modalidade comunicativa própria dos intercâmbios cotidianos. Na política, bem como na fala comum, mentira e manipulação, logro e mal-entendido não podem dominar, porque a comunicação seria impossibilitada. Como ocorre na fala cotidiana, nosso objetivo deveria ser tornar mais efetivo o cerne comunicativo da política, pois isso automaticamente fortaleceria a identificação de cada cidadão com sua comunidade, unicamente com base em suas regras constitucionais.

Habermas considera o filósofo do direito alemão Carl Schmitt como o emblema da maneira errada de pensar sobre política. Sua oposição a essa figura muito controversa[11] é indicativa de quanto Habermas mostra-se implacável em relação aos aspectos da cultura alemã e européia que ele associa com diretrizes nacionalistas de valores pré-políticos, tais como etnicidade ou "comunidade de destino". Habermas sente que seu primeiro dever cívico como cidadão alemão é recuperar somente aquilo que é racionalmente justificado e aprovado.

Membro do Partido Nazista desde 1933, Schmitt foi talvez o mais proeminente constitucionalista do Terceiro Reich; preso em 1945, foi banido do ensino e retirou-se em um exílio sobretudo auto-imposto. Schmitt acreditava que a dinâmica da história européia moderna era impulsionada pela busca de uma esfera neutra livre do conflito violento e da contestação intelectual. Essa história teria crescido a partir de uma reação contra as guerras religiosas que aleijaram a Europa no século XVI. Segundo ele, um número de ameaças expansionistas pesava sobre a Europa, tornando seu desejo de paz inatingível. Desde os primeiros escritos, dos anos 1920, durante a República de Weimar, Schmitt era obcecado pela expansão da Rússia soviética, onde a guerra civil se seguira à abdicação do czar em 1917. A seus olhos, a Rússia dedicava-se a absorver todas as oportunidades tecnológicas a fim de desenvolver um exército ainda mais forte. Nos textos posteriores à Segunda Guerra Mundial, Schmitt estendeu sua obsessão para o outro gigante do cenário internacional: os Estados Unidos. Diante dessas ameaças, a Europa permanecia para Schmitt a terra natal do conceito e da prática dos estados soberanos, equilibrando-se entre si pela lei internacional.[12]

Em nosso diálogo, Habermas afirma que, para Schmitt, as fronteiras do domínio político são estabelecidas pela autodefesa de uma identidade coletiva diante de outra: uma nação soberana não se baseia na autodeterminação das liberdades cívicas, mas na singularidade de uma nacionalidade étnica contra todas as outras. Definir o político desse modo significa, para Habermas, "ontologizar" a relação amigo-inimigo e transformá-la na substância ou na essência da política. É precisamente em relação a essa premissa que Schmitt desenvolveu a desconfiança de que a lei internacional pudesse estar a serviço dos interesses expansionistas de atores mais fortes. Habermas rejeita essa linha de raciocínio, não só porque ela amarra a política a valores e pressuposições que são pré-políticos, mas também porque minimiza a legitimidade interna da lei internacional, reduzindo-a à mediação contingente entre atores políticos nacionais.

> Mas como podemos, sustentando essa opinião, ignorar o fato de que os regimes totalitários do século XX, com seus crimes políticos em massa, tenham repudiado de uma maneira sem precedentes a suposição de inocência que se encontra na lei internacional clássica?

A posição de Schmitt rejeita o que Habermas considera um fato óbvio, a saber, que a lei internacional é um acordo livremente alcançado entre parceiros iguais — e precisa ser desmascarada em todo o seu perigo.

Habermas cita a superação do nacionalismo pela Europa como prova de maturidade cívica e de prudência. No entanto, até mesmo dentro da Comunidade Européia, a possibilidade de conceber a lei internacional de um novo ângulo cosmopolita só surgirá depois que os estados-nações tiverem deixado o centro do palco. Quando isso acontecer, outras "alianças de âmbito continental" poderiam se tornar os principais atores políticos na cena internacional. A Asean (Association of Southeast Asian Nations) e a Nafta (North American Free Trade Agreement) são apenas dois exemplos já em andamento.

Mais de 200 anos atrás, Kant antecipou a possibilidade de transformar a lei internacional clássica, em uma nova ordem cosmopolita. Com notável perspicácia política, especificou que somente estados republicanos constitucionais poderiam ser parte desta ordem, pois "cada nação, em função de sua própria segurança, pode e deve exigir das outras que elas adotem uma constituição semelhante à civil, dentro da qual os direitos de cada uma pudessem estar assegurados. Isso significaria estabelecer uma *federação de povos*".[13] A idéia de Kant exige que a sociedade civil coincida com a comunidade internacional; a coincidência automaticamente eliminaria o estado de natureza entre as nações, que Schmitt descreve dentro do esquema amigo-inimigo.

No quadro cosmopolita kantiano, um sentido de hospitalidade substitui a inimizade entre as nações. "Hospitalidade significa o direito que um estrangeiro tem de não ser tratado com hostilidade quando chega ao território de outro povo".[14] Adiantando a observação de que o conceito de hospitalidade não tem a ver com filantropia, mas com direito, Kant prossegue e especifica o seu significado. O estrangeiro não pode reivindicar o *direito de hóspede*, pois isso envolveria amizade com o anfitrião. Mas o hóspede pode reivindicar um *direito de freqüên-*

cia, "pois todos os homens estão habilitados a se apresentar na sociedade dos outros em razão de seu direito de posse comunal da superfície da terra. Como a terra é um globo, eles não podem se dispersar por uma área infinita, mas precisam necessariamente tolerar a companhia um do outro".[15] Simplesmente por compartilharem a superfície da terra, as pessoas se tornam assim membros de uma comunidade universal e cosmopolita, concebida de acordo com o princípio de que "uma violação dos direitos em uma parcela do mundo é sentida por toda parte".[16] Isso daria a todos os seres humanos o status de "cidadãos do mundo".

Tanto Habermas como Derrida devem muito a Kant na construção da idéia de cosmopolitismo. No entanto, enquanto Derrida expande a noção de hospitalidade de Kant como alternativa para a relação amigo-inimigo, Habermas insiste na eliminação do estado de natureza na base do mútuo respeito entre estados republicanos constitucionais. Na visão de Habermas, a instituição de uma corte criminal internacional é a primeira estação da linha cosmopolita. Outra é a superação do princípio da não-intervenção nos afazeres domésticos de estados estrangeiros. Dois exemplos dessa superação foram a proibição das Nações Unidas do uso do espaço aéreo iraquiano pelo próprio Iraque, depois da Guerra do Golfo e a controvérsia em torno da extradição do ditador chileno Augusto Pinochet da Grã-Bretanha, onde estava detido em prisão domiciliar.[17]

No entanto, Habermas está convencido de que aquilo que separa o momento presente de uma plena transição para o cosmopolitismo não é só uma questão teórica, mas também prática, pois as decisões da comunidade internacional precisam ser respeitadas. O caso do massacre de 1995 em Srebrenica, na Bósnia, enquanto a cidade se achava sob a proteção dos holandeses mantenedores da paz pelas Nações Unidas, é um exemplo da preocupação de Habermas quanto ao "irrevogável diferencial de poder que existe entre a legítima mas frágil autoridade da comunidade internacional e a força real de estados-nações capacitados para a ação militar, mas atendendo a seus próprios interesses." Infelizmente, o diferencial de poder entre as autoridades nacionais e internacionais ameaça enfraquecer a legitimidade de qualquer intervenção militar e adaptar a ação policial à guerra.

Terrorismo e a esfera pública

A questão do nacionalismo está no centro da discussão que Habermas tece sobre o terrorismo. Os guerreiros sagrados de hoje, alega, foram os nacionalistas seculares de ontem; o desapontamento com os regimes nacionalistas autoritários do Irã, do Iraque, da Arábia Saudita e possivelmente até do Paquistão tornam a religião "mais convincente subjetivamente" do que qualquer motivação política secular. Objetivamente, porém, o terrorismo só pode adquirir conteúdo político se tiver metas políticas realistas. De outro modo, está no mesmo nível da atividade criminosa comum. Como só o futuro pode julgar se as metas do terrorismo foram atingidas, esse termo é uma designação retrospectiva.

Para Habermas, vincular o escopo âmbito do terrorismo ao cumprimento de suas metas oferece a possibilidade de distinguir entre pelo menos três tipos de terrorismo: guerra de guerrilha indiscriminada, guerra de guerrilha paramilitar e terrorismo global.[18] O primeiro tipo é simbolizado pelo terrorismo palestino, em que o assassinato é geralmente praticado por um militante suicida. O modelo da guerra de guerrilha paramilitar é característico dos movimentos de libertação nacional e é retrospectivamente legitimado pela formação de um Estado. O terceiro, o terrorismo global, não parece ter metas politicamente realistas, a não ser explorar a vulnerabilidade de sistemas complexos. Nesse sentido, o terrorismo global tem a menor chance de ser retrospectivamente reconhecido como defensor de reivindicações políticas.

Ao contrário das redes multinacionais do terrorismo global, tanto o modelo de atividades terroristas indiscriminadas quanto o do paramilitar compartilham o que Habermas chama de um perfil *partisan* que os prende a localidades específicas. Em contraste, a fugacidade e a intangibilidade representam a novidade do terrorismo global, bem como seu maior potencial destrutivo, que, para Habermas, tem a ver com a deslegitimação dos governos democráticos. O risco de reação exagerada da parte dos Estados Unidos depois de 11 de setembro — assim como de qualquer nação sob a ameaça do terrorismo global — tem para ele uma implicação paradoxal e trágica: apesar de não expressar objetivos políticos realistas, o terrorismo global alcança sucesso na meta supremamente política de deslegitimar a autoridade do Estado.

Desde o começo da carreira, Habermas dedicou grande parte de sua atenção à questão da legitimidade, que ele vê inextricavelmente relacionada com o funcionamento da esfera pública. Em *Mudança estrutural da esfera pública* (1962), analisa o papel-chave da esfera pública na formação das decisões políticas no interior de uma democracia.

Kant é novamente o ponto de partida. Habermas busca nele uma visão da esfera pública como instituição definitiva da democracia, aquela sem a qual nenhuma teoria de republicanismo constitucional pode existir. Só uma esfera pública ativamente envolvida abre caminho para um intercâmbio democrático de fato. Embora Habermas admire Kant por este ter apresentado a esfera pública como constituída mais em torno de argumentos racionais do que das identidades dos argumentadores, ele se mostra crítico em relação ao filósofo por seu entendimento elitista e um tanto burguês da dinâmica dessa instância. Para Habermas, a descrição da esfera pública de Kant é a expressão de uma ideologia burguesa que concebe a participação como uma prerrogativa da classe alta, em sua maioria educada, próspera e masculina.[19]

Assim, Habermas procede a uma reconstrução histórica e crítica do desenvolvimento da esfera pública nas modernas democracias ocidentais. Depois de Kant, o advento da comunicação de massa claramente representa a mudança fundamental. Por um lado, ela teve o efeito positivo de expandir progressivamente a esfera pública, ampliando a participação para um espectro muito mais amplo de cidadãos. Por outro lado, a expansão quantitativa da participação representou uma redução de sua qualidade. Um número de fatores contribuiu para isso: o ritmo em que a informação é processada pela esfera pública e circula dentro dela torna difícil acompanhar o modelo de comunicação que Kant tinha em mente quando discutia a esfera pública, a saber, o intercâmbio acadêmico.

Enquanto no intercâmbio acadêmico os participantes em uma discussão têm tempo suficiente para pensar e formular seus argumentos, a velocidade envolvida na comunicação de massa atua no interesse daqueles que selecionam e distribuem a informação, muito mais do que no daqueles que a recebem. Habermas sugere que a pressão de pensar e avaliar dados rapidamente tem uma conseqüência política, porque facilita uma experiência de política baseada na *persona* dos atores, e não nas idéias que cada um deles defende.[20] A dificuldade em enquadrar o dramático pacote de atributos pessoais deve-se ao poder da indústria das relações públicas, cujo objetivo é engendrar consentimento entre os consumidores da cultura de massa. Para Habermas, o consumo de massa e sua ideologia, o consumismo, não só silencia o consenso racional-crítico, mas se impõe sobre os mais vulneráveis participantes na esfera pública, aqueles cujo nível de riqueza é maior do que o nível de educação.

Esse tipo de análise alinha-se com a orientação teórica original da teoria crítica,[21] tanto no sentido do seu forte fundo histórico e sociológico quanto pela preocupação com os efeitos negativos da cultura de massa. Com a fase inicial da teoria crítica, Habermas compartilha uma certa descrição das engrenagens políticas e sociais do capitalismo avançado: novas pessoas estão sendo informadas, o que cria oportunidades adicionais para que elas participem da esfera pública. Mas ele também participa da crença de que essa expansão é freqüentemente induzida à força e de modo manipulativo sobre todas as camadas da população em geral, e não livremente alcançada por elas. Em um efeito paradoxal, mais informação torna-se a causa da atrofia de várias funções democráticas. Manobrada por corporações multinacionais e pelos irrefreáveis mercados livres, a cultura de massa impõe assim suas próprias regras de participação democrática: a saber, regras utilitárias, servindo aos interesses privados, e não regras universais, servindo ao interesse público.

Os adeptos da teoria crítica do início dos anos 30 ainda esperavam que esse problema tivesse uma solução material consistindo de uma combinação de ideais do Iluminismo e do marxismo: não uma derrubada radical do capitalismo, mas sua conversão a uma democracia socialista com vasta participação do Estado. No entanto, depois que os próprios adeptos da teoria crítica voltaram de um longo e doloroso exílio da Alemanha, tornaram-se radicalmente pessimistas em relação às possibilidades de mudança, tanto teóricas como concretas. Theodor Adorno em particular sugeriu que o único escape da garra sufocante da homogeneização cultural e do consumismo podia ser encontrado na experiência da arte e da música.[22] Em contraste, para Habermas, um cidadão engajado e um intelectual público da nova República Federal da Alemanha, o pessimismo nunca foi uma solução: levantar a questão da legitimidade da esfera pública era o começo de sua própria resposta, de sua própria e muito original demarcação de um novo programa para a teoria crítica.

O ponto de partida de Habermas foi que nossas democracias de massa do capitalismo avançado ou pós-industriais "podem reivindicar a continuidade dos princípios do Estado constitucional liberal somente enquanto elas tentarem viver seriamente em função do mandato de uma esfera pública que preencha funções políticas."[23] Mas como pode o público colocar em ação um processo crítico através dos próprios meios da comunicação de massa que o manipulam e controlam? Para evitar o recuo de Adorno, dos aspectos políticos e sociais da teoria para a dimensão utópica da arte, só duas solução pareciam disponíveis: esperar uma reversão da tendência capitalista em um sentido marxista — que se tornou cada vez menos atraente, pela promessa fracassada dos estados comunistas[24] — ou formular o conceito de esfera pública sobre um novo fundamento. Esta foi a estratégia de Habermas, que atingiu a plena maturidade com a publicação de *A teoria da ação comunicativa* (1981).

Acompanhar Habermas, situando o conceito da esfera pública em relação à sua teoria da ação comunicativa é um prelúdio necessário para entender tanto a interpretação que ele faz da violência e do terrorismo global como defeitos de comunicação, quanto a solução que imagina para esses problemas.

A democracia da fala cotidiana

O modelo da esfera pública defendido por Kant está firmemente ancorado nas condições materiais da sociedade do final do século XVIII, uma sociedade não-midiatizada, não-globalizada e tendo por característica uma distinção relativamente bem marcada entre os níveis político e econômico. A leitura que Habermas faz dessas condições vê como limite da concepção kantiana da esfera pública o que chamou de fronteiras "monológicas". O monologismo refere-se à idéia de que a participação individual na esfera pública é limitada ao simples *partilhar* de opiniões e decisões morais já constituídas. Na perspectiva monológica, o raciocínio moral é definido como uma conversação hipotética de um indivíduo consigo mesmo (ou com um ouvinte imaginário).

Com a noção de monologismo, Habermas quer sublinhar dois elementos correntes na ética e na política kantianas. O primeiro é a natureza solitária do imperativo categórico: o experimento mental em que o indivíduo pergunta a si mesmo se suas ações são baseadas em um princípio segundo o qual o resto da humanidade escolheria agir, em qualquer cultura, em qualquer ocasião da história.[25] O segundo é a prioridade da subjetividade sobre a intersubjetividade na concepção kantiana de autonomia individual: essa prioridade coloca a autonomia como um dado natural concedido aos seres humanos, em oposição ao produto de seu intercâmbio comunicativo racional, que é a crença do próprio Habermas.

Habermas tenta apreender a comunicação em um nível mais profundo que o de Kant, um plano em que as opiniões e decisões morais são amoldadas *por meio* de diálogo intersubjetivo. Tomar a comunicação nesse nível mais profundo implica uma mudança radical do paradigma do monologismo centrado no sujeito. Enquanto no modelo monológico o interlocutor individual preexiste à comunicação intersubjetiva, em Habermas, a comunicação intersubjetiva é a condição de possibilidade para o interlocutor individual. Dessa perspectiva, o interlocutor não é um agente livre, mas uma unidade funcional de uma comunidade de interlocutores. Habermas chama esse novo enfoque de "pragmática universal".[26] O argumento que permite a ele estabelecer a interdependência entre o interlocutor individual e sua comunidade é que um indivíduo isolado não pode firmar regras para seu próprio uso privado, ou pelo menos regras que possam ser seguidas seriamente.[27] Como o ato da fala e também as várias modalidades da comunicação dependem de regras, eles igualmente dependem de uma pluralidade de usuários. Disso decorre que o uso individual da linguagem pressupõe uma comunidade de usuários.

A "competência" lingüística exigida pelo processo de comunicação cobre tanto as regras gramaticais das línguas naturais como uma orientação para o consenso, que Habermas vê intrinsecamente presente em cada ato da fala.[28] Quando digo algo, assim reza o argumento, torno-me implicitamente disponível para defender o que digo: isso é o que Habermas chama de "reivindicação de validade universal" do ato da fala. Cada ato da fala, quando desafiado, requer do interlocutor que ele o justifique ou "reformule." Na mente de Habermas, alguma forma de reivindicação de validade está implícita na própria estrutura da fala, premissa que o leva a concluir que a racionalidade proporciona a estrutura e o objeto da comunicação. Seu argumento crucial é que, toda vez que nos comunicamos um com o outro, automaticamente nos comprometemos com a possibilidade de um acordo dialógico livremente alcançado, em que o melhor argumento irá vencer.[29] É por isso que, toda vez que nos defrontamos com desacordos, ou pelo menos com o pluralismo de diferentes convicções, estamos sempre buscando uma solução futura. Ação comunicativa é o nome que Habermas dá ao resíduo de racionalidade embutido em nosso intercâmbio cotidiano.

Na ação comunicativa os indivíduos chegam aos juízos conversando com os outros participantes, que, por sua vez, serão afetados por aqueles juízos. Essa dinâmica entre participantes torna a ação comunicativa fundamentalmente emancipadora, porque afirma a necessidade de resolver desacordos por meio de argumentos. Além disso, a ação comunicativa é emancipadora porque expressa o interesse sistemático da razão em buscar as condições materiais que facilitem o seu desenvolvimento mais pleno. A ação comunicativa, escreve Habermas de modo eloqüente, "é renovada em cada ato de entendimento irrestrito, em cada momento de convivência em solidariedade, de individuação bem-sucedida e de emancipação salvadora. ... A razão comunicativa opera na história como uma força vingadora".[30]

Enquanto a voz monológica da ética kantiana opera na primeira e na segunda pessoas do singular ("eu" e "tu"), a voz dialógica da comunicação ativa fala na primeira pessoa do plural ("nós"). Este "nós" faz com que as máximas morais não permaneçam na abstração, mas, em vez disso, brotem de necessidades individuais concretas e de compromissos socialmente situados. À medida que a ação comunicativa "tenciona trazer para o espaço aberto o potencial racional intrínseco nas práticas comunicativas cotidianas",[31] ela funciona de baixo para cima, mais do que de cima para baixo.

Para Habermas, é importante que a ênfase no concreto e no particular não resvale para a atribuição de valor relativo a cada posição: segundo ele, a racionalidade não é uma questão de preferência pessoal. Ao contrário de Richard Rorty e de outros defensores do enfoque neopragmatista, Habermas é totalmente avesso à idéia de que não existe critério para estabelecer a validade universal de uma crença, de modo que a minha crença, em princípio, seja tão válida quanto qualquer outra. Sustentar uma posição, para ele, significa que esta *é* uma posição válida à luz dos argumentos racionais que a fazem parecer a melhor disponível, até que outra melhor me seja oferecida. Se uma posição é válida, ela não o é apenas para mim, mas para qualquer um honestamente envolvido na discussão. A defesa que Habermas faz do "universalismo" na teoria ética e política deriva da possibilidade de justificar racionalmente a crença individual, bem como o consenso público.

O universalismo repousa sobre a clássica distinção socrática entre conhecimento e opinião, em que o primeiro funda-se na verdade enquanto a segunda é o resultado de uma avaliação subjetiva provisória. Afirmar a diferença entre conhecimento e opinião, entre entendimento objetivo e avaliação subjetiva, segue o propósito de destacar aquilo que separa acordos utilitários provisórios de consenso verdadeiro. Se só admitíssemos acordos utilitários, seria difícil, na visão de Habermas, estabelecer as fronteiras entre a comunicação verdadeira e a falsa comunicação. Basicamente, seria impossível dizer quem está manipulando quem, quem está dizendo a verdade e quem está mentindo.

A possibilidade de consenso racionalmente justificado é de todo crucial a partir de uma perspectiva política, pois, sem ela, não só a filosofia perderia sua posição crítica, como deixaria a porta aberta para uma definição de solidariedade em termos de valores pré-políticos ou em termos da volatilidade de sentimentos subjetivos de compaixão. Para Habermas, a solidariedade e o vínculo social são uma função estrutural da comunicação, que pode ser fortalecida caso tomemos consciência das reivindicações de validade encerradas em qualquer de nossas afirmações. Assim que entramos em discussões significativas uns com os outros nosso compromisso de retificar as reivindicações irá nos impelir sistematicamente na busca de soluções racionais evidentes para todo mundo que não esteja sob o sortilégio da manipulação ou da distorção. Esses tipos de solução permitem a formação de consensos duradouros e racionalmente validados, e não de alianças movediças de conveniência ou de acordos utilitários.[32]

Qualquer discussão da esfera pública é sobre a natureza de nosso interesse pelos outros e sobre o alcance do envolvimento político. Sem o interesse pelos outros e um sentido de envolvimento com o bem-estar da coletividade não existe esfera pública. A teoria da ação comunicativa afirma que encontrou uma forma de entrelaçar o nível abstrato, pertencente à validade das normas morais (a exigência de que as crenças não sejam uma questão de preferência ou inclinação, mas de validade, baseada na argumentação racional), com a dimensão concreta, de carne e osso, da existência. Se Habermas estiver correto, a dificuldade clássica de reconciliar autonomia individual e vínculo social seria fundamentalmente resolvida. Declarar que o interesse e a motivação com referência aos outros é constitutivo de quem somos — e não o resultado de uma intenção que pode a qualquer momento ser revogada — também reforça o engajamento no processo democrático e o compromisso com a justiça social, bem como permeia as experiências políticas de auto-reflexão e a promessa de autotransformação.

Essa concepção de comunicação modifica de modo substancial a idéia da esfera pública. Arena em que os participantes debatem suas posições já formuladas, a esfera pública torna-se a moldura dialógica dentro da qual o indivíduo e seus princípios e crenças morais emergem, em resposta a uma comunidade de companheiros interlocutores. Enquanto o imperativo categórico de Kant é bem ilustrado por uma cena de conversação imaginária consigo mesmo (ou com um ouvinte imaginário), em que buscamos identificar o princípio de acordo com o qual o resto da humanidade escolhesse agir, o princípio de ação comunicativa corresponde a um fórum em que uma pluralidade de interlocutores concorda ou discorda uns dos outros baseada na força de seus argumentos. Habermas identifica a liberdade de concordar ou discordar com base no argumento mais forte como a característica formal da racionalidade e o princípio fundador da democracia.

Habermas tem consciência de que essa liberdade descreve um modelo teórico não encontrado no mundo real, onde a comunicação se distorce por uma variedade de fatores: desde a manobra do consenso por parte da indústria das relações públicas, até todo tipo de jogo de poder imposto pelo interlocutor ao ouvinte. No entanto, é a própria abstração do que ele chama "situação de fala ideal" que a torna um princípio regulador e um guia para a nossa conduta.[33]

A violência como forma distorcida de comunicação

De acordo com o argumento de Habermas, se o terrorismo global não tem uma meta política realista, ele pode ser classificado como atividade criminal comum — violência ilegal. Surgem por conseguinte as perguntas: o que é a violência? Por que ela ocorre? Existe um meio de impedi-la? Habermas admite que a violência existe em qualquer sociedade.

> Nós, no Ocidente, vivemos em sociedades pacíficas e prósperas; e, no entanto, elas comportam uma violência *estrutural* à qual, até certo ponto, nos acostumamos, isto é, a desigualdade social desproporcionada, a discriminação degradante, o empobrecimento e a marginalização.

A razão pela qual Habermas pensa que a violência não explode nas sociedades democráticas deriva de sua teoria da ação comunicativa.

> A práxis de nossa vida cotidiana conjunta repousa sobre uma sólida base de convicções fundamentais comuns, verdades culturais auto-evidentes e expectativas recíprocas. Aqui, a coordenação da ação passa pelos jogos de linguagem comuns, por meio de reivindicações de validade pelo menos implicitamente reconhecidas *no espaço público de razões mais ou menos boas.*

Nossa vida cotidiana, diz Habermas, é estruturada pelas práticas comunicativas que nos permitem entender uns aos outros. Pelo simples ato de falar, implicitamente concordamos com um conjunto de regras gramaticais que todos usamos de modo honesto, em busca de comunicação, e não de manipulação. A idéia de Habermas é que, desta mesma maneira, implicitamente concordamos com as regras da cultura, da sociedade e da comunidade na qual atuamos. Essas regras são o que ele define como "uma sólida base de convicções fundamentais comuns, verdades culturais auto-evidentes e expectativas recíprocas". As convicções fundamentais comuns dão-nos a possibilidade de nos colocarmos na pele do outro, o que Habermas formula como "condições simétricas de adoção de perspectivas *mútuas*". Mas se a adoção de uma perspectiva mútua por algum motivo não pode ocorrer, o interlocutor e o ouvinte tornam-se alienados um do outro, ou indiferentes ao resgate de suas reivindicações. Este é o começo de uma distorção na comunicação, um mal-entendido ou um logro do qual o terrorismo é a versão mais extrema.

Um dos argumentos centrais que surgiram do diálogo que mantive com Habermas foi precisamente de que o terrorismo é uma patologia comunicativa que se nutre de sua própria energia destruidora. Ele diz: "A espiral de violência começa como uma espiral de comunicação distorcida que leva, por meio da incontrolável espiral de desconfiança recíproca à ruptura da comunicação." Nas democracias liberais do Ocidente existem canais estabelecidos para amenizar as rupturas comunicativas. No plano individual, a psicoterapia ajuda a pessoa a recuperar seus momentos internos de silêncio. Na arena pública intersubjetiva, os processos legais resolvem conflitos entre indivíduos que esgotaram todas as outras vias de discussão. A globalização parece injetar combustível no movimento em espiral da violência comunicativa. Ao intensificar a comunicação, a globalização coloca em cena a injustiça distributiva, dividindo rigidamente o mundo em vencedores, beneficiários e perdedores. A adoção de uma perspectiva mútua torna-se cada vez mais difícil face a tais desafios. O fardo da responsabilidade cai claramente sobre os ombros das nações mais fortes. É por isso que Habermas apela para as democracias liberais do Ocidente, para que reconstruam os canais de comunicação, pois o capitalismo sem limites e a rígida estratificação da sociedade mundial estão na raiz do colapso do diálogo.

A idéia de que a globalização pode ser interpretada como uma patologia comunicativa junta-se ao debate sobre o choque das civilizações.[34] Iniciado pelo cientista político Samuel Huntington, em 1993, o ano do primeiro ataque terrorista contra o World Trade Center por um grupo fundamentalista islâmico, esse debate gira em torno da hipótese de que a política mundial está passando por uma modificação importante. A mudança é determinada por uma transformação radical na natureza dos conflitos, que, para Huntington, serão cada vez mais baseados em motivações culturais e religiosas, e não em diferenças ideológicas ou econômicas. Na leitura deste autor, apesar dos desejos individuais de poder ou dinheiro, a força motriz e mobilizadora nos conflitos atuais é a cultura. Huntington identifica a civilização islâmica como provavelmente a principal desafiadora do século XXI.

Habermas rejeita a hipótese de Huntington. A causa da doença comunicativa provocada pela globalização não é cultural, mas econômica. Para curá-la, a coalizão ocidental precisa trabalhar em duas frentes. Por um lado, em sua autorepresentação: é importante que os países em desenvolvimento parem de perceber a política externa das nações ocidentais como uma frente imperialista que busca a expansão financeira. Por outro lado, o que essas democracias têm a fazer não se reduz a uma estratégia de marketing, pois triste é o fato de que o consumismo ocidental estoure como mina terrestre no seio das camadas mais desfavorecidas da população mundial. Essa explosão consumista, sugere Habermas, dá nascimento a uma reação espiritual que uma quantidade muito grande de pessoas encara como única alternativa para o silêncio e a resignação.

A partir do final dos anos 1970, quando dava conclusão a uma formulação sistemática da teoria da ação comunicativa, Habermas começou a se referir à esfera pública em termos de "mundo da vida". Cunhada na tradição fenomenológica iniciada por Edmund Husserl, a noção de mundo da vida refere-se à paisagem pré-interpretada e pré-reflexiva contra a qual nossa vida cotidiana se desenrola. Ele abrange toda gama das atividades sociais do dia-a-dia, aquelas que não levamos em conta, mas também, e conjuntamente, engloba o papel da tradição, bem como de qualquer modo estabelecido de pensar e agir sobre a comunicação.

A transição da esfera pública para a noção de mundo da vida marca uma mudança conceitual importante no desenvolvimento teórico de Habermas. A referência a "vida" certamente sublinha seu comprometimento com o caráter concreto e a extrema especificidade do lugar do sujeito no interior de sua comunidade de companheiros interlocutores. O conceito de "mundo" liberta o domínio público do modelo da sociedade européia do século XVIII, em relação à qual a noção de esfera pública foi pela primeira vez concebida. Esta noção subentende a sociedade como uma totalidade nitidamente dividida em domínios privados e públicos: neles, os indivíduos participam do processo de deliberação democrática como se fossem membros de uma organização abrangente. A premissa, segundo Habermas, torna-se simplesmente inadequada para descrever a complexidade da sociedade contemporânea, onde o fluxo de diálogo argumentativo é sistematicamente ameaçado por forças não-políticas: do fundamentalismo religioso a todos os tipos de fanatismo, do mercado à administração do Estado. Pensar em mudar radicalmente essas forças, politizando-as, é a ilusão que orienta a crítica que Marx faz da ideologia — e que Habermas considera um modelo totalizador em demasia para lidar com a complexidade da sociedade pós-industrial global.

A publicação da *Teoria da ação comunicativa* (1981) marca a virada de Habermas para uma nova linha de investigação que entrelaça uma ampla variedade de fontes, tanto da filosofia analítica — com foco particular na escola da linguagem comum, de J.L. Austin e John Searle — como das ciências sociais. Fortes influências nesta nova linha são o enfoque generativo da lingüística, de Noam Chomsky, as teorias sobre desenvolvimento psicológico e moral, de Jean Piaget e Lawrence Kohlberg, e os modelos sociais de análise elaborados por Talcott Parsons e George Herbert Mead.

O confronto com a nova trama de fontes contribui de diferentes maneiras para a crença de Habermas de que as sociedades pós-industriais estão ordenadas em uma estrutura de dois andares, cada qual governado por diferentes regras e modos de desenvolvimento.

> Desde então passei a considerar o aparato de Estado e a economia como campos de ação sistemicamente integrados que não podem mais se transformar democraticamente a partir de seu interior, isto é, se transferir para um modo político de integração, sem prejuízo de sua própria lógica sistemática e, portanto, de sua capacidade de funcionamento. O colapso abismal do socialismo estatal apenas confirmou isso. Em contrapartida, a democratização radical agora visa a uma mudança de forças dentro de uma "separação de poderes" que deve ser mantida em princípio. O novo equilíbrio a ser alcançado não é entre poderes de estados, mas entre diferentes recursos para a integração societária. A meta não é mais superar um sistema econômico com uma vida capitalista própria e um sistema de dominação com uma vida burocrática própria, mas erguer uma represa democrática contra a *invasão* colonialista de sistemas de imperativos em áreas do mundo da vida.[35]

Nessa passagem, Habermas sublinha a irredutibilidade de dois domínios cognitivos, o econômico e o social. O primeiro é o sistema, um modelo de desenvolvimento não-integrado e não-participativo; tanto o aparato de Estado como a economia funcionam como sistemas auto-subsistentes desse tipo. O conceito de sistema auto-subsistente ou mantenedor-de-fronteira é produto do intenso debate de Habermas com Niklas Luhmann sobre o significado e o valor do enfoque da teoria dos sistemas aplicado à sociologia.[36] Paralelo, mas irredutível ao sistema, está o mundo da vida, que denota "todas aquelas condições de comunicação sob as quais pode vir a se concretizar uma formação discursiva de opinião e vontade, por parte de um público composto por cidadãos do Estado".[37] Esses dois domínios designam o contraste entre dois tipos de ação: o sistema corresponde à ação estratégica; e o mundo da vida, ao domínio da ação comunicativa.[38]

Habermas usa o contraste entre ação estratégica e a comunicativa e a correlata distinção entre sistema e mundo da vida como arcabouço analítico para interpretar uma nova gama de movimentos sociais cujo foco é o bem-estar da vida no mundo diante do que ele chama de invasão dos sistemas imperativos. Exemplos disso são os movimentos sociais como o ambientalismo, os direitos civis e o pacifismo, aos quais poderíamos acrescentar, nos anos mais recentes, o movimento antiglobalização. Na visão de Habermas, todos esses movimentos são novas ocorrências históricas porque não se aglutinam em torno de queixas individuais, o que os poria aquém de um horizonte estratégico prático, mas tendem a se formar em torno de princípios de livre discurso e ação comunicativa. Prova disso é a falta de interesse que eles têm de ganhar qualquer fatia de poder do Estado e os debates persistentes em relação à auto-identidade.[39]

Se os domínios do sistema e o mundo da vida são de fato heterogêneos, o desafio é impedir que o mundo da vida se retraia sob a pressão de interesses particulares. A verdadeira ameaça é, para Habermas, que o sistema tenda a colonizar o mundo da vida. Se esse assalto fosse bem-sucedido, as máquinas dogmática, econômica e burocrática desbancariam o potencial emancipador de racionalidade corporificado nas instituições democráticas. Somente se apropriando, pela reflexão, das condições de comunicação no mundo da vida, e afirmando-as na prática, poderemos resistir à influência tentacular dos imperativos não-políticos.

A ênfase no modelo comunicativo é relevante para a nova articulação do conceito de crítica em Habermas. Enquanto na teoria crítica e no marxismo clássicos o objetivo da crítica era tornar explícitas as contradições produzidas no mundo pela injustiça social inerente ao capitalismo, para Habermas, a função crítica consiste em afirmar a racionalidade comunicativa e seu potencial para a auto-reflexão e o auto-exame. Contanto que a racionalidade não seja uma função abstrata, mas o esteio da prática comunicativa cotidiana, a crítica torna-se o esforço para realçar a produção de consenso baseada na discussão livre e não-distorcida entre os interlocutores. A crítica, assim, transforma-se no exame dos procedimentos conceituais e práticos que permitem a formação do consenso racional.

A virada para a ação comunicativa faz com que o foco de Habermas se desloque das análises histórica e sociologicamente fundadas para uma abordagem mais formal, em que a investigação dos processos institucionais e das estruturas argumentativas merece maior destaque do que a das condições materiais.

O argumento pelo qual nós resgatamos as reivindicações de validade são unidades do que Habermas chama "discurso". A noção de discurso foi elaborada por etnolingüistas como Émile Benveniste,[40] que analisaram a linguagem com referência ao interlocutor e seu lugar espaço-temporal, incluindo todas as variáveis que especificam o contexto de elocução. Habermas faz do termo "discurso" a pedra angular de sua abordagem comunicativa da ética e da filosofia política. A partir de um de seus livros mais recentes, *Entre fatos e normas* (2000), ele vem ampliando o termo para nele incluir a teoria do direito. O discurso acarreta uma certa suspensão de crença em uma determinada norma e indica o procedimento pelo qual podemos testar sua validade. Uma vez que essa validade seja apreciada por meio de uma argumentação racional (discursiva), a norma é supostamente legítima, não só para o indivíduo que a aceita, ou para os interlocutores racionais envolvidos na discussão, mas para todos os interlocutores racionais possíveis envolvidos em qualquer discussão viável. O ideal de uma abordagem baseada no discurso para a análise da ética é uma comunidade moral cujas normas e práticas sejam plenamente aceitas por aqueles que a elas estão sujeitos. Essa comunidade forma uma sociedade baseada no acordo de todos os parceiros livres e iguais, da qual tenham sido expurgadas toda imposição e toda manipulação.

A abordagem discursiva da ética e da filosofia política é menos centrada na discussão do conteúdo normativo de normas ou princípios específicos, e mais na identificação de que normas podem ser resgatadas discursivamente e que tipo de procedimento racional esse resgate exige. A interpretação de Habermas sobre o *locus classicus* da teoria crítica, o conceito de destino de modernidade, se dá contra o cenário dessa orientação discursiva recém-forjada. Para Habermas, modernidade é o nome de um modo de pensar e agir que se alinha com a racionalidade comunicativa. Discutindo mais detalhadamente o tratamento que se faz da modernidade, ele sublinha as premissas de seu entendimento do fundamentalismo religioso como uma disrupção singularmente moderna que está no cerne de sua leitura do terrorismo global. O debate sobre o que fazer com a herança cultural da modernidade é também o eixo das leituras que Habermas e Derrida fazem de um terceiro filósofo, Walter Benjamin. Benjamin situa-se entre Habermas e Derrida, em uma pose de Jano, que lança um olhar intenso sobre a teoria crítica e a desconstrução.

A gaiola de ferro do fundamentalismo

O interesse de Habermas pelo conceito de modernidade, postulado como a herança do legado político do Iluminismo, nasceu a partir de seus mentores, Theodor Adorno e Max Horkheimer. Desde a fundação da Escola de Frankfurt, os adeptos da teoria crítica concordaram que o Iluminismo era o grito justo e necessário contra a opressão de autoridades unilaterais como a religião. No entanto, no período pós-Segunda Guerra Mundial, esse nobre programa parecia dificilmente conciliável com o que muitos intelectuais alemães, inclusive Adorno e Horkheimer, interpretavam como as características autodestrutivas do Iluminismo: como o sentimento compartilhado de responsabilidade cívica, cultivado durante dois séculos pelo pensamento e pela sociedade do Iluminismo pós-kantiano, não impediu as duas guerras mundiais e o surgimento dos regimes totalitários? A ameaça do terrorismo global que inaugurou o início do terceiro milênio poderia facilmente ser usada como prova adicional para corroborar essa suspeita sombria.

Em meio às ruínas das cidades alemãs bombardeadas e da cultura germânica esfacelada, Adorno e Horkheimer se voltaram para o passado e para a obra do sociólogo Max Weber, que expôs claramente a hipótese de que a cultura do Iluminismo comportava sementes autodestrutivas.[41] O argumento de Weber move-se em torno da possibilidade de que a secularização do conhecimento comandada pelo Iluminismo tenha dado margem a um "desencanto do mundo" que corrói as fundações dos modos tradicionais de vida. Tal desencanto deixa o sujeito humano sozinho: com todos os ideais de harmonia cósmica afastados, o mundo acaba percebido como um objeto externo de que se pode lançar mão para fins utilitários. O desencanto é assim o terreno fértil para uma concepção instrumental da racionalidade, a que Weber se refere como *Zweckrationalität*, cujo programa se resume aos termos causais de meios e fins. A razão, entendida desta maneira, representa a pura e simples promoção do controle — o controle dos seres humanos sobre o mundo e de seres humanos individuais sobre outros.

Depois de viverem na pele as atrocidades indizíveis do totalitarismo, muitos intelectuais alemães e adeptos da teoria crítica ficaram convencidos de que a história havia proporcionado a comparação final para o pior dos temores de Weber. *Dialética do Esclarecimento*, publicada em 1947, por ocasião do retorno à Alemanha de Adorno e Horkheimer, depois de uma década de exílio nos Estados Unidos, é a expressão quintessencial da crença de que Weber estava certo.

Adorno exerceu a maior influência sobre o jovem Habermas. No entanto, esta foi uma relação complicada: embora Habermas lutasse para superar o pessimismo e o niilismo de seu professor, fez isso usando os próprios meios de Adorno.

> Reler Adorno deu-me coragem para encarar sistematicamente ... a teoria da reificação como uma teoria de racionalização, no sentido weberiano. Já na minha época, meu problema era uma teoria da modernidade, uma teoria da patologia da modernidade do ponto de vista da percepção — da percepção deformada — da razão na história.[42]

Desde os primeiros dias, Habermas tem buscado uma teoria positiva e construtiva da modernidade. "A patologia da modernidade" mencionada na passagem pode ser lida como a existência de traços doentios na modernidade, ou que a modernidade em si é a doença. Habermas adota a primeira hipótese, de que os traços patológicos existentes *dentro* da modernidade podem ser separados do todo, mais saudável.

Ler a teoria da racionalização de Weber em conexão com a teoria da reificação é o primeiro passo que Habermas dá nessa direção. A reificação indica a maneira como as relações sociais têm se deformado, ou até desfigurado, no modo capitalista de produção. O capitalismo, segundo o diagnóstico marxista, impõe sobre a classe trabalhadora o peso insuportável da alienação, que reduz a força de trabalho a apenas mais um tipo de mercadoria. Na modernidade capitalista, prossegue o argumento, a vida da classe operária é entendida como um meio para alcançar o lucro. Esse mecanismo impede o trabalhador de se apropriar do significado de seu próprio trabalho. Ao final, se a alienação é o resultado de sua atividade, nega-se ao trabalhador também uma relação autônoma com o ambiente que o cerca. Na Alemanha pós-Segunda Guerra Mundial, Habermas combinou a teoria de Weber — de que a modernidade continha uma espécie de racionalização destrutiva — com a teoria marxista da reificação. É precisamente essa combinação de racionalização e reificação o traço patológico da modernidade.

No centro do roteiro sombrio de Weber está a figura da gaiola de ferro, uma prisão de eficiente cegueira burocrática criada pelo crescimento indiscriminado da racionalidade utilitária ou instrumental. A concepção de Habermas sobre os modos de desenvolvimento das sociedades complexas em duas camadas, em que os aparatos econômico e administrativo são descritos como "sistemas" que se auto-alimentam, é herdada claramente de Weber. Em estreita concordância com Weber, Habermas vê o perigo do poder em expansão das forças econômicas impessoais e dos processos de administração burocraticamente organizados. No entanto, muito distintamente de Weber, ele não acha que a racionalização societária envolva o poder crescente da tecnologia e do cálculo, da organização e da administração, e que o triunfo da razão seja um entrave à liberdade, e não sua última chance. Ao contrário, Habermas endossa incondicionalmente o programa do Iluminismo, que ele rebatiza de "o discurso da modernidade". As complexas sociedades pós-industriais de hoje deveriam se dedicar à tarefa de completar esse discurso que o Iluminismo deixou inacabado.

A crítica de Habermas ao pessimismo de Weber em relação à modernidade oferece uma chave singular para interpretar o fundamentalismo religioso. A descrição negativa que Weber faz dos efeitos da racionalidade instrumental e da secularização encaixa-se de modo sinistro na percepção religiosa fundamentalista de que a cultura ocidental está desenraizando as formas tradicionais de vida. O fundamentalismo ecoa a alegação de Weber de que tal desenraizamento, ao homogeneizar as culturas e separar os membros individuais de suas comunidades, tende a destruir a possibilidade de existência da identidade espiritual e moral. Precisamente por sua oposição à modernidade e à modernização, o fundamentalismo é, para Habermas, um fenômeno distinta e singularmente moderno.

Toda religião encerra um núcleo dogmático de crença, observa Habermas, que é a razão pela qual toda religião necessita de uma autoridade designada para discriminar entre as interpretações de dogma ortodoxas, ou válidas, e as não-ortodoxas, ou inválidas. No entanto, como declarou em nosso diálogo: "Tal ortodoxia, em primeiro lugar, tende para o fundamentalismo quando os guardiães e representantes da verdadeira fé ignoram a situação epistêmica de uma sociedade pluralista e insistem — chegando até à violência — no caráter universalmente basilar de sua doutrina e na aceitação política dela." A modernidade não confina simplesmente a religião dentro da dimensão espiritual da vida, afastando-a do gerenciamento político da esfera pública; ela exige que a religião aceite, no nível cognitivo, seu lugar em uma sociedade pluralista. Em outras palavras, a religião deve encarar o complexo desafio de relativizar sua posição face a outras religiões, sem relativizar seu próprio núcleo dogmático. Isso é o que Habermas chamou de "a situação epistêmica" da religião na modernidade.

A partir da Reforma, que provocou o cisma interno do cristianismo ocidental em catolicismo romano e protestantismo, durante 400 anos a religião na Europa suportou uma situação desse tipo. Ver a nós mesmos pelos olhos dos outros foi o que a modernidade pediu à religião. O outro, neste caso, é uma pluralidade de outros em competição, incluindo as diferentes fés religiosas, o conhecimento científico e as instituições políticas. O fundamentalismo é a rejeição desse feixe de desafios, e Habermas descreveu-o como "a repressão de notáveis dissonâncias cognitivas" e o retorno à "exclusividade das atitudes de crença pré-modernas". Uma atitude de crenças indica o modo como acreditamos, mais do que aquilo em que acreditamos. O fundamentalismo tem menos a ver com qualquer texto específico ou dogma religioso, e mais a ver com a modalidade da crença. Por essa razão, Habermas acrescentou: "as sociedades pluralistas modernas são normativamente compatíveis apenas com um universalismo *estrito*, em que o mesmo respeito é exigido para todo mundo — sejam católicos, protestantes, muçulmanos, judeus, hindus ou budistas, crentes ou descrentes". Esse universalismo é "estrito" porque se aplica à maneira como cada religião se relaciona com as outras e com sua própria fé. Um universalismo puro é o terreno sobre o qual Habermas defende com firmeza a noção de tolerância.

A tolerância descreve a coerção do universalismo estrito exigido pelas sociedades pluralistas modernas. Em nosso diálogo, Habermas lembrou o Édito de Nantes (1598), em que Henrique IV, rei da França, "permitiu aos huguenotes, uma minoria religiosa, professar suas crenças e observar seus rituais sob a condição de que não questionassem a autoridade do trono ou a supremacia do catolicismo". A minoria protestante foi assim tolerada, contanto que renunciasse a qualquer reivindicação de poder político ou antagonismo contra a maioria católica. Habermas facilmente reconheceu que estas são condições paternalistas e cuja aceitação da outra tem o caráter de um "ato de misericórdia".

O caráter paternalista da tolerância — razão pela qual Derrida rejeita este conceito — não impede Habermas de defendê-la com base em um argumento que também usa contra a idéia de que a democracia pode ser uma forma de governo culturalmente específica e, assim, não universalmente preferível. Em nosso diálogo, ele expressou isso de maneira concisa com as seguintes palavras:

> No interior de uma comunidade democrática, cujos cidadãos concedem reciprocamente direitos iguais uns aos outros, não sobra espaço para que uma autoridade determine *unilateralmente* as fronteiras do que deve ser tolerado. Na base dos direitos iguais dos cidadãos e do respeito recíproco de um pelo outro, ninguém possui o privilégio de estabelecer as fronteiras da tolerância, do ponto de vista de suas próprias preferências e orientações segundo valores.

Para Habermas, a tolerância é defensável quando praticada no contexto de uma comunidade democrática. Nesse contexto, considerando que os cidadãos concedem direitos iguais uns aos outros, ninguém tem o privilégio de estabelecer as fronteiras daquilo que deve ser tolerado. Enquanto Henrique IV unilateralmente proclamou a tolerância com relação aos protestantes, nas modernas democracias ocidentais, a tolerância adquire um perfil dialógico. O que está sendo tolerado não é estabelecido unilateralmente ou *monologicamente*, mas alcançado *dialogicamente* por meio do intercâmbio racional entre cidadãos.

Em uma democracia liberal, o único padrão comum exigido pela tolerância — a condição sob a qual uma pessoa religiosa tolera um ateu — é a lealdade à constituição. A constituição, para Habermas, é a encarnação política do ideal de uma comunidade moral cujas normas e práticas sejam plenamente aceitas por seus membros. Fidelidade à constituição significa assim fidelidade a uma sociedade na qual o acordo de todos os parceiros livres e iguais é alcançado independentemente de imposição ou manipulação. Na exposição de Habermas, a constituição de um Estado republicano democrático é o modo essencial de validação discursiva. O caso de conflitos referentes à interpretação da constituição ilustra esse elemento discursivo que ela tem, pois "A própria constituição tomou as necessárias providências. ... Existem instituições e procedimentos para resolver a questão dos limites do que se poderia ainda ou não mais considerar como 'ser leal à constituição'." Enquanto estiverem em vigência procedimentos de acordo comum, também vigora a possibilidade de articular racionalmente os conflitos. Essa possibilidade acarreta dois compromissos concorrentes: um é o compromisso do interlocutor de dizer a verdade e defendê-la por meio do resgate de suas reivindicações de validade; outro é o compromisso do ouvinte de aceitar a proposição ou se opor a ela com um argumento mais bem fundamentado. Se esses dois compromissos estão garantidos, até mesmo a lealdade à constituição está sujeita a constante revisão por parte de todos os agentes envolvidos.

O caso da desobediência civil é interessante do ponto de vista da apreciação que Habermas faz da estrutura discursiva e do potencial auto-reflexivo da constituição. No diálogo, ele sublinhou que "em sua tolerância da desobediência civil, a constituição amplia-se auto-reflexivamente para incluir até mesmo as condições de travessia de suas próprias fronteiras". Vale dizer que a constituição comporta providências relativas à situação mais radical em que um dissidente resolve não a respeitar mais. Tais providências exigem que a resistência do dissidente se faça de acordo com certos procedimentos. São os procedimentos constitucionais que permitem à maioria engajar-se criticamente com suas próprias decisões. Formulado nesses termos, o projeto democrático alimenta-se da resistência das minorias, cuja hostilidade à vontade da maioria no momento presente pode renovar o próprio auto-entendimento da maioria no futuro.

Segundo Habermas, os direitos não são características que os indivíduos possuem naturalmente, mas relações que têm base no reconhecimento mútuo.

> *No plano conceitual*, os direitos não se referem imediatamente a indivíduos atomísticos e separados, atirados possessivamente uns contra os outros. Ao contrário, como elementos da ordem legal eles pressupõem colaboração entre sujeitos que reconhecem uns aos outros, em seus direitos e deveres reciprocamente relacionados, como co-associados, livres e iguais sob a lei. Esse reconhecimento mútuo é constitutivo para a ordem legal a partir da qual derivam os direitos acionáveis. Nesse sentido, os direitos "subjetivos" emergem equiprimordialmente com a lei "objetiva".[43]

Os indivíduos conferem direitos uns aos outros assim que concordam em regular a vida comum segundo a lei. Nas democracias liberais, a lei não é e não deveria ser interpretada como um sistema internamente coerente de normas abstratas; o corpo legal é e deveria ser tomado como correspondente à liberdade subjetiva. Sublinhando essa crença, central nas contribuições mais recentes de Habermas para a teoria política e do direito, está o princípio kantiano que garante ao indivíduo a maior quantidade de liberdade que pode ser concedida a todos.

O projeto inacabado da modernidade

A modernidade é, para Habermas, o próprio emblema da promessa política de racionalidade. O problema, como Habermas o vê, é que a promessa não foi cumprida. A admissão de que se falhou no cumprimento da promessa distingue-o marcadamente da tradição de pensadores alemães — que inclui Weber, Adorno e Horkheimer —, que tornou a racionalidade do Iluminismo responsável por infectar a modernidade com o vírus da autodestruição.

Aos olhos de Habermas, os pensadores franceses, associados com a crítica da racionalidade do Iluminismo e muito frouxamente compreendidos sob o rótulo do pós-modernismo, radicalizam essa posição e aderem a um argumento fundamentalmente irracionalista, que nos torna mais, e não menos, vulneráveis à ameaça do fascismo. Nas sociedades pós-industriais complexas, o fascismo corresponde à colonização do mundo da vida pelas pressões sistêmicas de mercados globais irrefreáveis, pela propagação tecnológica selvagem e, eu acrescentaria, pelo fundamentalismo religioso. Habermas simplesmente não vê como conter essa colonização, caso a racionalidade não seja reconhecida, de acordo com os princípios do Iluminismo, como a ferramenta política universalmente válida.

Contra as interpretações negativas da modernidade, Habermas postula a tese de que a modernidade produziu progresso moral. Tal progresso repousa na conscientização de que o processo de socialização precisa ser estruturado por um sistema de normas que exija uma justificação argumentativa sem qualquer apelo à tradição. Como o mundo da vida é estruturalmente ameaçado, a conscientização surge como o esforço positivo e construtivo que libera a sociedade para construir sua identidade independentemente de qualquer noção de dívida com relação ao passado. Como ele declarou publicamente em 1990, depois da reunificação alemã, a identidade nacional não pode ser construída sobre tradições passadas ou sobre a noção de um destino comum. O progresso moral da modernidade consiste em ter mostrado que, se uma nação quiser evitar riscos totalitários, ela precisa depender única e exclusivamente do compromisso livre e racionalmente atingido com referência às suas próprias regras e normas. A dádiva da modernidade ocidental foi ter demonstrado os benefícios de excluir da gama de normas politicamente aceitáveis qualquer parâmetro mítico ou religioso. O que Habermas chama de moralidade pós-convencional repousa sobre o procedimento racional de testar reivindicações de validade em um cenário intersubjetivo.

Enquanto Habermas desenvolvia sua reflexão sobre a modernidade em oposição à tradição e em relação à forma pela qual a racionalidade se afirma em um cenário democrático, surgiu a questão de saber se a modernidade tem o caráter de uma experiência histórica, ou não passa simplesmente de um conjunto de requisitos formais que se aplicam a todas as épocas e lugares. Esse é um problema crucial se quisermos, como Habermas quer, universalizar estritamente o programa da modernidade como único portador de progresso moral. Deslindar os detalhes da distinção entre a modernidade — considerada como o programa político que emerge em um particular momento histórico — e a modernização — entendida como um processo que pode ocorrer em qualquer tempo ou lugar — ajuda a compreender a visão de Habermas sobre o fundamentalismo religioso como fenômeno moderno. Mas o que quer ele dizer exatamente por "moderno"? Será o fundamentalismo a reação de pânico à modernidade ou à modernização? Eu gostaria de reconstruir na última parte os fundamentos históricos dessa distinção e mostrar como Habermas, seguindo Hegel, localiza um caminho intermediário entre as duas noções.

Em *O discurso filosófico da modernidade*, Habermas discute as idéias de Weber como se ele fosse um poderoso defensor da interpretação da modernidade como uma época histórica. Para Weber, a modernidade está fortemente enraizada no contexto histórico e cultural europeu, porque a Europa encontra-se na região em que as visões religiosas do mundo foram traduzidas pela primeira vez em uma cultura secular. Essa premissa levou-o a perguntar por que, fora da Europa, "o desenvolvimento científico, artístico, político ou econômico ... não entrou naquela trilha de racionalização que é peculiar ao Ocidente".[44] A resposta de Weber é que existe uma conexão necessária entre a noção de modernidade e a orientação intelectual do racionalismo ocidental.

Outros sociólogos, salienta Habermas,[45] ofereceram opiniões correlatas, segundo as quais a secularização das sociedades modernas é produzida por algum tipo de "envelhecimento" interno das tradições, que, tendo perdido sua espontaneidade e vitalidade, tornaram-se auto-reflexivas e auto-examinadoras. Nesses modelos, a racionalidade não é concebida como especificamente ocidental, nem lhe é atribuído o papel enaltecedor de emancipar as pessoas de condições coercitivas.

Em vez de interpretar a modernidade como uma experiência historicamente específica, um terceiro grupo de cientistas sociais encara-a como um esquema geral de desenvolvimento social, consistindo em um número de condições: mobilização de recursos, implementação de produtividade, formação de poderes políticos centralizados, ascensão da identidade nacional, demanda de um sistema educacional universal, secularização de valores e normas, afirmação de formas urbanas de vida. O termo descritivo para esse esquema geral é modernização, que surge como uma dinâmica social evolucionária.

O entendimento de modernidade por Habermas combina elementos de todas essas interpretações, mas revive também a perspectiva fornecida pelo pensador que inaugurou a discussão filosófica da noção: Georg Wilhelm Friedrich Hegel.

> À medida que a modernidade desperta para a consciência de si mesma, surge uma necessidade de auto-afirmação que Hegel entende como uma necessidade de filosofia. Ele vê a filosofia confrontada com a tarefa de compreender *o seu próprio* tempo — e para ele isso significa a era moderna — em pensamento. Hegel está convencido de que não é capaz de apreender o conceito que a filosofia faz de si mesma independentemente do conceito filosófico de modernidade.[46]

Para Hegel, a modernidade tem uma função histórica, mas não está presa a uma única época histórica. A era moderna é a época em que um indivíduo e uma comunidade desenvolvem uma consciência histórica de si mesmos e de suas ações; uma percepção do seu próprio lugar na história e do seu potencial para modificá-lo. Qualquer sujeito moderno é confrontado com "a tarefa de compreender *o seu próprio* tempo", independentemente do que for ordenado por uma escritura sagrada ou pela tradição. Filosofia é o nome que se dá à emergência dessa consciência histórica, que é singularmente emancipadora, para Hegel como para Habermas, porque abre a possibilidade de se apropriar criticamente do presente. A modernidade é renovada toda vez que o presente é levado a uma porta aberta para o futuro. Como alega Habermas, a era moderna "*deve criar a sua normatividade a partir de si.* A modernidade se vê jogada sobre si mesma sem qualquer possibilidade de escape".[47]

Como Hegel, Habermas pensa que uma sociedade verdadeiramente democrática deve estar comprometida com suas normas, independentemente de qualquer autoridade externa, seja ela o passado, a tradição ou a ortodoxia religiosa. Isso implica que a modernidade não é um fenômeno historicamente rígido, determinado de maneira irredutível pelo curso da história e da cultura européia, mas sim um projeto deliberadamente endossado em um certo ponto *na* história por uma comunidade de qualquer cidadãos.[48] O fundamentalismo é a reação violenta contra esse projeto. A modernidade é assim o nome que se dá à possibilidade de se apropriar criticamente de qualquer tradição, de modo que os indivíduos e as comunidades possam fazer, livre e consensualmente, suas próprias deliberações.

Desistir da modernidade, para Habermas, significa desistir do compromisso com a liberdade e a justiça social que estão no próprio cerne de seu sistema filosófico. Isso explica por que ele levou tão a sério o debate sobre a modernidade e tão fortemente se opôs a qualquer sugestão de que nossa época possa ser projetada em outra, a pós-moderna. Desde os anos 1980, o engajamento de Habermas com a modernidade levou-o a assumir a tarefa de desmascarar a irresponsabilidade política dos filósofos pós-modernos que atuavam sob a influência de Nietzsche e Heidegger. No prefácio de *O discurso filosófico da modernidade*, ele declara como esse tópico tomou seu tempo quase obsessivamente desde 1980, ano em que recebeu o prestigiado Prêmio Adorno.[49] A partir daquele dia, escreve ele,

> este tema, disputado e multifacetado que é, jamais perdeu sua força sobre mim. Seus aspectos filosóficos apareceram ainda mais claramente na consciência pública, no rastro do surgimento do neo-estruturalismo francês. ... O desafio da crítica da razão neo-estruturalista define a perspectiva a partir da qual eu procuro reconstruir aqui, passo a passo, o discurso filosófico da modernidade. Desde o final do século XVIII, a modernidade foi elevada a tema *filosófico* nesse discurso.[50]

O intenso envolvimento de Habermas com a questão da modernidade deriva do temor de que a orientação pós-moderna estimule a responsabilidade política e aumente o potencial de se desenvolver em um perigoso renascimento reacionário.[51] Habermas acusa essa geração de pensadores, inclusive Derrida, de não atribuir o devido respeito à conotação política da modernidade: uma convocação universalista para a liberdade e a igualdade que não pode ser relativizada de forma alguma.

Comentarei a crítica de Habermas a Derrida indiretamente, ao discutir a resposta do primeiro a Walter Benjamin.[52] Na opinião de Habermas, Benjamin é o antecedente direto de Derrida no sentido messiânico que atribui ao momento moderno. A opinião de Habermas sobre Benjamin é significativa, não só porque ele estende seu julgamento de Benjamin para Derrida, mas também porque Derrida, talvez em resposta a Habermas, utiliza Benjamin como fonte de um de seus textos cruciais sobre a filosofia política, "A força da lei".[53] Habermas introduz a discussão sobre a teoria da modernidade de Benjamin, contrastando-a com o poeta francês Charles Baudelaire.

> Enquanto Baudelaire se contentou com a idéia de que a constelação de tempo e eternidade acaba passando, na autêntica obra de arte, Benjamin queria traduzir essa experiência estética básica em uma relação histórica. Elaborou para esse propósito o conceito de um "tempo-agora" (*Jetztzeit*) que está impregnado de fragmentos de tempo messiânico ou completo. ... Por um lado, a idéia de um tempo homogêneo e vazio que é preenchido por "uma crença obstinada no progresso" do evolucionismo e da filosofia da história; por outro lado, a neutralização de todos os padrões avançados pelo historicismo, quando aprisiona a história no museu e "narra a seqüência dos acontecimentos como as contas de um rosário".[54]

Baudelaire é um defensor irrestrito da modernidade estética: para ele, a liberdade sem precedentes desfrutada pela obra de arte moderna dá-lhe a oportunidade de expressar o choque entre a impermanência do presente e o peso da eternidade. Na leitura de Habermas, Benjamin é ainda mais rigoroso em suas exigências. Para ele, a obra de arte atinge a autêntica modernidade, não só por sua liberdade subjetiva e pelo desafio da convenção, mas como resultado de sua conexão produtiva com o presente, entendido em uma perspectiva messiânica.

No pensamento de Benjamin, a filosofia moderna da história sufocou o messianismo de duas maneiras: por encarar a história como um curso predeterminado de acontecimentos, ou por aceitar tudo o que é histórico indiscriminadamente e colocá-lo, com o mesmo grau de respeito, em um museu. Em contraste, o próprio apelo de Benjamin por um novo messianismo torna-se o apelo por um presente que não é nem previsível — como aqueles que vêem a história como um curso de acontecimentos predeterminado gostariam que fosse — nem indiferente ao seu passado — como aqueles que reverenciam tudo o que é passado gostariam que fosse. O presente precisa ser uma resposta para a completa imprevisibilidade do futuro e uma avaliação crítica do passado, construída como o horizonte de expectativas não cumpridas.

> Essa necessidade de redenção por parte das épocas passadas que dirigiram suas expectativas para nós é reminescente da figura familiar, tanto no misticismo judaico como no protestante, da responsabilidade do homem pelo destino de um Deus que, no ato da criação, renunciou à sua onipotência em favor da liberdade humana, colocando-nos em condições de igualdade consigo mesmo.[55]

As duas condições que Benjamin considera essenciais para uma conexão significativa com o presente — que seja orientado para um futuro imprevisível e que seja seletivo com respeito ao valor do passado, baseado em suas expectativas não preenchidas — revelam, conjuntamente, a absoluta singularidade de nosso lugar na história. Benjamin chama a isso messianismo.

Um exame atento da posição de Benjamin revela que ela está fundamentalmente conectada com a formulação da modernidade por Hegel — que mostrei como é próxima da de Habermas. Se isso for verdade, existe uma superposição entre Habermas e Benjamin no terreno hegeliano. Embora este seja certamente o caso, o terreno da superposição é limitado. Hegel concebeu o significado da modernidade ao longo de linhas da absoluta singularidade do presente com respeito a seu lugar na história. Foi apenas na época moderna, para Hegel, bem como para Benjamin, que essa singularidade veio à tona como uma arma fortalecedora nas mãos de indivíduos e comunidades. No entanto, Hegel desconfiava da visão limitada do passado na trajetória geral da história, que, em sua mente, se tornava visível apenas do ponto de vista moderno. Em contraste, Benjamin encarava o passado como uma gama de expectativas não cumpridas, pelas quais o sujeito moderno ainda deveria se sentir responsável, porque é somente com base nesse apelo do passado que o futuro pode ser encarado como algo totalmente novo. Benjamin, e mais tarde Derrida, desenvolveu um aspecto da reflexão hegeliana sobre o significado da modernidade que é precisamente o que Habermas — que também volta atrás para buscar inspiração em Hegel — suprime. Esse aspecto diz respeito a um passado que não pode ser articulado discursivamente. Não há nada mais perigoso, na visão de Habermas, do que a idéia de construir o futuro como uma resposta a um apelo quase messiânico do passado.[56]

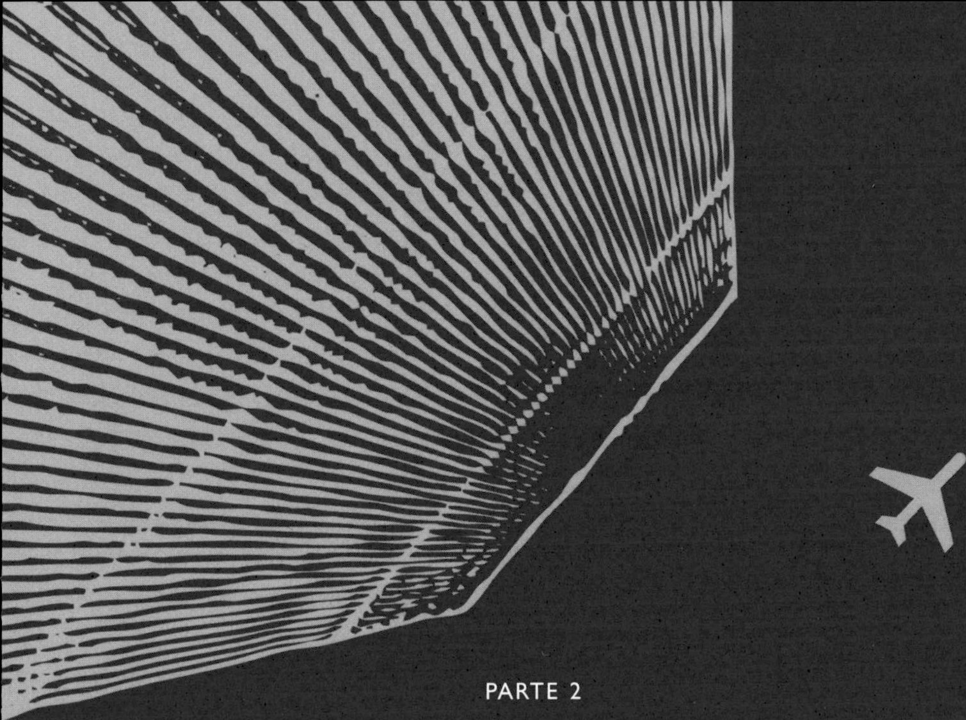

PARTE 2

Auto-imunidade: Suicídios Reais e Simbólicos

Um diálogo com Jacques Derrida

■

Desconstruindo o Terrorismo

Derrida

AUTO-IMUNIDADE: SUICÍDIOS REAIS E SIMBÓLICOS

Um diálogo com Jacques Derrida

GIOVANNA BORRADORI: Onze de setembro (*Le 11 septembre*) nos deu a impressão de ser um *major event*,[1] um dos acontecimentos históricos mais importantes que iremos testemunhar em nossa vida, especialmente para aqueles que jamais viveram uma guerra mundial. O senhor concorda com isso?

JACQUES DERRIDA: *Le 11 septembre*, como a senhora diz, ou, uma vez que concordamos em falar em duas línguas, 11 de setembro.[2] Teremos de voltar mais tarde a essa questão da língua, bem como a esse ato de nomear: uma data e nada mais. Quando a senhora diz "11 de setembro" já está citando, não está? Está me convidando a falar aqui, evocando, como que entre aspas, uma data ou um encontro que ocupou nosso espaço público e nossas vidas privadas já há cinco semanas. Alguma coisa *fait date*, eu diria, usando uma expressão francesa, algo marca uma data, uma data na história; isso é sempre o mais notável, o próprio impacto do que é pelo menos *sentido* de um modo aparentemente imediato como um acontecimento que realmente marca, que de fato deixa a sua marca, um acontecimento singular e, como dizem aqui, *unprecedented*.[3] Eu digo "aparentemente imediato" porque essa "sensação" é na verdade menos espontânea do que parece: é em grande parte condicionada, constituída, se não construída, delimitada de qualquer maneira pela mídia, com uma prodigiosa máquina tecno-sócio-política. "Marcar uma data na história" pressupõe, de qualquer modo, que "alguma coisa" surge ou acontece pela primeira e última vez, "alguma coisa" que nós ainda não sabemos realmente como identificar, determinar, reconhecer ou analisar, mas que deveria ficar a partir de agora inesquecível: um acontecimento indelével no arquivo compartilhado de um calendário universal, isto é, um calendário *supostamente* universal, pois estas são — e quero insistir nisso de saída — apenas suposições e pressuposições. Não-refinadas e dogmáticas, ou então cuidadosamente consideradas, organizadas, calculadas, estratégicas — ou tudo isso ao mesmo tempo. O dedo indicador que aponta esta data, o fato cru, o dêitico mínimo, o objetivo minimalista da data, também marca uma outra coisa. A saber, o fato de que talvez não tenhamos conceito algum e qualquer significado disponível para nomear de outra maneira esta "coisa" que acabou de acontecer, este suposto acontecimento. Um ato de "terrorismo internacional", por exemplo — e nós voltaremos a isso — nada mais é do que um rigoroso conceito que nos ajudaria a captar a singularidade daquilo que tentaremos discutir. "Alguma coisa" aconteceu, temos a sensação de não a ter visto se aproximar, e certas conseqüências inegavelmente se seguirão à "coisa". Mas essa mesma coisa, o local e o significado do "acontecimento", permanece inefável, como uma intuição sem conceito, uma unicidade sem qualquer generalidade no horizonte ou sem horizonte algum, fora de alcance para uma linguagem que admite sua impotência e é assim reduzida a pronunciar mecanicamente uma data, repetindo-a interminavelmente, em uma espécie de sortilégio ritual, de conjuração de um poema, de ladainha jornalística ou refrão retórico que admite não saber do que está falando. Não sabemos de fato o que estamos dizendo ou nomeando assim: 11 de setembro, *le 11 septembre*, o 11 de setembro. A brevidade do nome (11 de setembro; 11/9) deriva não só de uma necessidade econômica ou retórica. O telegrama dessa metonímia — um nome, um número — destaca o inqualificável, reconhecendo que não o reconhecemos ou sequer conhecemos, que ainda não sabemos como qualificar, que não sabemos do que estamos falando.

Este é o primeiro e indiscutível efeito do que ocorreu (se foi calculado, bem calculado ou não) precisamente em 11 de setembro, não longe daqui: nós repetimos isso, *precisamos* repetir isso, e é muito necessário repetir, porque não sabemos realmente o que é nomeado assim, como se para exorcizar duas vezes em um só golpe: por um lado, esconjurar como por mágica a "coisa" em si, o medo ou o terror que ela inspira (pois a repetição sempre protege, por neutralizar, distanciando um traumatismo, e isso é verdade em relação à repetição das imagens televisionadas de que falaremos depois); e, por outro lado, para negar, tão próximo quanto possível deste ato de linguagem e desta enunciação, nossa impotência de nomear de maneira adequada, de caracterizar, de pensar a coisa em questão, de ir além do mero dêitico da data: alguma coisa terrível aconteceu no dia 11 de setembro, e, ao final, não sabemos o que foi. Pois, por mais ultrajados que ficássemos com a violência, por mais que pudéssemos genuinamente deplorar — como eu faço, como todo mundo faz — o número de mortos, ninguém estará realmente convencido de que, afinal, é disso que trata a questão. Voltarei a esse aspecto mais adiante; no momento estamos simplesmente nos preparando para dizer algo a respeito.

Há três semanas estou em Nova York. Não só é impossível não falar nesse assunto, mas sente-se, ou se é levado a sentir, que é na verdade *proibido*, que não se tem o direito de começar a falar sobre qualquer coisa, especialmente em público, sem ceder a essa obrigação, sem fazer sempre uma referência quase cega à data (e este já era o caso na China, onde eu estava em 11 de setembro, e depois em Frankfurt, em 22 de setembro).[4] Cedi regularmente a essa injunção, devo admitir; e, em um certo sentido, estou fazendo o mesmo agora, ao participar desta entrevista amistosa com a senhora, embora tentando sempre, além da comoção e da mais sincera compaixão, fazer apelo a perguntas e a um "pensamento" (entre outras coisas, um pensamento político real) do que, parece, acabou de acontecer em 11 de setembro, a uns poucos passos daqui, em Manhattan, ou não muito longe, em Washington D.C.

Acredito sempre na necessidade de estar atento antes de mais nada para esse fenômeno da linguagem, ao nomear e datar, essa compulsão à repetição (ao mesmo tempo retórica, mágica e poética). Ao que essa compulsão significa, traduz ou trai. Não a fim de nos isolarmos na linguagem, como pessoas em meio a um excesso de agitação gostariam que acreditássemos, mas, ao contrário, para entender o que está ocorrendo precisamente *além* da linguagem, e o que nos está levando a repetir interminavelmente e sem saber do que estamos falando, precisamente ali onde a linguagem e o conceito esbarram nos seus limites: "Onze de setembro, setembro, 11, *le 11 septembre*, 11/9."

Precisamos tentar saber mais, usar o nosso tempo e nos atermos à nossa liberdade para que possamos pensar nesse primeiro efeito do chamado acontecimento: de onde vem a injunção ameaçadora que chega até nós? Como nos está sendo forçada? *Quem* ou *o que* nos dá essa ordem ameaçadora (outros diriam esse imperativo aterrorizante, se não terrorista): nomear, repetir, renomear "11 de setembro", "*le 11 septembre*", mesmo quando ainda não se sabe o que está dizendo e ainda não se está pensando naquilo que é referido dessa maneira. Concordo com a senhora: sem dúvida alguma esta "coisa", "11 de setembro", "nos deu a impressão de ser um *major event*". Mas o que é uma impressão neste caso? E um acontecimento? E, especialmente, um "acontecimento *maior*"? Confiando em sua palavra — ou nas suas palavras —, vou sublinhar mais do que uma precaução. Vou fazê-lo em um estilo aparentemente "empírico", embora mirando além do empirismo. Não se pode negar, como um empirista do século XVIII diria literalmente, que houve uma "impressão" aqui, e a impressão do que a senhora chama em inglês — e isso não é fortuito — um *major event*. Insisto aqui no inglês porque é a língua que falamos em Nova York, embora não seja nem a sua língua nem a minha; mas insisto também porque a injunção vem antes de tudo de um lugar em que o inglês predomina. Não estou dizendo isso somente porque os Estados Unidos foram alvejados, atingidos ou violados em seu próprio solo pela primeira vez em quase dois séculos — desde 1812 para ser exato[5] —, mas porque a ordem mundial que se sentiu alvo dessa violência é dominada sobretudo pelo idioma anglo-americano, um idioma que está indissociavelmente ligado ao discurso político que domina o palco mundial, à lei internacional, às instituições diplomáticas, à mídia e às maiores potências tecnocientíficas, capitalistas e militares. E tudo isso tem muito a ver com a essência ainda enigmática mas também *crítica* dessa hegemonia. Por *crítica* quero dizer ao mesmo tempo decisiva, potencialmente decisória, tomadora de decisões e *em crise*: hoje mais vulnerável e ameaçada do que nunca.

Se essa "impressão" é justificada ou não, se ela é em si um acontecimento, não vamos esquecer disso, especialmente quando ela é, embora de maneiras bem diferentes, um efeito propriamente global. A "impressão" não pode ser dissociada de todos os afetos, interpretações e retórica que imediatamente a refletiram, comunicaram e "globalizaram", de tudo o que também e antes de mais nada a formou, produziu e tornou possível. A "impressão" assim se assemelha "à própria coisa" que a produziu. Ainda que a chamada "coisa" não possa ser reduzida a ela. Ainda que, portanto, o *event* em si não possa ser reduzido a ela. O acontecimento é feito da "coisa" em si (aquilo que acontece ou que chega) e da impressão (ela mesma imediatamente "espontânea" e "controlada") que é dada, deixada ou produzida pela chamada "coisa". Poderíamos dizer que a impressão é "informada" nos dois sentidos da palavra: um sistema predominante deu-lhe forma, e esta forma passa então por uma máquina de informação organizada (linguagem, comunicação, retórica, imagem, mídia e assim por diante). Esse aparato informacional já de saída é político, técnico e econômico. Mas nós podemos e, acredito, devemos (e esse dever é ao mesmo tempo filosófico e político) distinguir entre o fato supostamente bruto, a "impressão" e a interpretação. Naturalmente é quase impossível — e eu me dou conta disso — distinguir o fato "bruto" do sistema que produz a "informação" a seu respeito. Mas é necessário levar a análise o mais longe possível. Para produzir um "acontecimento maior", é triste dizer, não basta, e isso tem sido uma verdade já há algum tempo, causar a morte de cerca de quatro mil pessoas, especialmente "civis", em apenas poucos segundos, por meio da chamada tecnologia avançada. Muitos exemplos podiam ser tirados das guerras mundiais (pois a senhora especificou que esse acontecimento parece ainda mais importante para aqueles que "jamais viveram uma guerra mundial"), mas também dos períodos após as guerras; exemplos de assassinatos em massa quase instantâneos que não foram registrados, interpretados, sentidos e apresentados como "acontecimentos maiores". Eles não deram a "impressão", pelo menos não para todo mundo, de serem catástrofes inesquecíveis.

Devemos assim perguntar por que se trata de distinguir entre as duas "impressões". Por um lado, compaixão pelas vítimas e indignação diante dos assassinatos; nossa tristeza e condenação deveriam ser ilimitadas, incondicionais, incontestáveis; as pessoas estão reagindo a um "acontecimento" inegável, além de todos os simulacros e de toda virtualização possível; reagem com o que poderia ser chamado o coração e vão direto ao coração do acontecimento. Por outro lado, há a informação interpretada, interpretativa, informada, a avaliação condicional que nos faz *acreditar* que este é um "acontecimento maior". *Crença*, fenômeno de *crédito* e de *acreditação*, constitui uma dimensão essencial da avaliação, da data, da inflação compulsiva de que vínhamos falando. Ao distinguir impressão e crença, continuo a agir como se estivesse privilegiando a linguagem do empirismo inglês, diante do qual estaríamos errados em resistir, nesse caso. Todas as questões filosóficas permanecem abertas, a não ser que elas estejam se abrindo mais uma vez de forma talvez nova e original: o que é uma impressão? O que é uma crença? Mais especialmente: o que é um acontecimento digno desse nome? E um acontecimento "maior", isto é, que seja na verdade mais do que um acontecimento, de fato mais "acontecimento" do que nunca? Um acontecimento que daria testemunho, de uma maneira exemplar ou hiperbólica, da própria essência de um acontecimento ou até de um acontecimento além da essência? Pois poderia um acontecimento que ainda se conforma a uma essência, a uma lei ou a uma verdade, ou até mesmo a um conceito do acontecimento, chegar a ser um acontecimento maior? Um acontecimento maior deveria ser tão imprevisível e irruptivo que perturba até mesmo o horizonte do conceito ou da essência com base na qual acreditamos que reconhecemos um acontecimento *como tal*. É por isso que todas as questões "filosóficas" ficam abertas, talvez até além da própria filosofia, à medida que é próprio dela pensar o acontecimento.

GB: O senhor quer dizer "acontecimento" no sentido heideggeriano?

JD: Sem dúvida, mas, curiosamente, no sentido de que o pensamento de *Ereignis*, em Heidegger, se voltaria não só para a *apropriação* do próprio (*eigen*), mas rumo a uma *expropriação* que o próprio Heidegger nomeia (*Enteignis*). Suportar o acontecimento, aquilo que, no sofrimento ou na provação, *imediatamente se abre para e resiste à experiência*, é, parece-me, uma certa *inapropriabilidade* do que surge ou acontece. O acontecimento é o que surge, e, ao surgir, surge para me surpreender, para surpreender e suspender a compreensão: o acontecimento é antes de mais nada tudo *aquilo que* eu não compreendo. Consiste no *aquilo*, em *aquilo* que eu não compreendo: *aquilo que* eu não compreendo e, antes de tudo, *aquilo* que eu não compreendo e o fato de que não compreendo: minha incompreensão. Aquele é o limite ao mesmo tempo interno e externo sobre o qual eu gostaria de insistir aqui: embora a experiência de um acontecimento, o modo segundo o qual ele nos afeta, demande um movimento de apropriação (compreensão, reconhecimento, identificação, descrição, determinação, interpretação com base em um horizonte de antecipação, conhecimento, denominação e assim por diante), embora esse movimento de apropriação seja irredutível e inelutável, não há qualquer acontecimento digno desse nome, a não ser à medida que essa apropriação *falhe* em alguma divisa ou fronteira. Uma fronteira, no entanto, sem frente ou confronto, uma fronteira com a qual a incompreensão não colide de cabeça, uma vez que não assume a forma de uma frente sólida: ela escapa, permanece evasiva, aberta, indecisa, indeterminável. Daí a inapropriabilidade, a imprevisibilidade, a absoluta surpresa, a incompreensão, o risco de mal-entendido, a novidade não-antecipável, a pura singularidade, a ausência de horizonte. Se aceitássemos essa definição mínima do acontecimento — mínima, mas dupla e paradoxal —, poderíamos afirmar que "11 de setembro" constituiu um acontecimento sem precedente? Um acontecimento imprevisível? Um acontecimento singular do início ao fim?

Nada é menos certo. Não era impossível prever um ataque no solo norte-americano por aqueles chamados "terroristas" (teremos de voltar a esta palavra, que é tão equívoca e tão carregada politicamente) contra um edifício, ou uma instituição, tão altamente sensível, espetacular, extremamente simbólico. Deixando de lado Oklahoma City (onde, deve-se dizer, o atacante veio dos Estados Unidos, embora este fosse o caso de "11 de setembro" também), já havia ocorrido um ataque contra as Torres Gêmeas alguns anos atrás, e o rescaldo desse ataque permanece um tema recorrente, uma vez que os supostos atores desse ato de "terrorismo" ainda estão detidos e sendo submetidos a julgamento.[6] E houve tantos outros ataques do mesmo tipo fora do território nacional americano, mas contra "interesses" americanos. E então houve os notáveis fracassos da CIA e do FBI, essas duas antenas do organismo americano, que deveriam ter visto os ataques se aproximando para evitar justamente a surpresa. (Deixe-me dizer de passagem, uma vez que acabei de falar de "território nacional americano" e de "interesses" americanos, que "11 de setembro" revela, ou na verdade relembra, que por incontáveis razões teríamos uma dificuldade real em definir *limites* rigorosos para essas "coisas", "território nacional" e "interesses americanos". Onde terminam hoje? Quem está autorizado a responder a essa questão? Somente os cidadãos americanos? Somente seus aliados? Talvez aqui pudéssemos chegar bem a fundo do problema — e a uma das razões por que teríamos dificuldade de saber se existe aqui, *stricto sensu*, onde e quando, um "acontecimento".)

De todo modo, vamos aceitar a hipótese e continuar lenta e pacientemente a falar disso como um "acontecimento". Afinal, toda vez que alguma coisa acontece, mesmo na mais banal experiência do cotidiano, existe em relação a isso *algo* de acontecimento e de singular imprevisibilidade: cada instante marca um acontecimento, e também tudo o que é "outro", e cada nascimento e cada morte, até a mais suave e mais "natural". Mas deveríamos então dizer, citando a senhora, que 11 de setembro foi um "acontecimento maior"? Embora a palavra "maior" sugira altura e tamanho, a avaliação aqui não pode ser meramente *quantitativa*, uma questão do tamanho das torres, do território atacado ou do número de vítimas. A senhora sabe naturalmente que não se contam os mortos da mesma maneira em todos os lugares do mundo. É nosso dever lembrar isso, sem que em nada se atenuem nossa tristeza pelas vítimas das Torres Gêmeas e nosso horror ou ultraje diante do crime. É nosso dever lembrar que as ondas de choque produzidas por tais assassinatos nunca são puramente naturais e espontâneas. Elas dependem de uma complexa maquinaria envolvendo história, política, mídia etc. Se estamos falando de uma resposta ou reação psicológica, política, policial ou militar, precisamos reconhecer o óbvio — ao mesmo tempo qualitativo e quantitativo: para a Europa, para os Estados Unidos, para sua mídia e sua opinião pública, matanças quantitativamente comparáveis ou até mesmo maiores em número, imediatas ou indiretas, jamais produzem uma convulsão tão intensa quando ocorrem fora do espaço europeu ou norte-americano (Camboja, Ruanda, Palestina, Iraque etc.). O que *parece* novo e maior também não é a arma usada: aviões destruindo prédios cheios de civis. Não é necessário, infelizmente, voltar até os bombardeios durante a Segunda Guerra Mundial, até Hiroxima e Nagasaki, para encontrar incontáveis exemplos. O mínimo que podemos dizer sobre tais agressões é que, seja por medidas quantitativas ou outras, não foram inferiores em alcance a "11 de setembro". E os Estados Unidos nem sempre estavam, vamos dizer, empregando uma litotes, do lado das vítimas.

Devemos assim procurar outras explicações — explicações significativas e *qualitativas*. Em primeiro lugar, se somos ou não somos aliados dos Estados Unidos, se aprovamos ou não aquilo que permaneceu mais ou menos constante e contínuo na política dos Estados Unidos de uma administração a outra, ninguém, penso eu, contestará um fato óbvio que determina o horizonte do "mundo" desde aquilo que se chamou *o fim de Guerra Fria* (teremos de reinterpretar essa coisa, o chamado *fim da Guerra Fria*, de várias perspectivas diferentes, e farei isso mais adiante; por agora permita-me lembrar apenas que "11 de setembro" é também, ainda, e em muitos aspectos, um efeito distante da própria Guerra Fria, antes de ela "terminar", desde a época em que os Estados Unidos proporcionavam treinamento e armas, e não só no Afeganistão, para os inimigos da União Soviética, pessoas que agora se tornaram inimigas dos Estados Unidos.) O fato óbvio é que, desde o "fim da Guerra Fria" o que pode ser chamado de ordem mundial, em sua estabilidade precária, depende amplamente da solidez e da confiabilidade, do *crédito*, do poder americano. Em cada nível, econômico, técnico, militar, na mídia, até mesmo no plano da lógica discursiva, da axiomática que apóia a retórica jurídica e diplomática no mundo inteiro e na lei internacional, mesmo quando os Estados Unidos violam essa lei sem deixar de defender sua causa. Daí, desestabilizar essa superpotência que desempenha pelo menos o "papel" de guardiã da ordem mundial reinante é correr o risco de desestabilizar o mundo inteiro, incluindo os inimigos declarados dos Estados Unidos.

O que é portanto ameaçado? Não só um grande número de forças, potências ou "coisas" que dependem — até mesmo para os adversários mais decididos dos Estados Unidos — da ordem que é mais ou menos assegurada por essa superpotência; são também, e *mais radicalmente ainda* (eu sublinharia esse aspecto), o sistema de interpretação, a axiomática, a lógica, a retórica, os conceitos e avaliações que deveriam nos levar a *compreender* e explicar precisamente algo como "11 de setembro". Estou falando aqui do *discurso* que vem a ser, de uma maneira hegemônica, persistente e avassaladora, *acreditado* no espaço público do mundo. O que é legitimado pelo sistema vigente (uma combinação de opinião pública, mídia, retórica dos políticos e suposta autoridade de todos aqueles que, por vários mecanismos, falam ou são autorizados a falar no espaço público) são as normas inscritas em cada frase aparentemente significativa que pode ser construída com o léxico de violência, agressão, crime, guerra e terrorismo, com as supostas diferenças entre guerra e terrorismo, terrorismo nacional e internacional, terrorismo de Estado e não de Estado, com o respeito pela soberania, pelo território nacional e assim por diante. Será, então, que aquilo que foi tocado, ferido ou traumatizado por esse duplo *choque* é apenas uma coisa particular ou outra, um "que" ou um "quem", edifícios, estruturas urbanas estratégicas, símbolos do poder político, militar ou capitalista, ou um número considerável de pessoas de muitas origens diferentes vivendo no corpo de um território nacional que havia permanecido intocado por tanto tempo?

Não, não foi *apenas* tudo isso, mas talvez sobretudo isso, por meio de tudo aquilo, a semântica conceitual e, poderíamos dizer, o aparato hermenêutico que poderiam ter permitido que víssemos que 11 de setembro estava vindo, para compreender, interpretar, descrever, falar a respeito e nomear "11 de setembro" — e, ao fazê-lo, neutralizar o traumatismo e aceitar o inevitável com um "trabalho de luto". O que estou sugerindo aqui poderia parecer abstrato e exageradamente condicionado ao que parece ser uma simples atividade conceitual ou discursiva, uma questão de conhecimento; é como se eu estivesse de fato contente em dizer que o terrível em relação a "11 de setembro", o que permanece "infinito" nessa ferida, é que nós não *sabemos* o que ela é, e portanto não sabemos como descrevê-la, identificá-la ou sequer nomeá-la. E é isso, de fato, o que estou dizendo. Mas a fim de mostrar que esse horizonte de não-conhecimento, esse não-horizonte de conhecimento (a impotência de compreender, reconhecer, conhecer, identificar, nomear, descrever, prever) é tudo, menos abstrato e idealista, necessito dizer mais. E precisamente, de uma maneira mais concreta.

Farei isso em *três momentos*, duas vezes em referência ao que foi chamado de "Guerra Fria", o "fim da Guerra Fria" ou o "equilíbrio do terror". Os três momentos ou séries de argumentos fazem todos apelo à mesma lógica. A mesma lógica que em outra parte propus que esticássemos indefinidamente, na forma de uma lei implacável, aquela que regula todo *processo auto-imunitário*.[7] Como sabemos, um processo auto-imunitário é aquele estranho comportamento pelo qual um ser vivo, de maneira quase suicida, trabalha "por si mesmo" para destruir sua própria proteção, para se imunizar contra sua "própria" imunidade.

1. Primeiro momento, primeira auto-imunidade. Reflexo e reflexão. A Guerra Fria na cabeça

Bem além dos Estados Unidos, o mundo inteiro sente-se obscuramente afetado por uma transgressão que não é apresentada apenas como uma violação sem precedente na história (a primeira violação do território nacional dos Estados Unidos, ou pelo menos este é o fantasma que tem prevalecido por tanto tempo), mas como uma transgressão de um novo *tipo*. Mas de que *tipo*? Antes de responder à pergunta, deixe-me lembrar uma vez mais o óbvio: a transgressão viola o território de um país que, mesmo aos olhos dos inimigos, e especialmente desde o chamado "fim da Guerra Fria", desempenha um papel virtualmente soberano entre os estados soberanos; desincumbe-se assim do papel de garantidor ou guardião da ordem mundial como um todo, aquele de quem, em princípio e em última instância, se espera que assegure o crédito em geral, crédito no sentido de transações financeiras, mas também o crédito concedido a línguas, leis, transações políticas ou diplomáticas. Os Estados Unidos detêm este crédito, do qual todo mundo — inclusive aqueles que estão tentando arruiná-lo — sente necessidade e que aparece não só em sua riqueza, no poder tecnocientífico e militar, mas também, ao mesmo tempo, no seu papel como árbitro em todos os conflitos, na sua presença dominante no Conselho de Segurança da ONU e em tantas outras instituições internacionais. Mesmo quando — e com impunidade — eles não respeitam o espírito ou a letra dessas instituições e de suas resoluções. Os Estados Unidos detêm o poder de acreditar, diante do mundo, uma certa auto-representação: eles representam a suposta unidade final de força e lei, da maior força e do discurso da lei.

Mas aqui está o primeiro sintoma da auto-imunidade suicida: não só o território, isto é, a figura literal da fundação ou do fundamento dessa "força de lei", é *visto* como *exposto* à agressão, mas a agressão da qual é o *objeto* (o *objeto exposto* precisamente à violência, mas também, "em um laço",[8] às suas próprias câmeras segundo seus próprios interesses) vem *como se fosse de dentro*, de forças que estão aparentemente sem qualquer força própria, mas que são capazes de encontrar os meios, por ardil e pela implementação de conhecimentos *high-tech*, para ter acesso a uma arma americana em uma cidade americana, no espaço de um aeroporto americano. Imigrados treinados, preparados para o seu ato nos Estados Unidos pelos Estados Unidos, esses *seqüestradores* incorporam, por assim dizer, dois suicídios em um: o seu próprio (e estaremos para sempre indefesos em face de uma agressão suicida auto-imunitária, e é isso o que mais aterroriza), mas também o suicídio daqueles que os acolheram, armaram e treinaram. Pois não vamos esquecer que os Estados Unidos tinham com efeito preparado o caminho para as forças do "adversário" e consolidado as forças dele, treinando pessoas como "bin Laden", que seriam aqui o exemplo mais notável; e, antes de tudo, criado as circunstâncias político-militares que favoreceriam a emergência dessas pessoas e sua mudança de lealdade (por exemplo, a aliança com a Arábia Saudita e outros países árabes muçulmanos na guerra contra a União Soviética ou a Rússia no Afeganistão, embora pudéssemos multiplicar interminavelmente os exemplos desses paradoxos suicidas).

Duplamente suicida, essa força terá sido *ajustada* com extraordinária economia (a quantidade máxima de segurança, preparação, eficiência técnica, capacidade destrutiva, com o mínimo de meios tomados de empréstimo!). Ela terá mirado e atingido o coração, ou na verdade a cabeça simbólica da ordem mundial vigente. Bem no nível da cabeça (*cap, caput, capital, Capitólio*), esse suicídio duplo terá tocado em dois lugares ao mesmo tempo simbólica e operacionalmente essenciais ao *corpus* americano: o local econômico ou "cabeça" capital do mundo capital (o World Trade Center, o próprio arquétipo do gênero, pois existem agora, com o mesmo nome, WTCs em vários lugares do mundo, como por exemplo na China) e o local estratégico, militar e administrativo da capital americana, a cabeça da representação política americana, o Pentágono, não longe do Capitólio, a sede do Congresso.

Falando aqui do Capitólio, já estou indo para o segundo aspecto do mesmo "acontecimento", ou o que poderia fazer dele um "acontecimento maior". Está de novo em questão um terror auto-imunitário; e de novo a "Guerra Fria", naquilo que chamamos um pouco rapidamente demais de seu "fim", e o que, quando visto do Capitólio, poderia ser pior do que a Guerra Fria.

2. Segundo momento, segunda auto-imunidade. Reflexo e reflexão. Pior do que a Guerra Fria

O que é um acontecimento traumático? Antes de mais nada, qualquer acontecimento digno desse nome, mesmo que seja um acontecimento "feliz", possui dentro de si algo que é traumático. Um acontecimento sempre provoca uma ferida no curso cotidiano da história, na repetição e antecipação comum de toda experiência. Um acontecimento traumático é marcado não só como um acontecimento pela memória, ainda que inconsciente, do que aconteceu. Ao dizer isso, eu pareço estar indo contra o óbvio, a saber, que o acontecimento está ligado à presença ou ao passado, à ocorrência do que aconteceu de uma vez por todas, de maneira inegável, de modo que a compulsão à repetição que poderia se seguir nada mais faria senão reproduzir o que já aconteceu ou foi produzido. No entanto, acredito que precisamos complicar esse esquema (ainda que ele não seja completamente falso); precisamos questionar sua "crono-logia", isto é, o pensamento e a ordem de temporalização que ele parece implicar. Precisamos repensar a temporalização de um traumatismo se quisermos compreender de que maneira "11 de setembro" *parece* ser um "acontecimento maior". Pois a ferida continua aberta por nosso terror diante do *futuro*, e não só do passado. (A senhora mesma, na verdade, definiu o acontecimento em relação ao futuro na sua pergunta; já estava antecipando, ao falar de "um dos acontecimentos históricos mais importantes que *iremos* testemunhar em nossa vida".) A provação do acontecimento não tem como seu correlato trágico o que está atualmente ocorrendo ou o que aconteceu no passado, mas os sinais precursores do que ameaça acontecer. É o futuro que determina a inapropriabilidade do acontecimento, e não o presente ou o passado. Ou, pelo menos, se é o presente ou o passado, é apenas à proporção que carrega no seu corpo o sinal terrível do que poderia ter acontecido ou talvez irá acontecer, e que será *pior do que qualquer coisa que já tenha acontecido*.

Deixe-me esclarecer. Estamos falando de um trauma e, portanto, de um acontecimento cuja temporalidade não procede do agora que está presente, nem do presente que é passado, mas de um im-presentável por vir (*à venir*). Uma arma fere e deixa para sempre aberta uma cicatriz inconsciente; mas essa arma é aterrorizante porque ela vem do porvir, do futuro, um futuro tão radicalmente por vir que resiste até mesmo à gramática do futuro do pretérito. Imagine que tivessem dito aos americanos e, por meio deles, ao mundo inteiro: o que acabou de acontecer, a destruição espetacular de duas torres, as mortes teatrais mas invisíveis de milhares de pessoas em apenas poucos segundos, é uma coisa terrível, um crime horrendo, uma dor sem medida, mas tudo acabou, não vai acontecer de novo, nunca haverá novamente algo tão terrível ou mais terrível do que isso. Suponho que lamentar os mortos teria sido possível em um período de tempo relativamente curto. Se, para nossa tristeza ou deleite, as coisas tivessem voltado muito rapidamente ao seu curso normal na história comum. Teríamos falado do trabalho de luto e virado a página, como ocorre tão freqüentemente, e isso é possível, com maior facilidade, quando se trata de coisas que acontecem em outra parte, longe da Europa e das Américas. Mas não foi isso de modo algum o que aconteceu. Existe traumatismo sem qualquer trabalho de luto quando o mal vem da possibilidade de acontecer o pior, da repetição por vir — embora ainda pior. O traumatismo é produzido pelo *futuro*, pelo *porvir*, pela ameaça do pior que está *por vir*, mais do que por uma agressão que "acabou e já se foi".[9] O que aconteceu, embora não tenha sido dito com a clareza necessária — e por boa razão —, é que, para o futuro e para sempre, a ameaça indicada por esses sinais poderia ser pior do que qualquer outra, pior ainda — e vamos explicar por quê — do que a ameaça que organizou a chamada "Guerra Fria". A ameaça de um ataque *químico*, sem dúvida, ou de um ataque *bacteriológico* (lembre-se de que nas semanas imediatamente seguintes a 11 de setembro pensou-se que estava de fato acontecendo), mas especialmente a ameaça de um ataque *nuclear*. Embora bem pouco tenha sido dito a esse respeito, os responsáveis no governo e no Congresso rapidamente tomaram as medidas necessárias para garantir que um Estado constitucional pudesse sobreviver a um ataque *nuclear* contra Washington, o chefe de Estado e o Congresso (o Pentágono, a Casa Branca e o prédio do Capitólio). Certos deputados do Congresso deram esse fato a conhecer durante um debate público televisionado, a que tive oportunidade de assistir: a partir de agora os *chefes* (*cabeças*) de Estado (presidente, vice-presidente, membros do gabinete e do Congresso) não mais ficarão juntos no mesmo local na mesma hora, como costumava acontecer, por exemplo, durante o discurso sobre o Estado da União. Isso sugere que o "acontecimento maior" de "11 de setembro" não consistiu em uma agressão passada, mas uma agressão que ainda está presente e é eficaz. X terá ficado traumatizado (X? Quem ou o que é X? Nada menos do que o "mundo", bem além dos Estados Unidos, ou, em todo caso, a possibilidade do "mundo"), mas traumatizado não no presente ou pela lembrança do que terá sido um passado presente. Não, traumatizado pelo inapresentável futuro, pela possível ameaça de uma agressão capaz de um dia golpear — pois nunca sabemos — a *cabeça* do Estado-nação soberano por excelência.

Por que a ameaça é sinalizada pelo "fim da Guerra Fria"? Por que é pior do que a própria "Guerra Fria"? Como a formação das redes terroristas árabes muçulmanas equipadas e treinadas durante a Guerra Fria, a ameaça representa a conseqüência residual *tanto* da Guerra Fria *como* da transição para além da Guerra Fria. Por um lado, por causa da agora incontrolável proliferação da capacidade nuclear, é difícil medir os graus e as formas dessa força, assim como é difícil delimitar a responsabilidade pela proliferação, detalhe que não podemos examinar agora. Por outro lado, e aqui tocamos no que é pior do que a Guerra Fria, não pode mais existir um equilíbrio de terror, pois não há mais um duelo ou empate entre dois estados poderosos (EUA e URSS) envolvidos em um jogo teórico no qual ambos são capazes de neutralizar o poder nuclear do outro por meio de uma avaliação recíproca e organizada dos respectivos riscos. A partir de agora, a ameaça nuclear, a ameaça "total", não vem mais de um Estado, mas de forças anônimas que são absolutamente imprevisíveis e incalculáveis. E como a ameaça absoluta terá sido encoberta pelo final da Guerra Fria e pela "vitória" do lado liderado pelos Estados Unidos, uma vez que ela ameaça o que supostamente sustentaria a ordem mundial, a própria possibilidade de um mundo e de um esforço qualquer de âmbito mundial [*mondialisation*] (lei internacional, mercado mundial, língua universal e assim por diante), o que está portanto em risco sob a *aterrorizante* lógica auto-imunitária é nada menos do que a existência do mundo, do próprio âmbito mundial. Não existe mais qualquer limite para a ameaça que imediatamente busca seus antecedentes ou seus recursos na longa história da Guerra Fria; e, no entanto, parece infinitamente mais perigosa, assustadora, aterrorizante do que a Guerra Fria. Existem de fato incontáveis sinais de que a ameaça está acelerando e confirmando o fim da Guerra Fria, apressando a pelo menos aparente reconciliação de dois inimigos igualmente assustados. Quando Bush e seus companheiros culpam "o eixo do mal", deveríamos ao mesmo tempo sorrir e denunciar as conotações religiosas, os estratagemas infantis, as mistificações obscurantistas dessa retórica inflada. E, no entanto, existe de fato, e de todo canto, um "mal" cuja ameaça, cuja sombra, está se espalhando. Mal absoluto, ameaça absoluta, porque o que está em jogo é nada menos do que a *mondialisation*, ou o movimento universal do mundo, da vida na Terra e em outras partes, sem sobras.

Mas — e aqui está outro paradoxo —, ainda que esta seja de fato a origem do "terror" que os "terrorismos" estão pondo em prática; ainda que este terror seja o pior de todos; ainda que toque no inconsciente geopolítico de cada ser vivo e deixe ali traços indeléveis; ainda que isso seja o que estamos tentando definir quando falamos, como a senhora acabou de fazer, e como é feito tão freqüentemente, de "11 de setembro" como um "acontecimento maior", porque é o primeiro sinal (consciente-inconsciente) do terror absoluto; ao mesmo tempo, por causa da invisibilidade anônima do inimigo; pela origem indeterminada do terror; porque não podemos colocar um rosto nesse terror (indivíduo ou Estado); porque não sabemos o que é um acontecimento *do* inconsciente ou *para* o inconsciente (embora devamos de qualquer modo levar isso em conta), o pior pode simultaneamente parecer insubstancial, fugaz, leve e, desse modo, parecer negado, reprimido, até mesmo esquecido, relegado a ser apenas um acontecimento entre outros, *um* dos "acontecimentos maiores", se quiser, em uma longa cadeia de acontecimentos passados e futuros. No entanto, todos esses esforços para atenuar ou neutralizar o efeito do traumatismo (negar, reprimir, esquecer, ou superar) não passam de tentativas desesperadas de muitos movimentos auto-imunitários que produzem, inventam e alimentam a própria monstruosidade que alegam superar.

O que nunca se deixará esquecer é, assim, o efeito perverso da auto-imunidade em si. Pois sabemos agora que a repressão, tanto no seu sentido psicanalítico quanto no político — seja através da polícia, dos militares ou da economia —, acaba produzindo, reproduzindo e regenerando justamente a coisa que pretende desarmar.

3. Terceiro momento, terceira auto-imunidade. Reflexo e reflexão. O círculo vicioso da repressão

Não se pode dizer que a humanidade esteja indefesa contra a ameaça desse mal. Mas devemos reconhecer que as defesas e todas as formas do que é chamado, com duas palavras igualmente problemáticas, a "guerra contra o terrorismo"[10] trabalham para regenerar a curto ou longo prazo as causas do mal que alegam erradicar. Se estamos falando do Iraque, do Afeganistão ou até mesmo da Palestina, as "bombas" jamais serão "inteligentes" o bastante para impedir que as vítimas (militares e/ou civis, outra distinção que se tornou cada vez menos confiável) reajam pessoalmente ou por procuração com aquilo que para elas será então fácil apresentar como retaliações legítimas ou contraterrorismo. E assim por diante, *ad infinitum*...

Em nome da clareza, e porque a análise assim o exigia, fiz a distinção entre três terrores auto-imunitários. Mas na realidade as três fontes de terror não podem ser distinguidas; elas se alimentam e determinam umas às outras. São no fundo o mesmo, na "realidade" da percepção e especialmente no inconsciente — que não é a menos real das realidades.

GB: Seja ou não um acontecimento de importância maior, que papel pode ter 11 de setembro para a filosofia? Pode a filosofia ajudar a entender o que aconteceu?

JD: Tal "acontecimento" seguramente pede uma resposta filosófica. Melhor, uma resposta que coloque em questão, no seu nível mais fundamental, as mais arraigadas pressuposições conceituais do discurso filosófico. Os conceitos com os quais o evento foi mais freqüentemente descrito, nomeado e classificado são os produtos de um "cochilo dogmático" do qual somente uma nova reflexão filosófica pode nos despertar, uma reflexão *sobre* a filosofia, principalmente sobre a filosofia política e sua herança. O discurso vigente, aquele da mídia e da retórica oficial, repousa prontamente demais sobre conceitos acatados como "guerra" ou "terrorismo" (nacional ou internacional).

Uma leitura *crítica* de Schmitt, por exemplo, se mostraria muito útil. Por um lado, seguindo Schmitt o mais próximo possível na distinção que ele fez da guerra clássica (uma confrontação direta entre dois estados inimigos, segundo a longa tradição da lei européia), da "guerra civil" e da "guerra de guerrilha" (em suas formas modernas, embora ela apareça, Schmitt reconhece, já desde o início do século XIX). Mas, por outro lado, teríamos de reconhecer também, *contra* Schmitt, que a violência que agora foi desencadeada não é o resultado da "guerra" (a expressão "guerra contra o terrorismo" sendo uma das mais confusas, e devemos analisar a confusão e os interesses a que tal abuso de retórica na verdade serve). Bush fala de "guerra", mas ele é de fato incapaz de identificar o inimigo contra o qual declara que declarou guerra. Já foi dito à exaustão que nem a população civil do Afeganistão nem seus exércitos são inimigos dos Estados Unidos. Presumindo que "bin Laden" é aqui o soberano responsável por decisões, todo mundo sabe que ele não é afegão, que foi repudiado por seu próprio país (por todo "país" e Estado de fato quase sem exceção), que seu treinamento deve muito aos Estados Unidos e que, naturalmente, ele não está sozinho. Os estados que o ajudam indiretamente não o fazem como estados. Nenhum Estado como tal apóia-o publicamente. Quanto aos estados que "abrigam" redes terroristas, é difícil identificá-los como tal. Os Estados Unidos e a Europa, Londres e Berlim são também santuários, locais de treinamento ou formação e informação para todos os "terroristas" do mundo. Nenhuma geografia, nenhuma determinação territorial é ainda apropriada para localizar a sede dessas novas tecnologias de transmissão ou agressão. Para dizer tudo de modo rápido demais e de passagem, amplificar e esclarecer só um pouquinho do que eu disse antes sobre uma ameaça absoluta cuja origem é anônima e não relacionada a qualquer Estado, tais ataques "terroristas" já não precisam mais de aviões, bombas ou camicases: é suficiente infiltrar-se em um sistema de computadores estrategicamente importante e introduzir um vírus ou qualquer outro elemento disruptivo para paralisar os recursos econômicos, militares e políticos de um país ou de um continente inteiro. E isso pode ser tentado simplesmente de qualquer ponto da Terra, com uma despesa muito pequena e recursos mínimos. A relação entre Terra, *terra*, território e terror mudou, e é necessário saber que isso ocorreu por causa do conhecimento, isto é, por causa da tecnociência. É a tecnociência que empalidece a distinção entre guerra e terrorismo. Nesse sentido, quando comparado com as possibilidades de destruição e a desordem caótica que estão *em reserva* para o futuro nas redes computadorizadas do mundo, "11 de setembro" ainda é parte do arcaico teatro da violência destinado a chocar a imaginação. Seremos capazes de fazer coisa muito pior amanhã, invisíveis, em silêncio, mais rapidamente e sem qualquer derramamento de sangue, atacando as redes de computadores e de informação das quais a vida inteira (social, econômica, militar etc.) de uma "grande nação", da maior potência sobre a terra, depende. Um dia pode-se até dizer: "11 de setembro" — aqueles foram os (bons) velhos tempos da última guerra. As coisas ainda estavam na ordem do gigantesco: visíveis e enormes! Que tamanho, que altura! Aconteceu o pior desde então. As nanotecnologias de todos os tipos são muito mais poderosas e invisíveis, incontroláveis, capazes de se insinuar por toda parte. São os rivais micrológicos de micróbios e bactérias. No entanto, nosso inconsciente já está ciente disso; ele já sabe, e isso é assustador.

Se essa violência não é uma guerra entre estados, não é também uma "guerra civil", ou uma "guerra de guerrilha", no sentido de Schmitt, à medida que não envolve, como a maioria desses tipos de guerra, uma insurreição nacional ou um movimento de libertação destinado a tomar o poder no território de um Estado-nação (ainda que um dos objetivos, secundário ou primário, da rede de "bin Laden" seja desestabilizar a Arábia Saudita, um aliado ambíguo dos Estados

Unidos, e colocar um novo Estado no poder em seu lugar). Ainda que insistíssemos aqui em falar de "terrorismo", esse nome agora abarca um novo conceito e outras distinções.

GB: O senhor acha que essas distinções podem ser seguramente traçadas?

JD: Isso está mais difícil do que nunca. Se não devemos confiar cegamente na linguagem vigente, que permanece a maioria das vezes subserviente à retórica da mídia e à zombaria dos poderes políticos, precisamos ser muito cuidadosos ao usar o termo "terrorismo", especialmente "terrorismo internacional". Em primeiro lugar, o que é o terror? O que o distingue do medo, da ansiedade e do pânico? Quando sugeri antes que o acontecimento de 11 de setembro era "maior" apenas em razão de que o traumatismo que ele impôs sobre a consciência e o inconsciente não teve a ver com o que aconteceu, mas com a ameaça indeterminada de um futuro mais perigoso do que a Guerra Fria, estaria eu falando de medo, pânico ou ansiedade? Como pode um terror que é organizado, provocado e instrumentalizado diferir daquele *medo* que uma tradição inteira, de Hobbes a Schmitt, e até a Benjamin, considera a condição mesma da autoridade da lei e do exercício soberano do poder, a condição mesma da política e do Estado? Em *Leviatã*, Hobbes fala não só de "medo", mas de "terror".[11] Benjamin fala de como o Estado tende a se apropriar, precisamente pela ameaça, do monopólio da violência (*Crítica da violência*).[12] Sem dúvida pode-se dizer que nem toda experiência de terror é necessariamente o efeito de algum terrorismo. Com certeza, mas a história política da palavra "terrorismo" deriva em grande parte de uma referência ao reinado do Terror durante a Revolução Francesa, um terror conduzido em nome do Estado e que de fato pressupunha um monopólio legal da violência. E o que encontramos nas definições correntes ou definições explicitamente legais de terrorismo? Em cada caso, uma referência a um crime contra a vida humana, e a violação de leis nacionais ou internacionais acarretam imediatamente a distinção entre civil e militar (as vítimas do terrorismo seriam supostamente civis) e um objetivo político (influenciar ou mudar a política de um país aterrorizando sua população civil). As definições não incluem portanto o "terrorismo de Estado". Todo terrorista no mundo alega que está reagindo em legítima defesa a um terrorismo anterior da parte do Estado, um terrorismo que simplesmente assumiu outros nomes e se acobertou com todo tipo de justificações mais ou menos críveis. São conhecidas as acusações, por exemplo, dirigidas especialmente contra os Estados Unidos, suspeitos de praticarem ou encorajarem o terrorismo de Estado.[13] Além do mais, mesmo durante as guerras declaradas entre estados, de acordo com a longa tradição da lei européia, freqüentemente ocorriam excessos terroristas. Bem antes das maciças campanhas de bombardeio das duas últimas guerras mundiais, a intimidação das populações civis era um recurso muito comum. E durante séculos.

Uma palavra deve também ser dita sobre a expressão "terrorismo internacional", que se tornou obrigatória no discurso político oficial pelo mundo afora. Está sendo usada também em inúmeras condenações oficiais por parte das Nações Unidas. Depois de 11 de setembro, uma avassaladora maioria de estados representados na ONU (talvez tenha sido até unânime, preciso verificar) condenou, como tem acontecido mais de uma vez nas últimas décadas, o que ela chama de "terrorismo internacional". Durante uma sessão televisionada da ONU, o secretário-geral Kofi Annan teve de lembrar de passagem alguns dos debates anteriores. Pois justamente quando se preparavam para condenar o "terrorismo internacional", certos estados expressaram reservas sobre a clareza do conceito e dos critérios usados para identificá-lo. Como ocorre com muitas outras noções jurídicas cruciais, o que permanece obscuro, dogmático ou pré-crítico não impede essas potências, as chamadas potências legítimas, de fazer uso das mesmas noções quando lhes parece oportuno. Ao contrário, quanto mais confuso o conceito, mais ele se presta a uma apropriação oportunista. Foi assim que, depois de algumas decisões apressadas, sem qualquer debate filosófico sobre o assunto do "terrorismo internacional" e sua condenação, que a ONU autorizou os Estados Unidos a usarem *qualquer* meio julgado necessário e apropriado pelo governo norte-americano para se proteger desse chamado "terrorismo internacional".

Sem voltar muito atrás no tempo, sem sequer lembrar, como é feito com freqüência nestes dias, e acertadamente, que os terroristas poderiam ser enaltecidos como combatentes da liberdade em um contexto (por exemplo, na luta contra a ocupação soviética do Afeganistão) e denunciados como terroristas em outro contexto (e, nos dias de hoje, são geralmente os mesmos combatentes, usando as mesmas armas), não vamos esquecer a dificuldade que teríamos em decidir entre terrorismo "nacional" e "internacional" nos casos da Argélia, da Irlanda do Norte, da Córsega, de Israel ou da Palestina. Ninguém pode negar que houve terrorismo de Estado durante a repressão francesa na Argélia de 1954 a 1962. O terrorismo praticado pela rebelião argelina foi por muito tempo considerado um fenômeno doméstico, à medida que a Argélia era tida como parte integrante do território nacional francês, e o terrorismo francês da época (praticado pelo Estado) era apresentado como uma operação policial em defesa da segurança interna. Somente nos anos 90, décadas depois, foi que o Parlamento francês retrospectivamente conferiu o status de "guerra" (e portanto o status de um confronto *internacional*) àquele conflito, a fim de poder pagar as pensões dos "veteranos", que as reivindicavam. E o que foi que essa lei revelou? Que era necessário — e que nós éramos capazes de fazer isso — mudar todos os nomes previamente usados para qualificar o que fora antes de forma tão modesta chamado, na Argélia, precisamente de "os acontecimentos" (a incapacidade, uma vez mais, de a opinião pública popular nomear a "coisa" de modo adequado). Repressão armada ou operação policial interna, o terrorismo de Estado subitamente tornou-se uma "guerra". Por outro lado, os terroristas eram considerados, e a partir de agora são considerados em grande parte do mundo, combatentes da liberdade e heróis da independência nacional. Quanto ao terrorismo dos grupos armados que ajudaram a forçar a fundação e o reconhecimento do Estado de Israel, aquilo foi nacional ou internacional? E quanto aos diferentes grupos de terroristas palestinos hoje? E os irlandeses? E os afegãos que lutaram contra a União Soviética? E os chechenos? Em que ponto um terrorismo deixa de ser denunciado como tal para ser saudado como o único recurso que restou em uma luta legítima? E quanto ao inverso? Onde traçamos a linha que divide o nacional do internacional, a polícia do exército, uma intervenção para "manter a paz" e a guerra, o terrorismo e a guerra, civil e militar, em um território e dentro das estruturas que asseguram a capacidade defensiva ou ofensiva de uma "sociedade"? Eu digo simplesmente "sociedade" aqui porque existem casos em que uma entidade política menos orgânica e organizada não é um Estado nem uma entidade completamente não-Estado, mas virtualmente um Estado: basta olhar para o que se chama hoje Palestina ou Autoridade Palestina.

Instabilidade semântica, pólos de problemas irredutíveis nas fronteiras entre conceitos, indecisão no próprio conceito de fronteira: tudo isso deve ser analisado, não apenas como uma desordem especulativa, um caos conceitual ou uma zona de turbulência passageira na linguagem pública ou política. Precisamos também reconhecer aqui estratégias e relações de força. O poder dominante é aquele que consegue impor e assim legitimar, na verdade até legalizar (pois se trata sempre de uma questão de lei), em um palco nacional ou mundial, a terminologia e a interpretação que mais lhe convém em uma determinada situação. Foi assim no curso de uma longa e complicada história que os Estados Unidos conseguiram atingir um consenso intergovernamental na América do Sul, para oficialmente chamar de "terrorismo" qualquer resistência política organizada aos poderes estabelecidos — na verdade aqueles que foram estabelecidos no poder —, de modo que uma coalizão armada pudesse então ser convocada para combater o chamado "terrorismo". Isso para que os Estados Unidos pudessem, sem remorso, delegar responsabilidade aos governos sul-americanos e evitar a acusação muito legítima de intervencionismo violento.

Mas, em vez de continuar nessa direção, multiplicando exemplos, vou preferir sublinhar uma vez mais a novidade que torna tão urgente uma refundação, se ainda podemos falar nisso, do jurídico-político e uma mutação conceitual, ao mesmo tempo semântica, léxica e retórica. Vamos observar de novo muitos dos fenômenos que algumas pessoas estão tentando interpretar como atos "terroristas" (nacionais ou internacionais), atos de guerra, ou intervenções para manter a paz. Esses atos não visam mais a conquistar ou libertar um território e fundar um Estado-nação. Ninguém aspira mais a isso, nem os Estados Unidos ou os (prósperos) chamados estados do norte, que não exercem mais sua hegemonia pelo modelo colonial ou imperial de ocupar um território, nem os países antigamente submetidos a esse colonialismo ou imperialismo. A oposição "terrorista/combatente da liberdade" também pertence às categorias do passado. Mesmo quando existe "terrorismo de Estado", não se trata mais de uma questão de ocupar um território, mas de garantir algum poder tecnoeconômico ou o controle político que só tem uma necessidade mínima de território. Se as reservas de petróleo estão entre os raros territórios que ainda permanecem os últimos locais terrestres não-virtualizáveis, podemos simplesmente assegurar os direitos de instalar um oleoduto. Embora seja também verdade que, no momento, toda a estrutura tecnoindustrial dos países hegemônicos depende desses recursos, por mais complexa e sobredeterminada que ela seja, a possibilidade de tudo o que acabamos de falar permanece baseada, por assim dizer, nesses lugares insubstituíveis, nos territórios não-desterritorializáveis. Tais territórios continuam a pertencer, por lei, na tradição ainda sólida da legislação internacional, a Estados-nações soberanos.

GB: O que o senhor está sugerindo exige mudanças profundas no nível das instituições internacionais e da legislação internacional.

JD: Tal mutação *terá de* acontecer. Mas é impossível predizer qual a velocidade. Em todas as transformações que estamos discutindo, o que permanece incalculável é antes de mais nada a velocidade ou o ritmo, o tempo de aceleração e a aceleração do tempo. E isso por motivos essenciais, que têm a ver com a própria velocidade dos avanços tecnocientíficos ou as alternâncias de velocidade, assim como as alternâncias de tamanho e escala que as nanotecnologias introduziram em nossas avaliações e medidas. Tais mudanças radicais na legislação internacional são necessárias, mas poderiam ocorrer em uma geração ou em 20. Quem pode dizer? Embora eu seja incapaz de saber quem hoje merece o nome de filósofo (simplesmente não aceitaria certos critérios profissionais ou organizacionais), sentiria a tentação de chamar de filósofos aqueles que no futuro refletirem de um modo responsável sobre essas questões e exigirem uma prestação de contas por parte daqueles encarregados do discurso público, dos responsáveis pela linguagem e pelas instituições da legislação internacional. Um "filósofo" (na verdade eu preferiria dizer "filósofo-desconstrutor") seria alguém que analisasse e então extraísse as conseqüências efetivas da relação entre nossa herança filosófica e a estrutura do ainda dominante sistema jurídico-político que está tão claramente passando por uma mutação. Um "filósofo" seria aquele que buscasse uma nova lógica de critérios para distinguir entre "compreender" e "justificar". Pois podemos descrever, compreender e explicar uma certa cadeia de acontecimentos ou série de associações que levam à "guerra" ou ao "terrorismo", sem os justificar de modo algum, enquanto na verdade os condenamos e tentamos inventar outras combinações. Podemos condenar incondicionalmente certos atos de terrorismo (sejam eles de Estado ou não), sem ter de ignorar a situação que poderia provocá-los ou até mesmo legitimá-los. Para fornecer exemplos seria necessário realizar longas análises, a princípio análises intermináveis. Podemos assim condenar *incondicionalmente*, como faço aqui, o ataque de 11 de setembro, sem ter de ignorar as condições reais ou alegadas que o tornaram possível. Qualquer pessoa no mundo que organizou ou tentou justificar o ataque viu-o como uma resposta ao Estado de terrorismo dos Estados Unidos e seus aliados. Este foi o caso, por exemplo — e cito isto apenas como um exemplo — no Oriente Médio, embora Yasir Arafat também condenasse "11 de setembro" e recusasse a bin Laden o direito de falar em nome do povo palestino.

GB: Se a distinção entre guerra e terrorismo é problemática, e aceitamos a noção de terrorismo de Estado, então ainda persiste a pergunta: quem é mais terrorista?

JD: *Mais* terrorista? Esta pergunta é ao mesmo tempo necessária e destinada a permanecer sem resposta. Necessária porque leva em conta um fato essencial: todo terrorismo *apresenta-se* como uma reação em uma situação que continua a progredir em escala. Corresponde a dizer: "Estou recorrendo ao terrorismo como um último recurso, porque o outro é mais terrorista do que eu; estou me defendendo, contra-atacando; o terrorista real, o pior, é aquele que me privou de todo outro meio de reagir antes de se apresentar, o primeiro agressor, como uma vítima." É assim que os Estados Unidos, Israel, os países ricos e potências coloniais ou imperialistas são acusados de praticar terrorismo de Estado e, desse modo, de serem "mais terroristas" do que os terroristas dos quais se dizem vítimas. Este é um padrão bem conhecido, portanto, não vou me deter sobre ele. Mas é difícil descartá-lo pura e simplesmente, ainda que às vezes seja aplicado de maneira simplista e abusiva. No entanto, a pergunta que a senhora faz, aquela de "mais ou menos" em termos de terrorismo, não deveria também ser resolvida por uma lógica pura e objetivamente *quantitativa*. Pois a pergunta não pode dar ensejo a uma avaliação formal. Atos "terroristas" tentam produzir efeitos psíquicos (conscientes ou inconscientes) e reações simbólicas ou sintomáticas que poderiam provocar inúmeros desvios, na verdade um número incalculável deles. A *qualidade* ou *intensidade* das emoções provocadas (sejam conscientes ou inconscientes) nem sempre é proporcional ao número de vítimas ou ao montante do prejuízo. Em situações e culturas nas quais a mídia não espetaculariza o acontecimento, a matança de milhares de pessoas em um período de tempo muito curto poderia provocar efeitos psíquicos e políticos menores do que o assassinato de um único indivíduo em outro país, cultura ou Estado-nação com recursos de mídia altamente desenvolvidos. E o terrorismo tem de trabalhar exclusivamente com a morte? Não é possível aterrorizar sem matar? E matar significa necessariamente "deixar morrer"? Não é possível que "deixar morrer", "não querer saber se outros são deixados à morte" — centenas de milhões de seres humanos, de fome, Aids, falta de tratamento médico etc. —, também constitua parte de uma estratégia terrorista "mais ou menos" consciente e deliberada? Estamos talvez errados ao supor tão apressadamente que todo terrorismo é voluntário, consciente, organizado, deliberado, intencionalmente calculado; existem "situações" históricas e políticas em que o terror opera, por assim dizer, como se por conta própria, como simples resultado de algum aparato, graças às relações de força em jogo, sem que ninguém, nenhum sujeito consciente, nenhuma pessoa, nenhum "eu", tenha realmente consciência disso ou se sinta responsável. Todas as situações de opressão estrutural social ou nacional produzem um terror que não é natural (à medida que é organizado, institucional), e todas essas situações dependem desse terror, sem que aqueles que dele se beneficiam cheguem jamais a organizar atos terroristas ou a serem tratados como terroristas. O significado estrito, por demais estrito, dado comumente hoje à palavra "terrorismo" circula de várias maneiras no discurso que domina o espaço público, antes de tudo por intermédio do poder tecnoeconômico da mídia. O que teria sido "11 de setembro" sem a televisão? A pergunta já foi feita e bem explorada, portanto não vou insistir nela. Mas devemos lembrar que a cobertura máxima da mídia funcionou no interesse *comum* dos perpetradores de "11 de setembro", os terroristas e aqueles que, em nome das vítimas, quiseram declarar "guerra ao terrorismo". Entre as duas partes, a cobertura da mídia foi, como o bom senso de que fala Descartes, a coisa mais amplamente compartilhada no mundo. Mais do que a destruição das Torres Gêmeas ou o ataque ao Pentágono, mais do que a matança de milhares de pessoas, o "terror" real consistiu — e de fato começou a expor e a explorar, uma vez exposto e explorado — na imagem do terror pelo alvo em si. O alvo (os Estados Unidos, digamos, e quem quer que os apóie ou seja seu aliado no mundo, e isso quase não conhece limites hoje em dia) teve como seu próprio *interesse* (o *mesmo* interesse que partilha com seus inimigos jurados) expor sua vulnerabilidade, dar a maior cobertura possível à agressão da qual se deseja proteger. Esta é mais uma vez a mesma perversão auto-imunitária. Ou talvez fosse melhor dizer "perversibilidade", para nomear uma possibilidade, um risco ou uma ameaça cuja virtualidade não assume a forma de intenção maldosa, de espírito maligno ou de vontade de fazer mal. Mas a simples virtualidade é suficiente para assustar e até aterrorizar. É a raiz não-erradicável do terror e, assim, de um terrorismo que se anuncia antes mesmo de se organizar como terrorismo. Implacável, interminavelmente.

Deixe-me acrescentar aqui um lembrete: não há nada puramente "moderno" na relação entre mídia e terror, um terrorismo que opera propagando dentro do espaço público imagens ou rumores, buscando aterrorizar a chamada população civil. Naturalmente é verdade que, com o rádio e a televisão, o que se chama de "propaganda" organizada (algo que é de fato relativamente moderno) desempenhou, no século passado e já durante a Primeira Guerra Mundial, um papel essencial na guerra "declarada". Caminhou de mãos dadas com as campanhas de bombardeio (convencionais ou atômicas) que não conseguiam diferençar entre "civis" e "militares" mais do que o podiam fazer os movimentos de "resistência" e as repressões a eles. *Já* era assim impossível distinguir rigorosamente durante as duas guerras mundiais entre guerra e terrorismo. Vejamos por exemplo o caso dos heróis da Resistência Francesa, que fizeram "guerra" mesmo depois do armistício e freqüentemente sob o nome de "França livre" de De Gaulle. Esses membros da Resistência eram tratados regularmente como "terroristas" pelos nazistas e colaboracionistas de Vichy. A acusação cessou com a libertação da França, uma vez que ela tinha sido um instrumento da propaganda nazista, mas quem podia negar que aquilo era uma mentira completa?

GB: Onde estava o senhor em 11 de setembro?

JD: Eu estava em Xangai, no final de uma longa viagem à China. Era noite lá, e o proprietário do café onde eu estava com um casal de amigos veio nos dizer que um avião havia se chocado contra as Torres Gêmeas. Corri de volta ao meu hotel, e, a partir das primeiras imagens televisionadas, aquelas da CNN, era fácil prever que aquilo iria se tornar *aos olhos* do mundo o que a senhora chamou um de "acontecimento maior", ainda que o que viesse a seguir fosse, em um certo sentido, invisível e imprevisível. Mas sentir a gravidade do acontecimento e de suas implicações "em escala mundial" era o bastante para simplesmente mobilizar algumas hipóteses políticas já testadas. Pelo que pude perceber, nos primeiros dias a China tentou circunscrever a importância do acontecimento, como se fosse um incidente mais ou menos local. Mas a informação organizada, informada pelo estado corrente das relações Estados Unidos-China (tensões diplomáticas e incidentes de vários tipos), acabou tendo de ceder a outras exigências: a CNN e outros canais da mídia internacional penetraram no espaço chinês, e a China também tem afinal o seu próprio problema "muçulmano". Tornou-se assim necessário juntar-se de certo modo à coalizão "antiterrorista". Seria necessário analisar da mesma perspectiva as motivações e os interesses por trás de todas as diferentes mudanças geopolíticas e estratégico-diplomáticas que "investiram", por assim dizer, em "11 de setembro". Por exemplo, o aquecimento nas relações entre Bush e Putin, que ficou mais à vontade na Chechênia; e a muito útil, mas muito apressada, identificação do terrorismo palestino com o terrorismo internacional, identificação que agora apela por uma reação universal. Em ambos os casos, certos partidos têm interesse em apresentar seus adversários, não só como terroristas — o que eles de fato são em certa medida —, mas *apenas* como terroristas, na verdade como "terroristas *internacionais*" que compartilham a mesma lógica, são parte da mesma rede e devem ser confrontados, alega-se, não com o contraterrorismo, mas com uma "guerra", significando, é claro, uma guerra "boa e limpa". Os "fatos" claramente mostram que essas distinções carecem de rigor, são impossíveis de manter e facilmente manipuladas para certos fins.

GB: Uma desconstrução radical da distinção entre guerra e terrorismo, bem como entre diferentes tipos de terrorismo (tais como nacional e internacional), torna muito difícil conceber a política em um sentido estratégico. Quem são os atores no palco mundial? Quantos deles existem? Não há aqui o risco de anarquia total?

JD: A palavra "anarquia" lança o risco de nos fazer abandonar rapidamente demais a análise e a interpretação do que de fato *parece* puro caos. Devemos fazer tudo o que pudermos para dar conta dessa aparência. Devemos fazer tudo para tornar a nova "desordem" tão inteligível quanto possível. A análise que esboçamos anteriormente tentava seguir nessa direção: um fim da "Guerra Fria" que deixa apenas um campo, uma coalizão de estados que alegam soberania, confrontados com organizações anônimas e não-estatais armadas e potências virtualmente nucleares. Essas potências também podem, sem armas e explosões, sem qualquer ataque pessoal, ter acesso a tecnologias de computador incrivelmente destrutivas, tecnologias capazes de realizar operações que de fato não têm nome algum (nem guerra nem terrorismo), que não são mais efetuadas em nome de um Estado-nação e cuja "causa", em todos os sentidos deste mundo, é difícil definir (existe a causa teológica, a causa étnica, a causa socioeconômica e assim por diante). De um lado está a lógica da soberania colocada em questão (soberania política ou aquela do Estado-nação, de origem ontoteológica em si, embora mais ou menos secularizada em um local, e puramente teológica e não-secularizada em outro): não do lado dos estados-nações e das grandes potências que se sentam no Conselho de Segurança, e não do outro lado, ou dos outros lados, uma vez que existe precisamente um número indeterminado deles. Todo mundo sem dúvida apontará para a legislação internacional vigente (cujas fundações permanecem, acredito, aperfeiçoáveis, passíveis de revisão, necessitadas de remodelamento, tanto conceitual como institucionalmente). Mas a legislação internacional não é respeitada em lugar algum. E assim que um partido começa a não respeitá-la, os outros não consideram mais a lei respeitável e começam a traí-la, por sua vez. Os Estados Unidos e Israel não são os únicos que se acostumaram a tomar todas as liberdades que julgam necessárias com referência às resoluções da ONU.

Para responder à sua pergunta mais especificamente, eu diria que os Estados Unidos não são talvez o alvo único, sequer o alvo central ou final da operação com a qual o nome de "bin Laden" está associado, pelo menos em metonímia. Pode ser que a idéia seja provocar uma situação militar e diplomática que desestabilize certos países árabes divididos entre uma poderosa opinião pública (que é anti-americana, se não anti-ocidental, por incontáveis razões derivadas de uma história complexa, antiga de séculos, mas então, também, no rastro de uma era de colonialismo e imperialismo, de pobreza, opressão e doutrinação ideológico-religiosa) e a necessidade de basear sua autoridade não-democrática sobre laços diplomáticos, econômicos e militares com os Estados Unidos. Em primeiro lugar na lista estaria a Arábia Saudita, que permanece o inimigo privilegiado de tudo o que possa ser representado por um "bin Laden" (um nome que uso sempre como uma sinédoque) ou um Saddam Hussein. No entanto, a Arábia Saudita (uma importante família e uma importante potência produtora de petróleo), mesmo mantendo os laços com seu "protetor", "cliente" e "patrão" norte-americano, abastece todos os viveiros do fanatismo árabe islâmico, quando não o "terrorismo" no mundo. Essa é uma das situações paradoxais, uma vez mais auto-imunitária, do que é chamado "anarquia total" dos movimentos e das mudanças nas estratégicas alianças do petróleo entre os Estados Unidos (pretensos defensores do ideal democrático, dos direitos humanos etc.) e os regimes dos quais o mínimo que se pode dizer é que não correspondem a esse modelo. Tais regimes (usei o exemplo da Arábia Saudita, embora fosse necessário falar do caso igualmente sério do Paquistão) são também os inimigos ou alvos daqueles que organizam o chamado "terrorismo internacional" contra os Estados Unidos e, pelo menos virtualmente, seus aliados. Isso gera mais de um triângulo. E, com todas as angulações entre esses triângulos, é difícil desenredar a motivação real da motivação alegada, o petróleo da religião, a política da economia ou da estratégia militar. O tipo de diatribe "bin Laden" contra o demônio americano combina temas como a perversão da fé e da descrença, a violação dos locais sagrados do islã, a presença militar próximo a Meca, o apoio de Israel e a opressão das populações árabes muçulmanas. Mas se a retórica ressoa claramente entre as populações e até mesmo na mídia do mundo árabe e muçulmano, os governos dos estados árabes muçulmanos (a maioria dos quais liga tanto para direitos humanos e democracia quanto bin Laden) são quase todos hostis em princípio, na qualidade de "governos", à rede "bin Laden" e a seu discurso. Temos assim de concluir que "bin Laden" também está trabalhando para desestabilizá-los...

GB: Qual seria o objetivo-padrão dos terroristas? Derrubar mas não assumir, desestabilizar a situação corrente?

JD: A estratégia mais comum consiste sempre em desestabilizar, não só o inimigo principal, declarado, mas também, ao mesmo tempo, em uma espécie de confrontação quase doméstica, aqueles muito mais próximos. Às vezes até mesmo nossos próprios aliados. Esta é outra conseqüência necessária do mesmo processo auto-imunitário. Em todas as guerras, em todas as guerras civis, em todas as guerras de guerrilhas ou de libertação, a escalada inevitável nos leva a confrontar nossos parceiros rivais tanto quanto nosso chamado adversário principal. Durante a Guerra da Argélia, entre 1954 e 1962, o que pareciam atos de violência "fratricida" entre diferentes forças insurrecionais se demonstravam às vezes quase tão extremos quanto aqueles entre estes grupos e as forças coloniais francesas.

Essa é ainda outra razão a mais para não se considerar tudo o que tem a ver com o islã ou com o "mundo" árabe muçulmano como um "mundo", ou pelo menos como um todo homogêneo. Querer levar em conta todas as divisões, diferenças e divergências não constitui necessariamente um ato de guerra; nem tentar fazer todo o possível para garantir que, nesse "mundo" árabe muçulmano, que não é um *mundo*, nem mesmo um mundo *uno*, certas correntes não assumam o poder, a saber, aquelas que levam ao fanatismo, a um obscurantismo armado até os dentes com tecnociência moderna, à violação de todo princípio jurídico-político, ao cruel desprezo pelos direitos humanos e pela democracia, a um desrespeito pela vida. Devemos ajudar o que é chamado islã e o que é chamado "árabe" a se livrar de tal dogmatismo violento. Devemos ajudar aqueles que estão lutando heroicamente nessa direção *do lado de dentro*, quer estejamos falando de política no sentido estrito do termo ou de uma interpretação do Corão. Quando digo que devemos fazer isso pelo que é chamado de islã e pelo que é chamado de "árabe", obviamente quero dizer que não devemos fazer menos quando se trata da Europa, das Américas, da África e da Ásia!

GB: Anteriormente o senhor enfatizou o papel essencial das organizações internacionais e a necessidade de cultivar um respeito pela lei internacional. O senhor acha que o tipo de terrorismo ligado à organização Al Qaeda e a bin Laden nutre ambições políticas internacionais?

JD: O que me parece inaceitável da "estratégia" (em termos de armas, práticas, ideologia, retórica, discurso etc.) do "efeito bin Laden" é não só a crueldade, o menosprezo pela vida humana, o desrespeito à lei, às mulheres, o uso daquilo que há de pior na modernidade tecnocapitalista para propósitos de fanatismo religioso. Não. É acima de tudo o fato de que tais ações e tal discurso *não se abrem para futuro algum e a meu ver não têm futuro*. Se devemos colocar alguma fé na perfectibilidade do espaço público e no cenário jurídico-político mundial, na palavra "mundial" em si, então me parece que não há *nada de bom* a se esperar daquele lado. O que está sendo proposto, pelo menos implicitamente, é que todas as forças capitalistas e tecnocientíficas modernas sejam postas a serviço de uma interpretação em si mesma dogmática da revelação islâmica do Uno. Nada do que foi tão laboriosamente secularizado sob as formas de "político", de "democracia", de "lei internacional" e até mesmo na forma não-teológica da soberania (supondo de novo que o valor da soberania possa ser completamente secularizado ou desteologizado, hipótese sobre a qual tenho minhas dúvidas), nada disso parece ter qualquer lugar no discurso "bin Laden". É por isso que, no desencadeamento da violência sem nome, se eu tivesse de optar entre um dos dois lados e escolher em uma situação binária, eu o faria. Apesar de minhas fortes reservas em relação à posição política americana — de fato européia — referente à coalizão "internacional antiterrorista", apesar de todas as traições *de facto*, de todos os fracassos da tentativa de viver sob a democracia, a lei internacional e as próprias instituições internacionais que os estados da "coalizão" fundaram e apoiaram até um certo ponto, eu optaria pelo campo que, em princípio, por direito de lei, deixe uma perspectiva aberta para a perfectibilidade em nome da "política", da democracia, da lei internacional, das instituições internacionais e assim por diante. Mesmo que este "em nome de" ainda seja meramente uma intenção e um compromisso puramente verbais. Mesmo que em seu aspecto mais cínico essa intenção ainda ressoe dentro de si mesma como promessa invencível. Não ouço qualquer promessa vindo de "bin Laden", pelo menos nenhuma para *este mundo*.

GB: Parece que o senhor coloca suas esperanças na autoridade da lei internacional.

JD: É verdade. Em primeiro lugar, por mais imperfeitas que possam ser, essas instituições internacionais deveriam ser respeitadas em suas deliberações e resoluções pelos estados soberanos que são seus membros e, assim, aceitaram seus preceitos. Mencionei há apenas um momento as sérias falhas de certos estados "ocidentais" em relação a tais compromissos. As falhas teriam origem em pelo menos duas séries de causas.

Primeiro, elas teriam a ver com a própria estrutura dos axiomas e princípios desses sistemas de lei e, desse modo, dos preceitos e convenções que os institucionalizam. A reflexão (do que eu chamaria um tipo desconstrutivo) deveria, parece-me, sem diminuir ou destruir os axiomas, questioná-los e refundi-los, refiná-los e universalizá-los interminavelmente, sem se deixar desencorajar pelas aporias que tal trabalho deve necessariamente encontrar.

Mas, segundo, essas falhas, no caso de estados tão poderosos como os Estados Unidos e Israel (que é apoiado pelos Estados Unidos), não estão sujeitas a sanções dissuasivas. As Nações Unidas não têm a força nem os meios para impor tais sanções. É portanto necessário fazer todo o possível (uma tarefa formidável e impressionante a muito longo prazo) para assegurar que as falhas correntes no estado atual dessas instituições sejam de fato sancionadas e na verdade desencorajadas antecipadamente por uma nova organização. Isso significaria que uma instituição como a ONU (uma vez modificada em sua estrutura e em sua carta, e estou pensando aqui particularmente no Conselho de Segurança) precisaria ter à sua disposição uma força de intervenção efetiva não mais dependente — a fim de executar as decisões de estados-nações ricos e poderosos, real ou virtualmente hegemônicos, que driblam às vezes de modo bastante cínico a lei de acordo com sua força e segundo seus interesses.

Não estou alheio ao caráter aparentemente utópico do horizonte que esboço aqui, aquele de uma instituição de lei internacional e de um tribunal de justiça internacional com sua própria força autônoma. Embora não considere a lei a última palavra em ética, política ou qualquer outra coisa, embora essa unidade de força e lei (que é exigida pelo próprio conceito de lei tão bem explicado por Kant) não seja apenas *utópica*, mas *aporética* — pois implica que, além da soberania do Estado-nação, na verdade além da soberania democrática, cujas fundações ontoteológicas devem ser desconstruídas, estaríamos ainda assim reconstituindo uma nova figura, embora não necessariamente ligada a um Estado, de soberania universal, de absoluta lei com uma força autônoma efetiva à sua disposição —, continuo a acreditar que é a fé na possibilidade dessa coisa impossível, e na verdade incapaz de se decidir do ponto de vista do conhecimento, da ciência e da consciência, que deve governar todas as nossas decisões.[14]

GB: Pode-se dizer que esse ataque terrorista foi, em um certo sentido, um ataque contra o princípio de soberania dos Estados Unidos sobre sua terra e, no entanto, também um ataque ao papel soberano que os Estados Unidos desempenham face ao mundo ocidental, ao mesmo tempo política, econômica e culturalmente. Teriam esses dois ataques desestabilizado o conceito de soberania na forma como foi desenvolvido pela modernidade ocidental?

JD: Os chamados "terroristas" não são nesse contexto "outros"; outros absolutos que nós, "ocidentais", não conseguimos mais entender. Não devemos esquecer que eles foram freqüentemente recrutados, treinados e até armados; e, por um longo tempo, de várias maneiras ocidentais, isso foi feito por um mundo ocidental que, em si, no curso de sua história antiga, bem como da mais recente, inventou a palavra, as técnicas e a "política" do "terrorismo". Em seguida temos de dividir, ou pelo menos diferençar, todos os "blocos" ou "grupos" aos quais poderíamos tentar atribuir responsabilidade por esse terrorismo. Não se trata de "árabes" em geral, nem do islã, nem do Oriente Médio árabe islâmico. Cada um desses grupos é heterogêneo, cheio de tensões, conflitos e contradições essenciais, comportando o que chamamos de processos auto-imunitários, autodestrutivos, quase suicidas. O mesmo vale para o "Ocidente". O que a meus olhos torna-se muito importante para o futuro, e voltarei ao tema mais adiante, é também uma diferença, de fato até certo ponto e dentro de certos limites, uma oposição entre os Estados Unidos (ou vamos dizer mais honestamente, para não sermos injustos com a sociedade norte-americana, o que *domina* e até *governa* os Estados Unidos) e uma certa Europa, e precisamente em relação aos problemas que estamos discutindo. Porque a "coalizão" que acabou de se formar em torno dos Estados Unidos permanece frágil e heterogênea. Ela não é apenas ocidental, e a "frente" sem frente dessa "guerra" sem guerra não coloca o Ocidente contra o Oriente, ou o Extremo Oriente (na verdade a China acabou se juntando, à sua própria maneira, à coalizão) ou o Oriente Médio, onde cada país condenou mais ou menos sinceramente o terrorismo e concordou em combatê-lo. Alguns estão fazendo isso apenas com retórica; outros estão fornecendo apoio militar e logístico. Quanto às nações européias e à Otan, seu compromisso com a chamada "coalizão" permanece muito complexo; varia de um país para outro, e a opinião pública está longe de ter sido conquistada pelas iniciativas americanas. As alterações nessas alianças, o aquecimento das relações entre a Rússia de Putin e os Estados Unidos de Bush, a solidariedade pelo menos parcial da China no mesmo embate, tudo isso está mudando a paisagem geopolítica e reforçando, embora também complicando, a posição americana, que necessita de todos esses acordos para poder agir.

O que me daria a maior esperança no rastro de todas as convulsões é uma diferença potencial entre uma nova figura de Europa e os Estados Unidos. Digo isso sem qualquer europocentrismo. É por isso que falo de uma *nova* figura da Europa. Sem renegar a própria memória, de fato lançando mão dela como recurso indispensável, a Europa poderia dar uma contribuição essencial para o futuro da lei internacional que estamos discutindo.[15] Espero que haja "na Europa" "filósofos" capazes de fazer frente à tarefa (uso aspas aqui porque esses "filósofos" da tradição européia não serão necessariamente filósofos profissionais, mas juristas, políticos, cidadãos e até mesmo não-cidadãos europeus; e uso também porque eles poderiam ser "europeus", "na Europa", sem viverem no território de um Estado-nação da Europa, encontrando-se de fato muito longe, pois distância e território não têm mais o significado que costumavam ter). Mas persisto usando o nome "Europa", ainda que entre aspas, porque, na longa e paciente desconstrução exigida pela transformação que virá, a experiência que a Europa inaugurou na época do Iluminismo (*Lumières, Aufklärung, Iluminismo*) na relação entre o político e o teológico ou, na verdade, o religioso, embora ainda desigual, inconclusa, relativa e complexa, terá deixado no espaço político europeu marcas absolutamente originais no que tange à doutrina religiosa (notem que estou dizendo no que tange à religião ou á fé, mas com relação à autoridade da doutrina religiosa sobre a política).[16] Essas marcas não podem ser encontradas no mundo árabe ou no muçulmano, nem no Extremo Oriente, nem mesmo, e aqui está o ponto mais sensível, na democracia norte-americana, no que *de fato* governa, não os princípios, mas a realidade predominante da cultura política americana. Esse aspecto final é complexo e espinhoso, porque tal "desconstrução" filosófica não teria de operar contra algo que chamamos de "Estados Unidos", mas contra tudo o que constitui hoje uma certa hegemonia americana, uma hegemonia que na verdade domina ou marginaliza alguma coisa na própria história dos Estados Unidos, algo que está relacionado também com aquela estranha "Europa" do Iluminismo mais ou menos incompleto de que eu falava.

GB: Que papel o senhor acha que a religião desempenha nesse contexto?

JD: Estamos falando de uma estranha "guerra" sem guerra. Geralmente ela assume a forma, pelo menos na superfície, de um confronto entre dois grupos com forte identificação religiosa. De um lado, a única grande potência "democrática" ao estilo europeu no mundo que ainda admite a pena de morte em seu sistema judicial; e, apesar da separação em princípio entre Igreja e Estado, uma referência bíblica fundamental (e primordialmente cristã) de seu discurso político oficial e do discurso de seus líderes políticos é: "Deus Salve a América", a referência a "agentes malignos" ou ao "eixo do mal" e o primeiro grito de união (que depois foi retirado) de "justiça infinita", que seriam apenas uns poucos sinais entre muitos outros. Do outro lado, enfrentando essa potência, um "inimigo" que se identifica como islâmico, islâmico extremista ou fundamentalista, ainda que isso não represente necessariamente o autêntico islã e que todos os muçulmanos estejam longe de se identificar com ele. Não mais do que todos os cristãos do mundo se identificariam com as profissões de fé cristãs fundamentalistas dos Estados Unidos.

Estou simplificando muito, mas acredito que a simplificação exagerada proporciona pelo menos o contorno geral de toda a situação. Haveria assim um enfrentamento entre duas teologias políticas, ambas estranhamente derivadas da mesma origem ou solo comum do que eu chamaria de revelação "abraâmica". É altamente significativo que o epicentro, pelo menos metonimicamente, de todas essas "guerras" seja a confrontação entre o Estado de Israel (outra "democracia" que não cortou o cordão umbilical com a autoridade religiosa, na verdade etnoreligiosa, e que é fortemente apoiada, embora de maneira complicada, pelos Estados Unidos) e um Estado palestino virtual (que, ao preparar sua constituição, ainda não abriu mão de declarar o islã a religião oficial do Estado e que é fortemente apoiado, embora de uma maneira complicada e muitas vezes perversa, pelos estados árabes muçulmanos).

Eu gostaria de esperar que venha a existir na "Europa", ou em uma certa tradição moderna da Europa, por conta da desconstrução que ainda está encontrando o seu caminho, a possibilidade de outro discurso e de outra política, uma saída para esse programa duplo teológico-político. "Onze de setembro" — ou o que quer que seja em última análise enfeixado sob esse título — terá sido, assim, ao mesmo tempo um sinal e um preço a pagar, um preço muito alto, com toda certeza, sem qualquer redenção possível ou salvação para as vítimas, mas um estágio importante no processo.

GB: Então o senhor vê um papel importante para a Europa?

JD: Espero por isso, mas não consigo ver. Não vi nada nos fatos que desse apoio a qualquer certeza ou conhecimento. Apenas uns poucos sinais para interpretar. Se existem responsabilidades a serem assumidas e decisões a serem tomadas, responsabilidades e decisões dignas desses nomes, elas pertencem a um tempo de risco e a um ato de fé, além do conhecimento. Se eu decidir porque *sei*, dentro dos limites do que *sei* e *sei que devo fazer*, então estou simplesmente desdobrando um programa previsível, e não existirá decisão alguma, responsabilidade alguma, qualquer acontecimento. Quanto ao que eu já arrisquei sobre o tema "Europa", vamos dizer que estou levantando algumas questões meio a uma certa noite e com base em um determinado número de sinais. Eu decifro, aposto, espero. Se coloquei tantas aspas cautelosas nesses nomes próprios, a começar por "Europa", é porque não estou seguro em relação a nada. Especialmente em relação à Europa ou à comunidade européia *tal como ela existe* ou se anuncia *de facto*. É uma questão de pensar sobre o "talvez" de que falei tão extensamente, em *Política de amizade*, a respeito da *democracia por vir*.

GB: Mantendo por um momento a Europa em seu estado atual, como o senhor vê o papel político da Europa e as possibilidades de que ela exerça uma influência real?

JD: Neste momento exato, os governos francês e alemão estão tentando timidamente desacelerar ou temperar o açodamento ou o excesso de zelo dos Estados Unidos, pelo menos com referência a certas formas que essa "guerra ao terrorismo" poderia assumir. Mas pouca atenção é dada nos Estados Unidos às vozes vindas da Europa. As principais redes de televisão só falam do apoio entusiástico e incondicional da Inglaterra e de Tony Blair aos Estados Unidos. Parece-me que a França deveria fazer mais e melhor, fazer com que se ouça uma voz original. Mas é um país pequeno, ainda que tenha armas nucleares e um voto no Conselho de Segurança. Enquanto a Europa não tiver uma força militar unificada suficiente para realizar intervenções autônomas, intervenções que seriam motivadas, calculadas, discutidas e deliberadas na Europa, as premissas fundamentais da situação corrente não mudarão, e não chegaremos mais perto da transformação a que aludi anteriormente (uma nova lei internacional, uma nova força internacional a serviço de novas instituições internacionais, um novo conceito e uma nova figura concreta de soberania, bem como outros nomes, sem dúvida, para todas essas coisas por vir.)

Não desejo conceder um privilégio grande demais à esfera jurídica, à lei internacional e suas instituições, ainda que acredite mais do que nunca em sua importância. Entre as instituições internacionais que mais importam hoje em dia, não existe apenas a ONU, mas o Fundo Monetário Internacional e o G8, para citar somente duas. Lembre-se do que aconteceu recentemente em Gênova,[17] por exemplo. Alguns disseram, não sem exagero, mas também não sem uma certa plausibilidade, que entre as forças que estão sendo mobilizadas hoje contra a globalização e aquelas do terrorismo internacional (em três palavras, "11 de setembro") existe uma causa comum, uma aliança *de facto*, ou uma trama, se não uma conspiração intencional. Enorme esforço será exigido para introduzir aqui as distinções necessárias (tanto conceituais e práticas) que terão de levar em conta as contradições, isto é, as sobredeterminações auto-imunitárias sobre as quais venho insistindo. Apesar da proveniência aparentemente biológica, genética ou zoológica, todas essas contradições dizem respeito, como se pode ver, ao que está além do ser vivo puro e simples. Quando não porque trazem a morte em vida.

GB: A questão da soberania internacional parece-me extremamente complicada. Quando o papel das organizações internacionais e da lei internacional for levado ao extremo, não iremos acabar com um Estado-modelo, um metaestado, uma metalei?

JD: Este é um problema enorme, com certeza. As referências principais a serem discutidas aqui seriam, para mim, Kant e Hannah Arendt. Esses dois pensadores pediram uma lei internacional e no entanto excluíram, na verdade rejeitaram, a hipótese de um superestado ou governo mundial. Não se trata de atravessar crises mais ou menos temporárias de soberania, como acontece hoje, para terminar em um Estado mundial. Essa forma absolutamente nova e sem precedente de des-Estado-ificação nos permitiria pensar, além do que Kant e Arendt formularam de uma maneira determinada, a nova figura a surgir de um último recurso, de uma soberania (ou mais simplesmente, uma vez que o termo "soberania" é ainda demasiado equívoco, ainda demasiado teológico-político: uma força ou poder, uma *-cracia*), de uma *-cracia* aliada a — ou até mesmo uma sem —, não só lei, mas justiça. Isso é o que eu desejava destacar na expressão "democracia por vir" (*la démocratie à venir*). A "democracia por vir" não significa uma democracia futura que um dia será "presente". A democracia nunca existirá no presente; ela não é presentável e tampouco uma idéia regulativa no sentido kantiano. Mas *existe o impossível*, cuja promessa a democracia inscreve — uma promessa que corre e sempre deve correr o risco de se perverter em ameaça. Existe o impossível, e o impossível permanece como tal por causa da aporia do demos: o demos é *simultaneamente* a singularidade incalculável de qualquer um, antes de qualquer "sujeito", o possível desfazer do laço social por um segredo a ser respeitado, além de toda cidadania, além de todo "Estado", na verdade de todo "povo", na verdade além do estado corrente da definição de um ser vivo como ser vivo "humano", *e* a universalidade do cálculo racional, da igualdade dos cidadãos perante a lei, do laço social de estar junto, com ou sem contrato, e assim por diante. E esse impossível *que existe* permanece inapagável. É tão irredutível quanto nossa exposição ao que surgir ou acontecer. É a exposição (o desejo, a abertura, mas também o medo) que abre, que se abre, que nos abre para o tempo, para o que surge sobre nós, para o que chega ou acontece, para o acontecimento. Para a história, se se quiser, uma história a ser pensada de modo completamente diferente de um horizonte teleológico, na verdade de qualquer horizonte. Quando digo "o impossível que existe" estou apontando para esse outro regime do "possível-impossível" que tento pensar questionando todos os tipos de caminhos (por exemplo, em torno de questões de doação, perdão, hospitalidade e assim por diante), tentando "desconstruir", se assim quiser, a herança de tais conceitos como "possibilidade", "poder", "impossibilidade" etc. Mas não posso desenvolver isso aqui.[18]

De todos os nomes agrupados um tanto rapidamente demais sob a categoria de "regimes políticos" (e não acredito que "democracia", em última análise, designe um "regime político"), o conceito herdado de democracia é o único que acolhe bem a possibilidade de ser contestado, de contestar a si mesmo, de se criticar e aperfeiçoar indefinidamente. Se fosse ainda o nome de um regime, seria o nome do único "regime" que pressupõe sua própria perfectibilidade e, assim, sua própria historicidade — e que é compreensivo de um modo tão responsável quanto possível, eu diria, à aporia ou à indecidibilidade com base (uma base sem base) na qual o regime é decidido. Estou muito consciente de que tais formulações permanecem obscuras, mas se a democracia é também algo da razão por vir, essa razão pode se apresentar hoje, ao que me parece, apenas na penumbra. No entanto, já posso ouvi-la em suas muitas intratáveis injunções.

GB: Qual a sua posição relativa ao conceito de globalização e qual a relação entre globalização e cosmopolitismo?

JD: Quanto à globalização, ou o que eu prefiro me referir em francês, por motivos que explico em outra parte, como *mondialisation*, a violência de "11 de setembro" parece uma vez mais atestar uma série de contradições.[19] Contradições que estão destinadas a permanecer; são aporias que têm a ver, uma vez mais, parece-me, com aquela inevitabilidade auto-imunitária, cujos efeitos estamos constantemente registrando. Primeiro, a globalização não ocorre nos locais e nos momentos em que se diz que ela ocorre. Segundo, por toda parte em que ocorre sem ocorrer, é para melhor ou para pior. Deixe-me tentar esclarecer esses dois pontos.

Primeiro: *ela não ocorre*. Em uma era de chamada globalização — era na qual é interesse de alguns em falar de globalização e celebrar os seus benefícios —, as disparidades entre as sociedades humanas e as desigualdades sociais e econômicas provavelmente nunca foram tão grandes e mais espetaculares (pois o espetáculo é de fato mais facilmente "globalizável") na história da humanidade. Embora o discurso em favor da globalização insista na transparência, tornada possível pelas teletecnologias, pela abertura de fronteiras e de mercados, pelo nivelamento dos campos de jogo e a igualdade de oportunidade, nunca houve na história humana, em números absolutos, tantas desigualdades, tantos casos de desnutrição, de desastre ecológico ou de epidemias galopantes (pense, por exemplo, na Aids na África e nos milhões de pessoas que deixamos morrer e portanto matamos!). Quanto às desigualdades tecnológicas, pense no fato de que menos de 5% da humanidade têm acesso à Internet, embora em 1999 metade de todas as residências norte-americanas estivessem interligadas, e de que a maioria dos servidores é em língua inglesa. No justo momento em que se alardeia o "fim do trabalho", números sem precedente de pessoas estão sendo oprimidas por condições de trabalho, ou, inversamente, são incapazes de conseguir o trabalho que desejam.[20] Somente alguns países e, nestes, apenas algumas classes se beneficiam plenamente da globalização. Países ricos do norte guardam o capital e controlam os instrumentos de decisão econômica (G8, FMI, Banco Mundial etc.). Se os realizadores organizados do ataque de "11 de setembro" estão entre aqueles que se beneficiam dessa chamada globalização (poder capitalista, telecomunicação, tecnologia avançada, aberturas das fronteiras etc.), eles ainda assim alegaram (injustamente, sem dúvida, embora sem grande efeito) estarem agindo em nome daqueles condenados pela globalização, todos aqueles que se sentem excluídos ou rejeitados, privados de direitos, jogados à margem do caminho, que só têm o meio dos pobres desta era de globalização (que é, hoje, a televisão, um instrumento jamais neutro) para testemunhar o espetáculo ofensivo da riqueza dos outros.

Um lugar especial teria de ser reservado aqui para as culturas e populações islâmicas nesse contexto. No curso dos últimos poucos séculos, cuja história teria de ser cuidadosamente reexaminada (a ausência de uma era do Iluminismo, da colonização, do imperialismo e assim por diante), vários fatores contribuíram para a situação geopolítica cujos efeitos estamos sentindo atualmente, a começar pelo paradoxo de uma marginalização e de um empobrecimento cujo ritmo é proporcional ao crescimento demográfico. Essas populações estão não só privadas de acesso ao que chamamos de democracia (por causa da história que relembrei brevemente), mas despojadas até das chamadas riquezas naturais da terra, o petróleo da Arábia Saudita, por exemplo, ou do Iraque, ou até mesmo da Argélia, o ouro da África do Sul e muitas outras riquezas por toda parte. São despojadas a um só tempo pelos proprietários — isto é, pelos vendedores — e pelos exploradores e clientes, na verdade, pela própria natureza do jogo em que as duas partes se engajam nessas alianças ou transações mais ou menos pacíficas. As riquezas "naturais" são de fato os únicos bens não-virtualizáveis e não-desterritorializáveis que restam hoje; são a causa de muitos dos fenômenos que estamos discutindo. Com todas essas vítimas da suposta globalização, o diálogo (ao mesmo tempo verbal e pacífico) não está ocorrendo. O recurso à pior violência é assim freqüentemente apresentado como a única "resposta" a "ouvidos surdos". Existem incontáveis exemplos disso na história recente, bem antes de "11 de setembro". Essa é a lógica exposta por todos os terrorismos envolvidos em uma luta pela liberdade. Mandela explica muito bem como o seu partido, depois de anos de combate não-violento e confrontado com uma completa recusa de diálogo, resignou-se em ter de pegar em armas. Desse modo, a distinção entre civil, militar e policial não é mais pertinente.

Desse ponto de vista a globalização não está acontecendo. É um simulacro, um artifício retórico ou arma que dissimula um desequilíbrio crescente, uma nova opacidade, uma não-comunicação prolixa e hipermidiatizada, um tremendo acúmulo de riquezas, meios de produção, teletecnologias e armas militares sofisticadas — e a apropriação de todos esses poderes por um pequeno número de estados ou corporações internacionais. O controle sobre eles está se tornando *ao mesmo tempo* mais fácil e mais difícil. O poder de se apropriar tem uma estrutura tal (mais freqüentemente desterritorializável, virtualizável, capitalizável), que, ao mesmo tempo que parece controlável por um pequeno número (de estados, por exemplo), ele acaba escapando bem para as mãos das estruturas internacionais não-estatais, e tende assim à disseminação, exatamente no momento de sua concentração. O terrorismo do tipo de "11 de setembro" (rico, hipersofisticado, telecomunicativo, anônimo e sem um Estado palpável) deriva em parte dessa aparente contradição.

Segundo: e, no entanto, onde quer que se acredite que a *globalização está ocorrendo, é para melhor ou pior*. Para melhor: discursos, conhecimento e modelos são transmitidos mais rapidamente. A democratização tem novas oportunidades. Os movimentos recentes pela democratização na Europa oriental devem grande parte, quase tudo, à televisão, à comunicação de modelos, normas, imagens, produtos de informática e assim por diante. As instituições não-governamentais são mais numerosas e mais bem conhecidas ou reconhecidas. Veja os esforços para se instituir a Corte Criminal Internacional.

A senhora falou em "cosmopolitismo" — uma questão formidável, com toda a certeza. Progresso do cosmopolitismo, sim. Podemos celebrá-lo, assim como celebramos qualquer acesso à cidadania, neste caso à cidadania mundial Mas a cidadania também é um limite, aquele de um Estado-nação; e já expressamos nossas reservas com relação a um Estado mundial. Acredito que deveríamos, além do velho ideal cosmopolita greco-cristão (os estóicos, são Paulo, Kant), assistir ao surgimento de uma aliança universal ou de uma solidariedade que se estenda além da internacionalidade dos estados-nações e, assim, além da cidadania. Este foi um dos temas principais de *Espectros de Marx* e outros textos. Sempre voltamos à mesma aporia: como decidir entre, de um lado, o papel positivo e salutar desempenhado pelo formato "Estado" (a soberania do Estado-nação) e pela cidadania democrática, ao fornecer proteção contra certos tipos de violência internacional (o mercado, a concentração do capital mundial, bem como a violência "terrorista" e a proliferação de armas), e, por outro lado, os efeitos negativos ou limitativos de um Estado cuja soberania persiste como um legado teológico, um Estado que fecha suas fronteiras para os não-cidadãos, monopoliza a violência,[21] controla suas fronteiras, exclui ou reprime não-cidadãos e assim por diante? Uma vez mais o Estado é tanto autoprotetor como autodestrutivo, ao mesmo tempo remédio e veneno. A *pharmakon* é outro nome, um nome antigo, para essa lógica auto-imunitária.[22] Podemos vê-la em funcionamento na inevitável perversão dos avanços tecnocientíficos (domínio sobre os seres vivos, aviação, novas teletecnologias, e-mail, Internet, telefones celulares etc.), nas armas de destruição em massa, em "terrorismos" de todos os tipos. Perversões que tendem a acontecer mais rapidamente quando o progresso em questão é antes de tudo um progresso em ritmo e velocidade. Entre os dois supostos líderes da guerra, as duas metonímias "bin Laden" e "Bush", a guerra de imagens e de discursos prossegue em um ritmo cada vez mais acelerado pelas ondas do rádio e da TV, dissimulando e desviando cada vez mais rapidamente a verdade que revela, acelerando o movimento que troca a revelação pela dissimulação e vice-versa. Para pior *e* para melhor, portanto; para o pior *e* para o melhor, o pior que, ao que tudo indica, *é* também o melhor. É isso que permanece terrível, atemorizante, aterrador; isto é, na terra, *in terra*, dentro e além de seus territórios, o recurso final de todos os terrorismos.

GB: Qual a relação entre a globalização — ou o que o senhor chama *mondialisation* — e a tolerância?

JD: Se o termo e o tema da tolerância voltaram recentemente, talvez seja para acompanhar o que se chama de uma maneira um tanto simplista e confusa de "retorno do religioso". As fronteiras da violência que discutimos são freqüentemente territoriais, étnicas e assim por diante. Se a religião está sendo usada como álibi ou não, ela é comumente invocada explícita e literalmente do lado de "bin Laden"; e de maneira implícita, disfarçada, mas profunda e fundamental, do lado de "Bush". E a intolerância, então: até que ponto o conceito é antigo? Ainda podemos fazer a pergunta: "O que é a tolerância?", como Voltaire escreveu na primeira frase do artigo sobre o tema no *Dictionnaire philosophique*?[23] Como este artigo seria escrito hoje? Quem o escreveria, com e sem Voltaire?

Se devemos ser fiéis à memória do Iluminismo, se não devemos esquecer certos modelos exemplares na luta contra a intolerância, modelos que são parte do nosso legado, não teríamos nós, hoje, e precisamente por uma questão de fidelidade, de questionar de novo, sem no entanto contestar o próprio conceito da tolerância? Considerando tudo o que marcou o conceito historicamente, seria ele suficiente para inspirar, iluminar e guiar nossa resistência à violência que está sendo desencadeada por todo o mundo hoje, em condições que são em parte sem precedentes (mas que parte? — esta é a pergunta inelutável), contra todos aqueles que não respeitam incondicionalmente certas ortodoxias? Essas perseguições dogmáticas revestem toda a face da intolerância, com toda certeza, mas seriam suficientes para defini-la? Seria a tolerância, aquele "acessório da humanidade" (Voltaire), a essência daquilo que devemos opor às perseguições?

Trata-se de novo de uma questão do Iluminismo, isto é, de acesso à Razão em um certo espaço público, embora desta vez em condições totalmente transformadas pela tecnociência, a globalização econômica e a telemídia: em tempo como *em espaço*, em ritmos e proporções. Se intelectuais, escritores, sábios, professores, artistas e jornalistas não se levantarem unidos, antes de mais nada, contra tal violência, essa abdicação será ao mesmo tempo irresponsável e suicida.

Uma vez que nem todas as figuras da intolerância são novas (anátema, excomunhão, censura, marginalização, distorção, controle, programação, expulsão, exílio, prisão, seqüestro de pessoas, ameaças de morte, execuções e assassinatos, para só citar alguns), já que elas nunca foram separáveis do próprio movimento de cultura, tradição, processos de legitimação e comunidades em geral, e particularmente de instituições eclesiásticas ou estatais, não seria uma de nossas primeiras responsabilidades (intelectuais, éticas, políticas e até mesmo além daquelas responsabilidades ligadas ao cidadão-sujeito de um Estado-nação particular ou de uma democracia) imediatas analisar as leis de tais recorrências e a emergência do que é novo e sem precedente? Somente levando em conta com rigor essa novidade seremos capazes de ajustar nossas reações e nossos atos de resistência. Se precisamos, a fim de levar isso a cabo, traçar uma espécie de genealogia do conceito de tolerância; se devemos celebrar, estudar e ensinar os admiráveis exemplos de todos os embates contra a intolerância na Europa e em outras partes, de Voltaire a Zola e Sartre, até muitos outros; se devemos também buscar inspiração e aprender lições com eles, uma tarefa não menos urgente consiste em tentar analisar aquilo que hoje *não mais depende* das mesmas condições ou da mesma axiomática. Um terremoto transformou completamente a paisagem em que o ideal da tolerância assumiu sua primeira forma alguns séculos atrás. Nós teríamos de analisar cada mutação na estrutura do espaço público, na interpretação da democracia, da teocracia e de suas respectivas relações com a lei internacional (em seu estado corrente, naquilo que a compele ou chama a se transformar, e, assim, naquilo que dentro dele permanece amplamente por vir), nos conceitos de Estado-nação e de soberania, na noção de cidadania, na transformação do espaço público pela mídia, que ao mesmo tempo serve e ameaça a democracia e assim por diante.

Acredito que nossos atos de resistência devem ser ao mesmo tempo intelectuais e políticos. Temos de unir forças para exercer pressão e organizar reações, e devemos fazê-lo em escala internacional e de acordo com novas modalidades, embora sempre analisando e discutindo as próprias fundações de nossa responsabilidade, seus discursos, sua herança e seus axiomas. O conceito de tolerância constituiria aqui um exemplo primordial.

O artigo "Tolerância" do *Dictionnaire philosophique* é um *tour de force*, uma espécie de fax para o século XVIII. Contém tamanha riqueza de exemplos históricos e análises, tantos axiomas e princípios, que exigem hoje reflexão, palavra por palavra. No entanto, essa mensagem, por sua vez, levanta muitas perguntas. Teríamos de ser extremamente vigilantes, parece-me, ao interpretar essa herança. Eu ficaria tentado a dizer "sim e não" a cada frase, "sim mas não", "sim, embora talvez", prestando juramento sob uma forma que não é outra senão aquela dos apóstolos cristãos, dos discípulos, ou dos quacres: "Os apóstolos e os discípulos", escreve Voltaire, "juravam por sim e não; os quacres não irão jurar de outra forma." A palavra "tolerância" é antes de mais nada marcada por uma guerra religiosa entre cristãos, ou entre cristãos e não-cristãos. A tolerância é uma virtude *cristã* ou, por isso mesmo, uma virtude *católica*. O cristão deve tolerar o não-cristão, porém, ainda mais do que isso, o católico deve deixar o protestante existir. Como hoje sentimos que as reivindicações religiosas estão no coração da violência (a senhora vai notar que continuo dizendo, de maneira deliberada e genérica, "violência", para evitar as palavras equívocas e confusas "guerra" e "terrorismo"), recorremos a essa boa e velha palavra "tolerância": que muçulmanos concordem em viver com judeus e cristãos, que judeus concordem em viver com muçulmanos, que os crentes concordem em tolerar os "infiéis" ou "descrentes" (pois esta é a palavra que "bin Laden" empregou para denunciar seus inimigos, em primeiro lugar os americanos). A paz seria assim a coabitação tolerante. Nos Estados Unidos tudo é feito para não identificar o inimigo como o estrangeiro religioso, o muçulmano (e esta é a melhor alternativa, não importam as motivações). Já foi dito repetidas vezes: "Não estamos combatendo o islã; as três religiões monoteístas sempre ensinaram a tolerância." Nós sabemos, é claro, que isso está longe de ser exato; mas não importa, é certamente melhor do que o contrário. As declarações oficiais de tolerância também obedecem a uma estratégia: existem muitos — na verdade cada vez mais — muçulmanos na América do Norte e na Europa; é portanto necessário tranqüilizá-los, ganhar a certeza do seu apoio, dissociá-los do "terrorismo", dividir o campo inimigo. Tudo bem, isso faz parte do combate pela boa causa. Embora eu claramente prefira demonstrações de tolerância a demonstrações de intolerância, ainda assim tenho certas reservas em relação à palavra "tolerância" e ao discurso que ela organiza. É um discurso com raízes religiosas; mais freqüentemente é usado do lado dos que detêm o poder, sempre como uma espécie de concessão condescendente...

GB: Parece que o senhor entende a tolerância como uma forma de caridade...

JD: Por certo a tolerância é antes de mais nada uma forma de caridade. Uma caridade cristã, portanto, ainda que judeus e muçulmanos pudessem parecer se apropriar dessa linguagem também. A tolerância está sempre do lado da "razão dos mais fortes", onde o "poder está certo"; é uma marca suplementar de soberania, a boa face da soberania, que fala ao outro sobre a posição elevada do poder, estou deixando que você exista, você não é inaceitável, estou lhe deixando um lugar em meu lar, mas não se esqueça de que este é o meu lar...

GB: O senhor concordaria com a alegação de que a tolerância é uma condição de hospitalidade?

JD: Não. A tolerância é na verdade o oposto da hospitalidade. Ou pelo menos o seu limite. Se alguém acha que estou sendo hospitaleiro porque sou tolerante, é porque eu desejo limitar minha acolhida, reter o poder e manter o controle sobre os limites do meu "lar", minha soberania, o meu "eu posso" (meu território, minha casa, minha língua, minha cultura, minha religião etc.). Em acréscimo ao significado religioso de cuja origem acabamos de lembrar, deveríamos também mencionar as conotações biológicas, genéticas ou organicistas. Na França, a expressão "limite da tolerância" era usada para descrever o limiar além do qual não é mais decente pedir a uma comunidade nacional que acolha outros estrangeiros, trabalhadores imigrantes e gente parecida. François Mitterrand certa vez usou essa expressão infeliz como uma palavra autojustificativa de cautela: além de um certo número de estrangeiros ou imigrantes que não compartilha a nossa nacionalidade, a nossa língua, a nossa cultura e os nossos costumes, pode-se esperar um fenômeno quase orgânico e inevitável — em resumo, um fenômeno natural de rejeição. Eu condenei, na época, em um artigo no jornal *Libération*, essa retórica organicista e a política "naturalista" que ela tentava justificar. É verdade que Mitterrand depois desculpou-se dessa linguagem que ele mesmo considerou infeliz. Mas a palavra "tolerância" colidiu ali contra o seu limite: nós aceitamos o estrangeiro, o outro, o corpo estranho *até um certo ponto*, e desse modo com restrições. A tolerância é uma hospitalidade condicional, circunspecta, cautelosa.

GB: A tolerância resume-se, então, a conceder a alguém permissão para continuar vivendo?

JD: Realmente. Mas mesmo sendo tão claramente limitada, é preferível a uma intolerância absoluta. Mas a tolerância permanece uma hospitalidade fiscalizada, sempre sob vigilância, parcimoniosa e protetora da soberania. No melhor dos casos, é o que eu chamaria de uma hospitalidade condicional, aquela que é mais comumente praticada por indivíduos, famílias, cidades ou estados. Oferecemos hospitalidade somente sob a condição de que o outro obedeça às nossas regras, nosso modo de vida, até mesmo nossa linguagem, nossa cultura, nosso sistema político. Essa é a hospitalidade tal como comumente entendida e praticada, uma hospitalidade que conduz, com certas condições, a práticas reguladas, leis e convenções em uma escala nacional e internacional — na verdade, como diz Kant em um texto famoso, em uma escala "cosmopolítica".[24] Mas a hospitalidade pura ou incondicional não consiste nesse *convite* ("Eu convido-o, eu dou-lhe as boas-vindas ao meu *lar*, sob a condição de que você se adapte às leis e normas do meu território, de acordo com minha linguagem, tradição, memória etc."). A hospitalidade pura e incondicional, a hospitalidade *em si*, abre-se ou está aberta previamente para alguém que não é esperado nem convidado, para quem quer que chegue como um *visitante* absolutamente estrangeiro, como um *recém-chegado*, não-identificável e imprevisível, em suma, totalmente outro. Eu chamaria essa hospitalidade de *visitação* mais do que de *convite*. A visita poderia na verdade ser muito perigosa, e não devemos ignorar esse fato; mas será que uma hospitalidade sem risco, uma hospitalidade apoiada em certas garantias, protegida por um sistema imune contra o totalmente outro, seria uma hospitalidade verdadeira? Embora, em última análise, seja verdade que suspender ou suprimir a imunidade que me protege do outro possa estar muito próximo de uma ameaça de vida.

Uma hospitalidade incondicional é com certeza praticamente impossível de se viver; não podemos de modo algum, e por definição, organizá-la. O que for que aconteça acontece, quem quer que chegue chega (*ce qui arrive arrive*), e isso, no fim, é o único acontecimento digno deste nome. Eu bem reconheço que o conceito de hospitalidade pura não pode ter qualquer status legal ou político. Estado algum pode redigi-lo em suas leis. Mas sem ao menos a idéia dessa hospitalidade pura e incondicional, da hospitalidade *em si*, não teríamos conceito algum de hospitalidade em geral, e sequer seríamos capazes de determinar qualquer regra para a hospitalidade condicional (com rituais, status legal, normas, convenções nacionais ou internacionais). Sem essa idéia de hospitalidade pura (uma idéia que é também à sua própria maneira uma experiência), não teríamos sequer a idéia do outro, a alteridade do outro, ou seja, de alguém que entra em nossas vidas sem ter sido convidado. Não teríamos sequer a idéia de amor ou de "convivência" (*vivre ensemble*) com o outro de um modo que não seja parte de alguma totalidade ou "conjunto". A hospitalidade incondicional, que não é nem jurídica nem política, ainda assim é a condição do político e do jurídico. Justamente por essas razões, não estou nem seguro de que seja ético, à medida que não chegue a depender de uma decisão. Mas o que seria da "ética" sem hospitalidade?[25]

Paradoxo, aporia: essas duas hospitalidades são ao mesmo tempo heterogêneas e indissociáveis. Heterogêneas porque podemos nos mover de uma para outra apenas por meio de um salto absoluto, um salto além do conhecimento e do poder, além das normas e das regras. A hospitalidade incondicional é transcendente em relação ao político, ao jurídico e talvez até mesmo ao ético. Mas — e aqui está a indissociabilidade — não posso abrir a porta, não posso me expor à chegada do outro e a oferecer a ele ou a ela o que quer que seja sem tornar esta hospitalidade efetiva, sem, de certo modo concreto, dar-lhe *algo determinado*. Essa determinação terá assim de reinscrever o incondicional sob certas condições. De outro modo não dará em nada. O que permanece incondicional ou absoluto (*unbedingt*, se quiser) arrisca-se a ser nada, caso as condições (*Bedingungen*) não consigam fazer alguma coisa (*Ding*). As responsabilidades políticas, jurídicas e éticas têm o seu lugar, se tiverem lugar, apenas na transição — que a cada vez é única, como um acontecimento — entre essas duas hospitalidades, a incondicional e a condicional.

GB: O fato de que esses dois pólos sejam ao mesmo tempo heterogêneos e indissociáveis é filosoficamente muito difícil de pensar. Como pode o discurso político assimilar isso? O ideal moderno do cosmopolitismo poderia ser a solução?

JD: A idéia do cosmopolitismo emerge de uma tradição muito antiga, que remonta, como já observamos, a são Paulo — em sua epístola aos Efésios —, aos estóicos e a Kant. Em seu breve tratado *Paz perpétua*, Kant explicava por que provavelmente deveríamos desistir da idéia de uma "república mundial" (*Weltrepublik*), mas não da idéia de uma lei cosmopolítica, "a idéia de uma lei de cidadania mundial", que não é uma noção extravagante ou exagerada."[26] Seria, ao contrário, a condição para continuamente nos aproximarmos da paz perpétua. Mas se temos de fato de cultivar o espírito dessa tradição (como acredito que a maioria das instituições internacionais tem feito desde a Primeira Guerra Mundial), devemos também tentar ajustar os limites dessa tradição à nossa própria época, questionando as maneiras como foram definidas e determinadas pelos discursos ontoteológicos, filosóficos e religiosos, em que esse ideal cosmopolítico foi formulado. Isso não é conversa fiada, e não temos sequer tempo para começar aqui a discussão.[27] O que eu chamo de "democracia por vir" iria além dos limites do cosmopolitismo, isto é, de uma cidadania mundial. Estaria mais alinhado com aquilo que permite seres singulares (qualquer um) "conviverem" onde ainda não são definidos pela cidadania, isto é, por sua condição como "sujeitos" legais em um Estado, ou membros legítimos de um Estado-nação, ou até de uma confederação ou Estado mundial. Isso envolveria, em suma, uma aliança que vai além do "político", como tem sido comumente definido (uma designação em geral reservada para o Estado ou corpo de cidadãos em uma nação ligada a um território, ainda que, como nos lembra Schmitt, o Estado não seja a única forma do político). A conseqüência não seria porém uma despolitização — bem ao contrário. Mas exige, no entanto, outro pensamento e outra colocação em prática do conceito do "político" e do conceito de "mundo" — que não é o mesmo que "cosmo". Dito isso, e porque essas coisas ficarão por algum tempo fora de alcance, acredito que se deve fazer tudo para estender o privilégio de cidadania ao mundo: um grande número de homens e mulheres é privado da cidadania de muitas maneiras. Mesmo quando não se recusa a eles o título de cidadão, os "direitos humanos e direitos de cidadão" que poderiam reivindicar são severamente limitados.

GB: Parece-me que essa desconstrução do conceito de cosmopolitismo implica uma desconstrução da idéia de Estado.

JD: O cosmopolitismo tal como classicamente concebido pressupõe alguma forma de soberania do Estado, algo como um Estado mundial, cujo conceito pode ser teológico-político ou secular (isto é, secular em sua filiação, embora secretamente teológico-político). Para que uma desconstrução seja tão eficaz quanto possível, ela não deveria se opor frontalmente ao Estado de maneira unilateral. Em muitos contextos o Estado poderia ser a melhor proteção contra certas forças e perigos. E pode assegurar a cidadania de que estamos falando. As responsabilidades a se assumir em relação ao Estado diferem segundo o contexto, e não há qualquer relativismo no reconhecimento disso. Mas, em última análise, essas transações necessárias não devem obstruir uma desconstrução da forma de Estado, que deveria um dia não mais ser a última palavra do político. Esse movimento de "desconstrução" não esperou para que começássemos a falar sobre "desconstrução": estava a caminho há tempos e ainda continuará assim. Não assumirá a forma de supressão de um Estado soberano em um momento particular no tempo, mas passará por uma longa série de convulsões e transformações imprevisíveis, por formas nunca antes conhecidas de soberania compartilhada e limitada. A idéia e até mesmo a prática da soberania compartilhada, isto é, de uma limitação da soberania, já foi aceita há um bom tempo. E, no entanto, tal soberania dividida ou partilhada contradiz o conceito puro de soberania. Como Bodin, Hobbes e outros já destacaram, a soberania deve ser e permanecer indivisível. A desconstrução da soberania portanto já começou, e não terá um fim, pois não podemos nem devemos renunciar pura e simplesmente aos valores de autonomia ou liberdade, ou àqueles de poder ou força, que são inseparáveis da idéia de lei. Como iremos reconciliar uma *auto-nomia* incondicional (a fundação de qualquer ética pura, da soberania do sujeito, do ideal de emancipação e de liberdade etc.) e a *hetero-nomia*, que, como lembrei um momento atrás, se impõe a toda hospitalidade incondicional digna desse nome, a cada acolhida do outro como outro? A decisão, se existe uma, é sempre uma decisão do outro, como tentei mostrar em outra parte.[28] A responsabilidade por uma decisão, se é que existe alguma e devemos responder por ela, corresponde cada vez, de uma maneira singular irredutível, sem programa normativo algum e sem qualquer conhecimento assegurado, a uma transação entre o imperativo de autonomia e o imperativo de heteronomia, os dois igualmente imperiosos.

GB: Falamos sobre tolerância, hospitalidade e cosmopolitismo. Como o senhor vê o problema dos direitos humanos? Qual a relação entre a noção de direito e aquela de hospitalidade? Um direito pressupõe alguém que se apropria daquele direito em relação a um outro, isto é, mais precisamente, um contexto social, uma comunidade organizada. Se o conceito de Estado, que é o conceito de uma comunidade juridicamente organizada, não é mais a última palavra do político, como ele vai manter a idéia dos direitos humanos?

JD: Na verdade hoje é cada vez mais em nome dos direitos humanos e de sua universalidade que a autoridade soberana do Estado é posta em questão, que os tribunais internacionais de justiça são estabelecidos, que os chefes de Estado ou líderes militares são julgados, depois de terem sido removidos das instituições judiciais de seu próprio Estado. O conceito de crime contra a humanidade ou de crime de guerra não cai mais sob a autoridade de instituições judiciais nacionais e de estados soberanos. Pelo menos em princípio. A senhora conhece os enormes problemas que estamos enfrentando em relação a isso.

É preciso (*il faut*) mais do que nunca ficar do lado dos direitos humanos. *São necessários (il faut) direitos humanos.* Precisamos deles e eles são precisos, pois há sempre uma carência, uma falta, uma penúria, uma insuficiência; os direitos humanos jamais são suficientes. O que já é o bastante para nos lembrar que eles não são naturais. Possuem uma história — uma história recente, complexa e inacabada. Desde a Revolução Francesa e das primeiras declarações até a declaração que se seguiu ao final da Segunda Guerra Mundial, os direitos humanos têm sido continuamente enriquecidos, refinados, esclarecidos e definidos (direitos das mulheres, direitos das crianças, direito ao trabalho, direitos à educação, direitos humanos além dos "direitos humanos e direitos do cidadão" etc.). Para levar em conta essa historicidade, essa perfectibilidade, de uma maneira afirmativa, nunca devemos proibir o questionamento mais radical possível de todos os conceitos aqui em jogo: a humanidade do homem (o "próprio do homem" ou do humano que levanta toda a questão de seres vivos não-humanos, bem como a questão da história dos conceitos jurídicos recentes ou performativos tais como "crime contra a humanidade") e, então, o próprio conceito de direito ou de lei (*droit*) e até mesmo o conceito de história.

Pois a justiça não termina com a lei.[29] Nem mesmo com os deveres (*devoirs*) que, de um modo ainda totalmente paradoxal, "devem", "deveriam" ir além da obrigação e da dívida. Tentei mostrar em outra parte que qualquer ética pura deve começar além da lei, do dever e da dívida. Além da lei é fácil entender. Além do dever é quase impensável. Vamos lembrar o que diz Kant: uma ação moral deve ser realizada não só "de acordo com o dever" (*pflichtmässig*), mas "a partir do dever" (*eigentlich aus Pflicht*), "por puro dever" (*aus reiner Pflicht*).[30] Tendo acompanhado Kant desse modo, como sem dúvida deveríamos fazer, um salto torna-se ainda necessário. Se eu ajo por puro dever, *porque preciso fazê-lo, porque devo fazê-lo*, porque existe uma dívida que devo pagar, então dois limites vêm macular qualquer sentido ético puro ou qualquer moralidade pura. Por um lado subordino minha ação a um conhecimento (espera-se que eu saiba que esse puro dever é aquilo em nome do qual eu devo agir). No entanto, uma ação que simplesmente obedeça ao conhecimento não passa de uma conseqüência calculável, o desdobramento de uma norma ou de um programa. Não envolve qualquer decisão ou qualquer responsabilidade digna desses nomes. Por outro lado, agindo por puro dever, fico livre de uma dívida e assim completo o círculo econômico de um intercâmbio; não excedo de modo algum a totalização da reapropriação que algo como um presente, a hospitalidade ou o próprio acontecimento deveria exceder. Cabe portanto cumprir o dever além do dever, devemos ir além da lei,[31] da tolerância, da hospitalidade condicional, da economia e assim por diante. Mas ir além não significa desacreditar aquilo que excedemos. Daí a dificuldade de uma transação responsável entre duas ordens, ou, na verdade, entre uma ordem e o que vai além dela. Daí todas essas aporias e a inevitabilidade de um risco auto-imunitário.

GB: Isso soa como uma idéia reguladora, embora eu saiba que o senhor não gosta desta expressão...

JD: É verdade. Mas minhas reservas não são objeções diretas. São precisamente reservas. À falta de algo melhor, se é que podemos dizer isso a respeito de uma idéia reguladora, ela permanece uma última reserva. Embora esse recurso último corra o risco de se tornar um álibi, ele detém uma certa dignidade; não posso jurar que um dia não irei ceder a ele.

Tenho em suma *três tipos* de reservas. Algumas se referem, antes de tudo, à maneira muito frouxa como é correntemente usada essa noção de uma idéia reguladora fora do seu contexto estritamente kantiano. Nesse caso, a idéia reguladora permanece na ordem do *possível*, um ideal possível, com certeza, que é infinitamente postergado, mas participa do que, no final de uma história infinita, ainda cairia no domínio do possível, do que é virtual ou potencial, do que está dentro do poder de alguém, de algum "eu posso", a ser alcançado em teoria, em uma forma que não está totalmente livre de todos os fins teleológicos.

A isso eu oporia, em primeiro lugar, tudo o que coloquei anteriormente sob o título do im-possível, do que deve permanecer (de um modo não negativo) estranho à ordem das minhas possibilidades, à ordem do "eu posso", às ordens teóricas, descritivas, constativas e performativas (à medida que esta última implica um poder ainda garantido a um "eu" por convenções que neutralizam a pura acontecibilidade do acontecimento). Foi isso que eu quis dizer antes por heteronomia, uma lei vinda do outro, uma responsabilidade e uma decisão do outro — do outro em mim, um outro maior e mais antigo do que eu. Esse impossível não é privativo. Não é o inacessível e não é o que eu posso postergar indefinidamente: é anunciado a mim, o que baixa sobre mim e me envolve, me precede e me apanha *aqui e agora* de uma maneira não-virtualizável de fato, e não em potencial. Desce sobre mim da altura, sob a forma de uma injunção que não aguarda simplesmente no horizonte, que nunca me deixa em paz e que não me deixará colocá-la de lado a não ser muito depois. Tal urgência não pode ser *idealizada*, não mais do que o outro como outro pode. Esse im-possível não é assim uma *idéia* ou *ideal* regulador. É aquilo mais inegavelmente *real*. Como o outro. Como a diferença irredutível e não-apropriável do outro.

Então, em segundo lugar, a responsabilidade do que permanece para ser decidido ou feito (de verdade) não pode consistir em acompanhar, aplicando uma norma ou uma regra, ou obedecendo a uma norma. Quando existe uma regra determinável, eu sei o que deve ser feito; e assim que tal conhecimento dita a lei, a ação segue o conhecimento como uma conseqüência calculável: *sabemos* que caminho tomar, não hesitamos mais; a decisão aí não decide mais nada, mas simplesmente é desdobrada com o automatismo atribuído às máquinas. Não há mais lugar algum para a justiça ou a responsabilidade (seja ela jurídica, política ou ética).

Finalmente, em terceiro lugar, se voltarmos desta vez ao significado estrito que Kant deu ao uso *regulador* de idéias (em oposição a seu uso *constitutivo*), nós teríamos — a fim de poder dizer algo sobre o assunto e especialmente a fim de apropriar tais termos — que aderir a toda arquitetônica e a toda crítica kantiana. Não posso fazer isso, nem sequer decidir fazer isso, com alguma seriedade aqui. Teríamos de começar perguntando o que Kant chama de "aquelas diferenças no interesse da razão",[32] o *imaginário* (o *focus imaginarius*, aquele ponto para o qual todas as linhas que se dirigem às regras da compreensão, que não é a razão, tendem e convergem, o ponto em que elas indefinidamente se *aproximam*), a *ilusão* necessária, que não precisa necessariamente nos enganar, a figura de uma abordagem ou aproximação (*zu nähern*) que tende indefinidamente para as regras de universalidade e especialmente o uso indispensável do *como se* (*als ob*).[33] Não cabe tratar disso aqui, mas a senhora pode imaginar como eu ficaria cauteloso ao adaptar, embora de forma rigorosa, a noção de idéia reguladora. Não vamos nos esquecer, já que falamos tanto do mundo e dos movimentos de âmbito mundial, de que a própria idéia de *mundo* permanece uma *idéia reguladora* para Kant,[34] a segunda entre duas outras que são, por assim dizer, duas formas de soberania: o "eu mesmo" (*Ich selbst*), como alma ou como natureza pensante, e Deus.

Estas são algumas das razões por que, sem abrir mão da razão e de um certo "interesse da razão", hesito em usar a expressão "idéia reguladora" quando falo do por vir ou da democracia por vir.

GB: O senhor segue Kierkgaard a esse respeito?

JD: Sem dúvida, como sempre. Mas um Kierkgaard que não seria necessariamente cristão, e a senhora pode imaginar como é difícil pensar assim. Tentei explicar-me a esse respeito em outra parte.[35] Sempre ajo *como se* eu aderisse aos *como se* de Kant (o que nunca me sinto capaz o bastante de fazer), ou *como se* Kierkgaard me ajudasse a pensar além de sua própria cristandade, *como se*, afinal, ele não quisesse saber que não era cristão, ou se recusasse a admitir que não sabia o que significava ser cristão. (Enfim, não posso me levar a acreditar nisso, realmente não consigo me levar a acreditar em geral, isto é, o que normalmente chamam "acreditar".)

Mas o que torna a regra deste encontro impossível, impraticável, é a lei do gênero, que nos ordena sempre a *agir como se: como se* tudo o que estamos falando aqui de uma maneira quase espontânea não tivesse sido já tratado em outra parte, por outros e por nós mesmos, em textos já publicados e com argumentos mais desenvolvidos. Como a senhora pode ver, acredito que devo a cada momento agir como se estivesse ao mesmo tempo honrando e quebrando o nosso contrato.

Desconstruindo o Terrorismo

Derrida

Enquanto o trabalho de Habermas desenvolve-se quase exclusivamente no âmbito da filosofia social e política, Derrida tem contribuído em uma série de campos filosóficos: da filosofia da literatura à lingüística, da filosofia da história à ética e à política. Suas perspectivas éticas e políticas estão contidas em vários tratados que começaram a aparecer nos anos 80, cerca de 20 anos depois que escreveu os primeiros trabalhos filosóficos. Por essa razão, acredita-se que Derrida abordou esses tópicos mais tarde na vida, talvez como Locke, Kant, Spinoza e Hegel, para os quais as discussões sobre ética e política assumiram o centro do palco somente na segunda metade de suas carreiras. Mas esta não é uma impressão inteiramente precisa, porque Derrida vem tratando implicitamente de considerações éticas e políticas desde que começou a escrever. A razão pela qual sua contribuição para esses campos não foi prontamente detectada, antes de se apresentar de maneira mais explícita e sistemática, é que, desde muito cedo, Derrida transformou de tal modo o contorno dessas disciplinas, que seus leitores em geral sequer as reconheciam. "Desconstrução" foi o nome que ele deu a essa transformação.

A desconstrução procura desmontar qualquer discurso que se apresente como "construção".[1] Levando em conta que a filosofia trata de idéias, crenças e valores construídos dentro de um esquema conceitual,[2] o que se desconstrói é a maneira como eles se mantêm unidos em um determinado esquema. Longe de ser um método geral de procedimento analítico, a desconstrução é um tipo de intervenção altamente individualizado que busca desestabilizar as propridades estruturais de cada construção particular. A razão por que Derrida persegue a desestabilização, e não, digamos, a consolidação, é que as construções filosóficas parecem para ele depender de oposições aparentemente diametrais e de pares conceituais irredutíveis: espiritual e material, universal e particular, eterno e temporal, masculino e feminino são apenas alguns exemplos. Esses pares levantam dois problemas: por um lado, como resultado de sua extrema rigidez, tudo o que não se encaixa nitidamente dentro da relação de opostos tende a ser marginalizado ou até suprimido; por outro lado, as oposições determinam uma ordem hierárquica. Por exemplo, na moldura platônica depois apropriada pelo pensamento cristão, verdade e bondade coincidem com o lado espiritual, universal, eterno e masculino da oposição, em detrimento do lado material, particular, temporal e feminino.

A desconstrução primeiro identifica a construção conceitual de um dado campo teórico, seja na religião, na metafísica ou na teoria ética ou política, que geralmente faz uso de um ou mais pares irredutíveis. Em segundo lugar, ela destaca o ordenamento hierárquico dos pares. Em terceiro, inverte ou subverte a ordem, mostrando que os termos colocados na base — material, particular, temporal e feminino — poderiam justificadamente se mover para o topo — em lugar do espiritual, universal, eterno e masculino. Enquanto a inversão revela que o arranjo hierárquico reflete certas escolhas estratégicas e ideológicas, mais do que uma descrição das características intrínsecas aos pares, o quarto e último lance está em produzir um terceiro termo para cada par de opostos, o que complica a carga original da estrutura, tornando-a irreconhecível. Se os primeiros dois lances assumem a descrição de uma dada construção conceitual, os dois últimos pretendem deformá-la, reformá-la e afinal transformá-la. Como o trabalho de desconstrução é tão minuciosamente adequado à especificidade do seu objeto, Derrida gosta de referir-se a ele como "intervenção".

Sob a pressão da desconstrução, as construções filosóficas clássicas assumem a aparência de fachadas barrocas: não mais lineares, elas agora parecem distorcidas e deformadas, complicadas internamente por movimentos que se superpõem e por um jogo interminável de perspectivas. Em última análise, elas são transformadas até se tornarem irreconhecíveis; o motivo original é levado a seus limites e provavelmente para além deles. Para Derrida, experimentar os limites da filosofia muda positivamente o nosso modo de pensar. A admissão de limites protege o pensamento do dogmatismo e da autoconfiança excessiva, injetando nele um saudável sentido sistemático de imperfeição e dúvida. Sócrates costumava enraivecer seus concidadãos atenienses expondo-lhes os limites de seu próprio pensamento: subitamente, no curso dos diálogos que mantinham com o pensador, eruditos, retóricos, poetas, generais e até autoproclamados filósofos sentiam-se paralisados por dilemas, paradoxos e aporias. A dedicação singular de Sócrates à filosofia mostra como ele valorizava o encontro com os limites — a sensação de desafio, o risco e a surpresa que eles disseminam assim que os encontramos. A desconstrução segue Sócrates nessa tradição humana e inumana de testar os limites do pensamento.

Em nosso diálogo Derrida abordou os temas do terror como um estado psicológico e metafísico, e do terrorismo como uma categoria política. De novo à moda socrática, demonstrou um número de impasses aparentemente conceituais que no início me desorientaram completamente. No presente ensaio, meu objetivo é desenredar os aspectos produtivos desses impasses conceituais aparentes, ou aporias, em que reside a extrema originalidade do pensamento de Derrida. O diálogo é um exemplo essencial de seu estilo específico de pensar: uma fascinante mistura de erudição e exuberância, rigor conceitual e gênio lingüístico, profundidade existencial e sofisticação intelectual, atemporalidade e sentido de oportunidade.

Gostaria de começar emoldurando a abordagem que Derrida faz da ética e da política, examinando um tópico que sublinhou de modo consistente nosso diálogo, mas nunca chegou a vir à tona. Trata-se do conceito de perdão, crucial tanto teoricamente quanto na prática para as questões relacionadas a crimes de guerra, genocídio e terrorismo. Explorar a noção de perdão, segundo Derrida, também irá proporcionar ao leitor um exemplo claro da desconstrução em jogo, iluminando um caminho semelhante àquele que o filósofo tomou ao comentar os ataques de 11 de setembro e o terrorismo global. Como veremos, Derrida define o perdão como a tarefa impossível de perdoar, o imperdoável. É por isso que, para ele, o perdão não pode ser reduzido a qualquer fronteira legal ou moral, mas cabe ser apreciado sempre e quando aparecer.

A conclusão de Derrida sobre o perdão dará oportunidade para que eu explore o significado das fronteiras e dos limites na desconstrução, juntamente com as relações de inclusão e exclusão que eles estabelecem. Esclareço então o papel das fronteiras, essencial para entender a interpretação que Derrida fez de 11 de setembro como um acontecimento inominável. Depois examinarei a interpretação que dá sobre o terrorismo como o sintoma de uma crise auto-imune, cuja causa ele atribui em parte à herança da Guerra Fria e ao casamento infeliz entre religião e rede de informação global.

Um momento importante do diálogo é a crítica da tolerância feita por Derrida, tema sobre o qual ele discorda fortemente de Habermas. Suas opiniões sobre a inadequação da tolerância permitirão que eu identifique alguns elementos-chave da relação de Derrida com Kant e a filosofia iluminista. Vou mostrar que Derrida se opõe a Kant quanto à afirmação de que a tolerância não passa de uma demanda moral neutra. No entanto, é precisamente em Kant que baseia a rejeição da tolerância em favor da hospitalidade.

Concluo com uma discussão do pensamento de Derrida sobre a natureza da violência, conceito fundamental para qualquer avaliação do terrorismo. A discussão da violência abrirá caminho para o tema crucial do secularismo na política de hoje. Derrida acredita que o cenário geopolítico pós-11 de setembro consiste em duas entidades políticas teologicamente inspiradas: os Estados Unidos e seu inimigo declarado. Essa situação levanta novas possibilidades para aquele que Derrida identifica como o interlocutor político mais secularizado no momento: a Europa. Mas, além dos programas alternativos do europocentrismo e do anti-europocentrismo — os quais Derrida declara inesquecíveis e exauridos —, ele indica uma terceira via. Essa caminho não envolve a Comunidade Européia tal como ela existe, mas a memória de uma promessa européia que ainda está para ser cumprida: democracia e emancipação para todos. Isso significa, para Derrida como para Habermas, que o Iluminismo não está morto. No entanto, para ser eficaz contra o terrorismo, Derrida exige uma atualização interminável do programa ideológico do Iluminismo: pois precisamos trabalhar "sobre o Iluminismo deste tempo, deste tempo que é nosso — *hoje*".[3]

O perdão desconstruído

Diante dos traumas sangrentos da história, desde as traições surgidas durante as guerras civis até as matanças terroristas de civis, Derrida conclama por uma rigorosa reflexão sobre a idéia de perdão. O rigor que ele está invocando refere-se ao estudo desse conceito não como entidade abstrata, mas tal como é empregado em contextos históricos e culturais concretos.

> Em todas as cenas de arrependimento, confissão, perdão ou desculpa que se têm multiplicado na cena geopolítica desde a última guerra e de maneira acelerada nos últimos anos, vemos não só indivíduos, mas também comunidades inteiras, corporações profissionais, representantes de hierarquias eclesiásticas, soberanos e chefes de Estado pedindo "perdão". Fazem isso em uma linguagem abraâmica que não é (no caso do Japão e da Coréia, por exemplo) aquela da religião dominante em suas sociedades, mas que já se tornou o idioma universal da lei, da política, da economia ou da diplomacia: ao mesmo tempo agente e sintoma dessa internacionalização.[4]

Sem a presença de um deus todo-poderoso de ancestralidade abraâmica, as duas questões essenciais do perdão não encontrariam uma resposta: a saber, aquele que pede perdão e aquele a quem se pede perdão. No antigo politeísmo grego ou no animismo nativo americano, só para citar duas estruturas diferentes de crença religiosa, o perdão não ocupa lugar de destaque. Sempre que os deuses gregos se zangavam com a arrogância humana ou com um mau julgamento, impiedosamente descontavam em indivíduos, cidades inteiras ou na progênie dos culpados. Uma comunhão com a natureza profundamente sentida, mais do que a correção do comportamento impróprio, está no centro do animismo dos nativos americanos, em que a figura do xamã não pede à comunidade individual atos de confissão ou arrependimento.

Não importa onde o perdão apareça, ele pertence a uma herança religiosa específica, que Derrida define como abraâmica, "a fim de colocar juntos o judaísmo, os cristianismos e os islãs".[5] Uma ocorrência notável no cenário geopolítico do final do século XX é que contextos geográfica e culturalmente muito distantes das raízes abraâmicas do monoteísmo ocidental absorveram o perdão a ponto de amoldar seu perfil internacional em conformidade a ele. Este é o caso do Japão, que publicamente pediu desculpas à Coréia do Sul pela escravização sexual de milhares de mulheres durante a Segunda Guerra Mundial.

O primeiro lance desconstrutivo de Derrida é localizar a raiz abraâmica no significado do perdão, que o liga à possibilidade de expiação. Isso logo leva-o a expor vários pares de opostos: finito e infinito, imanente e transcendente, temporal e eterno, reparável e irreparável, expiável e inexpiável, possível e impossível. Desenterrar esses pares de opostos é o segundo passo de Derrida. O terceiro lance desconstrutivo consiste em mostrar que os pares estão hierarquicamente arranjados. Para que a punição seja calculável, ela precisa ser finita, imanente e temporariamente delimitada; em conseqüência, o perdão é concedido de forma limitada a casos expiáveis e reparáveis. Somente sob tais condições ele se torna o terreno de salvação, reconciliação, redenção e expiação. O quarto e último lance é perturbar o equilíbrio dos pares, sugerindo que o axioma abraâmico segundo o qual o perdão só se aplica àquilo que é reparável funda-se em um paradoxo. Se o perdão perdoa o que pode ser expiado, será realmente sobre o perdão que estamos falando? Se não, como podemos perdoar o imperdoável?

O perdão, no sentido abraâmico, tem influenciado significativamente o discurso político ocidental, que Derrida renomeia de geopolítica do perdão. A esse respeito ele cita uma declaração feita por Jacques Chirac, então primeiro-ministro da França, sobre crimes anti-semitas cometidos sob a colaboracionista República de Vichy: "A França naquele dia cometeu o irreparável." Vários teóricos do Holocausto concordam com a posição declarada de Chirac: se nenhuma punição proporcional a um crime pode ser encontrada, o crime permanece então imperdoável.[6] O Holocausto é claramente o exemplo quintessencial disso. Derrida se opõe frontalmente à simetria entre punir e perdoar, bem como à organização conceitual binária que o destaca.

> Se digo "eu o perdôo sob a condição de que, pedindo perdão, você teria assim mudado e não seria mais o mesmo", terei realmente perdoado? O que eu perdôo? E a quem perdôo? ... Perdoamos *algo*, um crime, uma falha, uma ofensa, vale dizer, um ato ou um momento que não exaure a pessoa incriminada e, no limite, não se confunde com a culpa, e assim se torna irredutível a ela? Ou, na verdade, perdoamos *alguém*, absolutamente, não marcando mais o limite entre a injúria, o momento da falta e, do outro lado, a pessoa tida como responsável ou culpada? E, neste caso (a questão "quem?"), pedimos o perdão da vítima ou de alguma testemunha absoluta, de Deus, de tal Deus, por exemplo, que prescreveu perdoar a outra (pessoa) a fim de merecer ser perdoado por sua vez?[7]

Que devemos fazer com o perdão? Derrida acredita que o que pode ser autenticamente perdoado é de fato apenas o imperdoável, quer estejamos falando do ato de quem quer que seja culpado ou do próprio agente da culpa. O perdão, para ele, perdoa tanto a má intenção (quem) como a má ação (o quê) pelo que elas são exatamente: o mal. E este é um mal que, uma vez irredimível, pode se repetir no futuro. O mal, escreve Derrida, "é capaz de se repetir imperdoavelmente, sem transformação, sem melhoramento, sem arrependimento e promessa".[8]

Dois tipos de perdão podem ser assim distinguidos. O primeiro é o "perdão condicional", cuja condição é a possibilidade de calcular a punição. Esse tipo de perdão geralmente acompanha um ato de arrependimento em que a parte culpada prometerá não se envolver nunca mais em qualquer pedido de perdão. O segundo tipo de perdão é chamado de "incondicional", porque consiste em perdoar o imperdoável sem condições. E, no entanto, pode o perdão incondicional realmente existir? Podemos realmente perdoar o que não pode ser perdoado?

> Se eu digo, como penso, que o perdão é uma loucura e que deve continuar sendo uma loucura do impossível, isso certamente não é para excluí-lo ou desqualificá-lo. É mesmo, talvez, a única coisa que acontece, que surpreende, como uma revolução, o curso comum da história, da política e da lei. Porque isso significa que ele permanece heterogêneo à ordem da política ou do jurídico tal como são normalmente entendidos. Nunca poderíamos, no sentido comum das palavras, encontrar uma política ou uma legislação sobre o perdão.[9]

O perdão do tipo incondicional pertence ao domínio do incalculável, do incomensurável e talvez até do impossível. Em princípio é impossível ou pelo menos inconcebível perdoar o imperdoável. Isso poderia soar como o epitáfio para toda a questão do perdão: um conceito que só faz sentido em autocontradição. Não é essa no entanto a conclusão de Derrida. Ele admite que o perdão incondicional pertence à "loucura", mas também enfatiza que ele "acontece", no sentido de algo inesperado que chega como uma surpresa, perturbando "o curso comum da história, da política e da lei". Sem a experiência do perdão incondicional não haveria perdão algum.

Sempre que se impõem condições ao perdão, uma punição proporcional, calculável, corresponde a quem quer ou ao que quer que esteja sendo perdoado. Nesse sentido, o perdão condicional concorre com a lei e com a política, mas fica reduzido a uma terapia de reconciliação. Se, em vez disso, o perdão deve-se manter distinto da reconciliação — como Derrida acha que deveria —, ele acaba se tornando incondicional. O condicional e o incondicional são dois significados distintamente separados e no entanto corolários do perdão. O perdão condicional pertence à ordem da lei e da política, de negociações pragmáticas e dívidas calculáveis. O perdão incondicional, que é o ato de perdoar o imperdoável, não pode ser conciliado com a lei e a política porque não permite qualquer negociação pragmática ou qualquer intercâmbio equivalente.

> O segredo dessa experiência persiste. Deve permanecer intacto, inacessível à lei, à política ou até à moral: absoluto. Mas eu faria deste princípio transpolítico um

> princípio político, uma regra política ou uma tomada de posição: é necessário também na política respeitar o segredo, aquilo que excede o político ou que não está mais no domínio jurídico.[10]

Sabemos muito bem que existe uma distinção entre reconciliação legal e perdão propriamente dito (e talvez apenas privado). É muito fácil imaginar o caso de uma vítima que já perdoou o criminoso em cujas mãos sofreu, ainda que esteja exigindo uma ação legal. Do mesmo modo, é muito plausível que uma vítima jamais perdoe, mesmo depois de um processo de absolvição ou anistia. A conclusão é que o significado do perdão permanece enigmático: não podemos reduzi-lo a uma definição simples ou unívoca. Sua oscilação entre as duas ordens do condicional e do incondicional sugere seu alcance, assim como sua inefabilidade.

Indicando um território além da história, da política e da lei, Derrida atinge duas metas concorrentes: expõe o conceito do perdão às fronteiras impostas por sua herança — o monoteísmo cristão, judaico e islâmico — e desloca o perdão para além de seus limites, transformando-o de dentro, enquanto o complica, a fim de expor suas múltiplas implicações.

Os limites da intervenção

Intervir nos limites de um conceito significa redefini-lo, bem como à rede de relações na qual está inscrito. A geografia pode servir como exemplo para esclarecer o papel desempenhado por limites e fronteiras na definição de um conceito. Em geografia, uma entidade política ou física, como um deserto ou oceano, é demarcada traçando-se fronteiras ao redor dela. Uma fronteira é uma linha na qual uma coisa termina e outra começa. Como na geografia, o trabalho filosófico de clarificar o significado de conceitos, categorias e valores, bem como campos teóricos como a ética e a política, consiste em traçar fronteiras ao redor deles.[11]

A reflexão de Derrida sobre a noção de fronteira concentra-se no fato de que um limite tem a ver tanto com identificação quanto com exclusão. Às vezes as implicações dessa dupla função são triviais; às vezes, não. Por exemplo o Monte Branco, a maior montanha da Europa, é metade francesa e metade italiana. A linha de separação entre a França e a Itália é produto de uma convenção benigna, não só reconhecida por todo mundo *como* convenção, mas que tem conseqüências inócuas: ninguém se importa realmente com que pedras ou folhas de relva devem ser incluídas em ou excluídas de cada país. Em contraste, às vezes as convenções não são tão benignas e colocam em destaque a dor que as inclusões e exclusões podem causar. O Muro de Berlim é um exemplo em que a exclusão não se aplicou a pedras e folhas de relva, mas a pessoas que foram subitamente separadas de suas famílias e amigos.

A alegação de Derrida é que a filosofia tradicional tende a eludir a dupla função das fronteiras, minimizando sua contingência. Na busca da verdade definitiva e do conhecimento infalível, a tradição filosófica ocidental nega a instabilidade potencial intrínseca a qualquer fronteira contingente. A supressão da contingência das fronteiras e a ambigüidade estrutural que pertence à sua dupla função trazem consigo uma substancial importância política.

Acreditar na contingência das fronteiras não era certamente algo de pequena importância para os membros da mesma família separados pelo Muro de Berlim; pois afirmá-la era provavelmente a única maneira de sobreviver a uma separação absurda e injusta. Em contraste, pensem em um alto funcionário da antiga República Democrática da Alemanha que acreditava firmemente, enquanto o Muro de Berlim estava sendo erguido em agosto de 1961, que a construção simplesmente materializava a Cortina de Ferro, ou seja, a idéia de uma separação essencial e não-contingente entre justiça e injustiça, futuro e passado, progresso e decadência. Tomar o partido da interpretação convencionalista ou da essencialista quanto ao Muro de Berlim teria significado implicitamente aderir às relações de inclusão e exclusão que dele dependiam. Assumir a filosofia tal como nos é apresentada por uma certa tradição nos inclina a comprar as pressuposições normativas que estão por trás de sua organização conceitual: as categorias, distinções, oposições e demarcações de áreas tais como a ética e a política. No pensamento de Derrida, existe assim uma urgência ética e política para entender aquilo a que estamos aderindo e para nos tornarmos responsáveis por essa adesão.

Assumir a responsabilidade filosófica não se resume no entanto a desvelar a importância política de que fronteira inclui ou exclui essa responsabilidade; mas significa abrir-se para pôr em questão a maneira pela qual entendemos aquilo que a fronteira circunda. O exemplo do Muro de Berlim é de novo útil. Na cabeça do funcionário da Alemanha Oriental, o muro simbolicamente circundava a essência da promessa igualitária e emancipadora do comunismo. O muro estabeleceu o que estava dentro dele — o comunismo — pela exclusão do que havia além dele — o capitalismo. Uma relação de exclusão mútua ocorreria assim entre os dois mundos, entendidos como totalidades contidas em si mesmas.

Essa concepção de identidade faz com que ela seja internamente homogênea, fato que Derrida considera a falha da metafísica tradicional. De um lado do muro existe corrupção, injustiça e civilização burguesa; do outro lado, a utopia comunista emancipada. Nesse quadro, um lado é perfeitamente imune ao outro.[12] Em contrapartida, objeta Derrida, traços daquilo que uma totalidade explicitamente exclui estão sempre silenciosamente contidos dentro dela. Seguindo uma linha de argumentação típica de Derrida, poderíamos ilustrar esse ponto colocando em destaque a presença de membros separados da mesma famílias em lados diferentes do muro, pois essas pessoas representavam um exemplo daqueles traços. A que lado elas pertenciam? Até que ponto laços familiares justificariam uma política de reunificação familiar? Os grandes monumentos do Império Prussiano, assim como a rede urbana da maioria das cidades da Alemanha Oriental, levanta perguntas similares: não revelariam eles a sedimentação de uma estrutura social burguesa? Poderiam estar ainda silenciosamente afetando o modo como até mesmo os comunistas ortodoxos se relacionam uns com os outros, tanto em situações privadas como públicas?

Para Derrida, refletir criticamente sobre a natureza dos limites e das fronteiras transforma nossa maneira bem estabelecida de pensar sobre a identidade como uma totalidade homogênea e auto-inclusiva. Como o exemplo do Muro de Berlim mostra, uma dada identidade pode não ser perfeitamente homogênea, porque inclui traços daquilo que explicitamente exclui. A desconstrução busca esses traços e usa-os para dar voz àquilo que não se encaixa no conjunto dominante de inclusões e exclusões. As intervenções desconstrutivas destotalizam totalidades auto-inclusivas, colocando-as face a face com sua diferenciação interna.

Por que "o" chamamos de 11 de setembro?

Os traços sobre os quais a desconstrução insiste estão disseminados antes de mais nada na linguagem. Em sua leitura do ataque terrorista de 11 de setembro, Derrida começa a refletir sobre o significado de se chamar a ocorrência por uma data. O que significa nomear um acontecimento com uma data, pergunta ele, enquanto o local e o significado do acontecimento permanecem inefáveis? A data 11 de setembro é repetida quase sem cessar, como se sua singularidade fosse tão absoluta que não pudesse ser submetida a qualquer generalização. Para ele, 11 de setembro soa como uma intuição sem conceito, uma espécie sem gênero.

Ao pronunciarmos "11 de setembro", segundo Derrida, nós não usamos a linguagem em sua óbvia função referencial, mas obrigamos que ela nomeie algo que não pode nomear, porque acontece além da linguagem: terror e trauma.

Para Freud o trauma é o efeito de uma experiência que não pode ser absorvida pelo mecanismo de reação usual do sujeito.[13] Uma experiência traumática acarreta terror porque ela designa um perigo não só imprevisível, mas que está além do controle do sujeito. A repetição é uma reação comum ao trauma: repetindo qualquer fragmento da situação traumática a vítima tenta dominá-la retrospectivamente. Derrida sugere que, de maneira similar, repetimos 11 de setembro sem sequer nos perguntarmos o que isso nomeia.

Não só repetimos para nós mesmos como se fosse um mantra tranqüilizador ou um sortilégio ritual, mas somos também incessantemente exortados a repetir "por meio de uma prodigiosa máquina tecno-sócio-política", a mesma máquina responsável pelo batismo original dos ataques terroristas como 11 de setembro. A razão dessa exortação é consolidar a impressão de que um acontecimento maior ocorreu. Referir-se a um acontecimento com uma data confere-lhe automaticamente estatura histórica: monumentaliza-o. Nomear os ataques terroristas contra o World Trade Center e o Pentágono como "11 de setembro" alivia o sentido de responsabilidade pelo fracasso em impedi-los, bem como a sensação de vulnerabilidade que tal fracasso inevitavelmente provoca.

Derrida desenvolveu esse argumento submetendo os dois termos que usei em minha primeira pergunta, "acontecimento" e "impressão", a uma intervenção desconstrutiva. Nenhum dos dois termos, ele advertiu, é evidente por si mesmo.

Para Heidegger, a noção de "acontecimento" indica algo que se oferece para ser experimentado, mas também resiste a ser totalmente compreendido e apropriado.[14] Um acontecimento nos expõe a uma situação na qual somos incapazes de nos apropriar totalmente do que ocorre. A extrema imprevisibilidade é uma característica dos acontecimentos, pois se algo não pode ser previsto, não pode também ser inteiramente explicado. Isso faz com que o acontecimento permaneça irreprodutível, singular e de certa forma flutuando no ar. Morte, perdão e poesia são, todos, acontecimentos no sentido forte: caem sobre nós inesperadamente.

Onze de setembro foi realmente imprevisível? Não para Derrida. Afinal, ele lembrou-me, o World Trade Center já havia sido objeto de um ataque anterior, em 1993. Também o tipo de ataque que os terroristas fizeram em 2001 já estava previsto em detalhes pela cultura telecinemática dos nossos dias. Há algum tempo filmes e videogames vêm antecipando o evisceramento (*éventrement*) e o colapso (*effondrement*) das duas imensas torres do baixo-Manhattan. Além do mais, acrescentou Derrida, os filmes e os videogames não só visualizavam literalmente os ataques, mas também conjuravam os sentimentos que aqueles dois objetos inequivocamente fálicos despertavam na imaginação coletiva: amor e ódio, admiração e inveja, sublimidade e vergonha.

Por todas essas razões, 11 de setembro não cabe na descrição de um acontecimento; talvez se levarmos em conta o número de vítimas ou a quantidade de destruição na área atingida, ele também não parece um acontecimento maior.[15] Tudo isso pode ser pura decorrência. E, no entanto, admitiu Derrida, persiste a impressão de que foi um acontecimento maior. Um olhar mais detalhado sobre o conceito de impressão explica essa aparente contradição. No vocabulário da tradição filosófica ocidental, a noção de impressão leva a assinatura ilustre de David Hume, o empirista do século XVIII que fez dela o centro de seu pensamento. Ele acreditava que as matérias brutas do pensamento são na verdade impressões, entendidas como a marca deixada pelo mundo externo sobre nosso sistema nervoso.[16] Se estou na proximidade de uma chama, por exemplo, parece que recebo um número de impressões vívidas: a cor da chama, sua temperatura, a forma e o movimento. Segundo Hume, somente depois de termos colhido todas essas impressões podemos formar com elas a idéia de uma chama.

Para Derrida, as impressões que 11 de setembro imprimiram sobre a audiência global, bem como sobre as vítimas e os espectadores mais próximos, estão incluídas em dois blocos: a indignação diante das mortes e o toque de tambor da mídia, que obsessivamente proclamou os ataques como um "acontecimento maior". O primeiro bloco, disse-me ele, para nós se assemelhou à forma e à temperatura de uma chama: repulsa diante da violência cega dos ataques combinada a compaixão humana e infinita tristeza diante da perda e da dor. Por seu impacto direto sobre a audiência global, estas devem ser consideradas autênticas impressões, no sentido de Hume. Em contraste, o segundo bloco abrange nossas reações à construção de 11 de setembro pela mídia como um acontecimento maior. Embora as denominemos como impressões no sentido genérico, do ponto de vista de Hume elas seriam impressões inautênticas, pois não satisfazem aos requisitos de imediaticidade.

Seguindo o argumento de Hume sobre como as idéias se formam a partir de impressões, Derrida distinguiu assim dois blocos de impressões cristalizados na idéia de que 11 de setembro é um acontecimento absolutamente singular sob todos os aspectos: impossível de enquadrar, imprevisível e em última análise incompreensível. A idéia coincide com a noção de acontecimento criada por Heidegger: uma circunstância que resiste à apropriação e ao entendimento. Para Derrida, o que distingue 11 de setembro como acontecimento desse tipo é que, ao final, ele resiste à virtualização e à reprodução pela mídia. Em vez disso, o feixe de impressões inautênticas imposto pela mídia à audiência global formulou a idéia de que 11 de setembro é um acontecimento mundial de importância maior. Como esses são dados estrategicamente organizados, iremos tomá-los por impressões, quando de fato são atos de propaganda. Nós, a audiência global, tendemos a fundir as impressões reais e imediatas com as impressões construídas pela mídia. Embora Derrida admita que é impossível mantê-las claramente separadas em termos de experiência, ele acredita que é nosso dever moral mantê-las afastadas pelo menos conceitualmente.

Recitando 11 de setembro como uma litania, repetimos para nós mesmos o que precisa ficar em silêncio: o lamento incondicional pela perda de vida humana e a vulnerabilidade do sistema que julgávamos nos proteger. Esse sistema é corporificado por uma figura paterna: os Estados Unidos da América, ao mesmo tempo o local dos ataques e depositário da ordem mundial. Os Estados Unidos, em seu papel como a maior potência tecnocientífica, capitalista e militar, simboliza a ordem mundial, a legitimidade da lei internacional e da diplomacia e o poder da mídia. A ordem mundial, disse Derrida, baseia-se na solidez, na confiabilidade e na credibilidade do poder norte-americano. Expor a fragilidade da superpotência significa expor a fragilidade da ordem mundial.

Trauma e auto-imunidade

Na leitura de Derrida, 11 de setembro é o sintoma de uma crise auto-imune ocorrida dentro do sistema, que a deveria ter previsto. Condições auto-imunes consistem no suicídio espontâneo do próprio mecanismo de defesa que deveria proteger o organismo da agressão externa. É um mecanismo pelo qual, conforme observou Derrida, um organismo vivo "trabalha para destruir sua própria proteção, para se imunizar contra sua 'própria' imunidade".

Derrida contou três fases (*temps*) na crise auto-imune da qual 11 de setembro é um sintoma. A primeira fase é a Guerra Fria, um conflito que foi combatido "na cabeça", mais do que em campo ou no ar. Se olharmos para 11 de setembro do ponto de vista de sua continuidade com a Guerra Fria, é fácil ver que os seqüestradores que se voltaram contra os Estados Unidos tinham sido treinados pelos próprios Estados Unidos durante a época da invasão soviética do Afeganistão. Armas e inteligência norte-americanas deram uma contribuição essencial aos combatentes afegãos islâmicos desde o início dos anos 80, alguns dos quais se tornaram a elite política do Talibã, que dominou o Afeganistão sob o que talvez tenha sido a mais extrema implementação do *shari'a* jamais realizada. Possivelmente, disse Derrida, 11 de setembro poderia ser interpretado como o final implosivo da Guerra Fria, assassinada por suas próprias circunvoluções e contradições.

A segunda fase da crise auto-imune é o que Derrida chama de "pior do que a Guerra Fria", tanto histórica como psicologicamente. Enquanto a Guerra Fria se caracterizava pela possibilidade de equilíbrio entre duas superpotências, é impossível construir um equilíbrio com o terrorismo, porque a ameaça não vem de um Estado, mas de forças incalculáveis e responsabilidades incalculáveis. A disseminação do arsenal nuclear e a relativa disponibilidade de armas bacteriológicas e químicas é a realidade sob a qual o terrorismo se impõe. A proclamação de George W. Bush, segundo a qual todas as nações que ele acusa de abrigarem o terrorismo constituem um "eixo do mal", reflete o modo como os Estados Unidos negam a intangibilidade das forças do terror.

Do ponto de vista psicológico, "o que é pior do que a Guerra Fria" traz ao primeiro plano a temporalidade do trauma, que é orientada para o futuro. Qualquer experiência traumática fere o futuro tanto quanto o presente. Jogando com a palavra francesa para "futuro", *avenir*, Derrida alega que, uma vez que a ameaça assola o futuro, em um sentido ela ainda está por vir (*à venir*). A ênfase na temporalidade do trauma é uma seqüência direta da discussão sobre o significado da escolha de 11 de setembro como nome para os ataques. Como 4 de julho, reconhecido como o Dia da Independência dos Estados Unidos, ou 1º de maio, reconhecido como Dia do Trabalho na Europa, assim como na maioria dos países do mundo, 11 de setembro tem o objetivo de monumentalizar os ataques. Uma vez que a monumentalização é do interesse *tanto* da mídia ocidental *como* dos terroristas, ela acrescenta outra etapa à reação auto-imune.

A segunda fase da crise de auto-imunidade exibe outra característica importante. Monumentalizando os ataques terroristas, a data 11 de setembro também declara que eles acabaram. Ao fazê-lo, nega-se precisamente a qualidade futura da ameaça, a possibilidade de que o pior ainda esteja por vir. Para Derrida, a cobertura maciça da mídia agiu em sincronia com a denominação dos ataques como 11 de setembro. Enquanto a tragédia ainda se desdobrava, disse ele, chamá-la de 11 de setembro revelava a ilusão de que ela já teria passado.

A terceira e última fase da crise auto-imune é o que Derrida chama de "o círculo vicioso da repressão". É a mais obviamente suicida das três, porque descreve o modo como, ao declarar guerra contra o terrorismo, a coalizão ocidental engendra uma guerra contra si mesma.

Uma função do conceito de auto-imunidade é agir como um terceiro termo para a oposição clássica entre amigo e inimigo. Como vimos, identificar um terceiro termo é um lance caracteristicamente desconstrutivo, destinado a deslocar a tradicional tendência metafísica de depender de pares irredutíveis. Embora a discussão explícita sobre a auto-imunidade se limite a três elementos, ela implicitamente prossegue quando Derrida coloca em questão a distinção entre guerra e terrorismo.

As guerras sempre foram contaminadas pelo terrorismo por meio da intimidação de civis. No entanto, mesmo no plano teórico, a distinção é impossível de se traçar. Suponham, disse Derrida em referência a Carl Schmitt, o erudito alemão em direito,[17] que uma guerra só possa ser declarada entre dois estados, enquanto o terrorismo é um conflito entre forças outras que um Estado soberano. A história política do termo "terrorismo" deriva da fase tardia da Revolução Francesa, quando o reinado do Terror de Robespierre engajou-se em execuções em massa e expurgos de civis. Robespierre impôs o terror em nome do Estado soberano; uma vez que seu objetivo era livrar a França de todos os inimigos internos, esse primeiro exemplo de terrorismo também parece apontar precisamente para o elemento auto-imune teorizado por Derrida. Isso não para negar que os terroristas se justifiquem apresentando seus ataques como reações a atos de terrorismo prévios dirigidos contra eles por um Estado. "Todo terrorista no mundo", observou Derrida, "alega estar reagindo em legítima defesa a um terrorismo anterior da parte de um Estado, um terrorismo que simplesmente assumiu outros nomes e se acobertou com todo tipo de justificações mais ou menos críveis."

Para complicar ainda mais a questão, os terroristas podem ser combatentes da libertação, em um contexto, e criminosos comuns no mesmíssimo contexto, mas em diferentes pontos do tempo. Os guerrilheiros islâmicos que lutaram contra a invasão soviética nos anos 80 e tornaram-se os novos líderes políticos são um exemplo disso. Outro é a história recente da Argélia, a terra de Derrida em seus primeiros 19 anos de vida.

> Ninguém pode negar que houve terrorismo de Estado durante a repressão francesa na Argélia de 1954 a 1962. O terrorismo praticado pela rebelião argelina foi por muito tempo considerado um fenômeno doméstico, à medida que a Argélia era tida como parte integrante do território nacional francês, e o terrorismo francês da época (praticado pelo Estado) era apresentado como uma operação policial em defesa da segurança interna. Somente nos anos 90, décadas depois, foi que o Parlamento francês retrospectivamente conferiu o status de "guerra" (e portanto o status de um confronto internacional) àquele conflito, a fim de poder pagar as pensões dos "veteranos", que as reivindicavam.

Para Derrida, é impossível traçar distinções em relação ao terrorismo — entre guerra e terrorismo, terrorismo de Estado e não de Estado, terrorismo e movimentos de libertação nacional, terrorismo nacional e internacional. Se é tão difícil agregar qualquer predicado à palavra, isso significa simplesmente que o terrorismo é irredutivelmente inefável e enigmático. Essa verdade é difícil de se aceitar, e ainda mais perigosa de se rejeitar.

Politicamente falando, quanto mais escorregadio é um conceito, mais fácil fica apropriá-lo oportunisticamente. Derrida não hesitou em declarar que a mais poderosa e destrutiva apropriação do terrorismo é precisamente seu uso como um conceito auto-evidente por todas as partes envolvidas, incluindo o que ele chama de "mídia tecno-econômica", o Departamento de Estado dos Estados Unidos e os governos nacionais bem como as instituições internacionais relevantes. Obviamente ninguém quer fazer mal — mas isso não apaga a responsabilidade, o que significa que todos os interlocutores políticos, econômicos e militares na cena global pós-11 de setembro têm a necessidade extrema de usar muito cautelosamente a linguagem.

Derrida também foi sombrio quanto à dificuldade de se superar a dinâmica perversa da auto-imunidade. Nenhuma das partes envolvidas no combate ao terrorismo pode se dar ao luxo de evitar falar sobre ele, mas quanto mais o fazem, mais ajudam a causa terrorista, conferindo-lhe status, visibilidade e sentido de propósito. É assim que tanto o sistema de informação como o sistema político, que deveriam proteger os civis da ameaça do terrorismo global, progressivamente se enfraquecem diante do perigo.[18]

Outro aspecto devastador da crise auto-imune desencadeada por 11 de setembro é a lembrança constante da possibilidade futura da ameaça terrorista. De acordo com a interpretação do terror como a essência do trauma que já mencionei, as vítimas da experiência traumática precisam interminavelmente repisar o trauma para si mesmas, a fim de se sentirem seguras de que o suportaram. Essa tendência *autodestrutiva* torna-se uma arma *destrutiva* nas mãos da mídia e da liderança política. Imaginem, diz Derrida, se disséssemos ao público norte-americano e ao mundo que o que aconteceu é sem dúvida um crime inominável, mas que já passou. Todo mundo começaria então a viver seu próprio período de luto, passo preliminar para virar a página. Todas as partes responsáveis precisam facilitar essa virada de página, em lugar de impedi-la. Essa é uma responsabilidade urgente, e fugir dela transforma os inimigos do terrorismo em seus aliados.

A necessidade de que tanto a liderança política como a mídia ajam responsavelmente irá se intensificar mais adiante à luz do que Derrida teme ser o futuro do terrorismo: os ataques virtuais. Em sua leitura, a "tecnociência" transformou a relação entre terror, terrorismo e território, três termos que compartilham da mesma raiz — a palavra latina *terra*. Deste ângulo, exclamou Derrida:

> Onze de setembro ainda é parte do arcaico teatro da violência destinado a chocar a imaginação. ... Um dia pode-se até dizer: "11 de setembro" — aqueles foram os (bons) velhos tempos da últimas guerra. As coisas ainda estavam na ordem do gigantesco: visíveis e enormes!

A sinistra desconfiança de Derrida é de que a virtualização do terrorismo venha a apagar os resquícios da distinção entre terrorismo e guerra e entre guerra e paz. Há cenários piores, disse ele, do que dois aviões comerciais se chocando com arranha-céus e causando seu colapso. Pelo menos os ataques de 11 de setembro foram realizados contra determinados lugares em determinados tempos. Sabemos exatamente quando começaram e quando terminaram. Em contrapartida,

> as nanotecnologias de todos os tipos são muito mais poderosas e invisíveis, incontroláveis, capazes de se insinuar por toda parte. São os rivais micrológicos de micróbios e bactérias. No entanto, nosso inconsciente já está ciente disso; ele já sabe, e isso é assustador.

Responsabilidades religiosas

Durante o inverno de 1994, cerca de oito anos antes da catástrofe de 11 de setembro, Derrida dava início à reflexão sobre o mecanismo da auto-imunização. O interesse pelo tema surgira em conexão com um estudo sobre o conceito de religião, que emoldura a discussão que ele faz do fundamentalismo religioso e seu papel no terrorismo global.

Com base no trabalho do lingüista francês Émile Benveniste, que descobriu não existir "qualquer termo indo-europeu 'comum' para o que chamamos de 'religião'",[19] Derrida sustenta que nunca houve e nunca deveria haver "*algo*, uma coisa que seja *una e identificável*, idêntica a si mesma, que, religiosa ou irreligiosa, todos concordem em chamar de 'religião'".[20]

A religião, na leitura de Derrida, é uma antiga criação romana posteriormente apropriada pelo cristianismo. A discussão da matriz latina da religião começa pela etimologia, que tem sido tema de debate desde a Antigüidade. No primeiro século a.C., Cícero destacou que *religio* vem de *relegere*, uma ligeira modificação do verbo latino *legere*, significando "colher" ou "reunir". No século II d.C., Tertuliano, um escritor romano da África do Norte convertido ao cristianismo, sugeriu, em vez disso, que a etimologia de religião é *religare*, significando atar, que para ele representava o laço de obrigação, a dívida entre homem e Deus.

À luz dessa duplicidade etimológica, Derrida insiste que dois elementos distintos mas impossíveis de desemaranhar são intrínsecos à experiência religiosa ocidental: o sagrado e a dívida.[21] No final, com a expansão do cristianismo, a religião tornou-se cada vez mais mais centrada na dívida e na obrigação e afastou-se ainda mais de um sentido sacro acima e além de qualquer intercâmbio. Na opinião de Derrida, o novo foco introduz questões jurídicas na religião, amarrando-a à esfera da lei.

Continuando na genealogia do *religio*, Derrida vê outro aspecto importante no fato de que a palavra contém um prefixo "re-", uma marca de repetição e auto-referência, "uma resistência ou reação à dis-junção. Para a alteridade absoluta."[22] Derrida encara a presença do prefixo "re-" tanto em *re-legere* quanto em *re-ligare* como prova etimológica para seu argumento de que a religião, na definição abraâmica, tende a resistir a uma verdadeira abertura em relação ao outro.

Para Derrida, a desconstrução dos limites latinos e cristãos da religião, erroneamente tomada como um termo descritivo neutro, pode abrir os portões de uma sensibilidade nova e mais adequadamente "religiosa". Isso é o que ele quer dizer quando escreve que "um cristão — mas também um judeu ou muçulmano — seria alguém que alimentasse dúvidas sobre esse limite; sobre a existência do limite ou sobre sua possibilidade de redução a qualquer outro limite".[23] Somente desconstruindo a religião tal como ela é concebida hoje seremos capazes de realmente nos engajar nela, aproximando-nos do outro e rompendo o círculo de obrigação e liberação. Essa abertura singular para o outro está muito próxima da noção de perdão incondicional, o ato de perdoar o imperdoável. "A chegada do outro só pode emergir como um acontecimento singular quando nenhuma antecipação o vê chegando, quando o outro e a morte — um mal radical — podem vir de surpresa, a qualquer momento."[24]

Sem dúvida existe uma qualidade messiânica no anseio de Derrida por esse encontro. No entanto, como ele próprio adverte, é essencial que não haja messias algum, nenhuma palavra final de um messias que possa ser repetida, tomada como promessa ou interpretada como obrigação. Como perdão incondicional, essa "messianicidade sem messianismo"[25] acarretaria riscos, pois o outro pode ser o melhor ou o pior — podemos ser saudados pelo outro ou podemos ser mortos por ele. Para Derrida, contudo, sem um sentido do que significa esperar o outro desta maneira, não podemos sequer começar a discutir ética ou política.

> Essa dimensão messiânica não depende de qualquer messianismo, não segue revelação alguma, não pertence propriamente a qualquer religião abraâmica. ... Um desejo invencível de justiça está vinculado a essa expectativa. ... A justiça, que eu diferencio do certo, só permite esperança além de todos os "messianismos", de uma cultura universalizável de singularidades, uma cultura em que a possibilidade abstrata da tradução impossível poderia, apesar de tudo, ser anunciada. Essa justiça inscreve-se antecipadamente sobre a promessa, no ato de fé ou no apelo à fé que habita em cada ato da linguagem, em cada fala ao outro.[26]

A abertura para o outro instada por Derrida aponta para uma comunidade religiosa em que os membros não estão impelidos a cumprir uma obrigação; em vez disso, ela é estabelecida pela simples relação entre diferenças.[27] Derrida admite que uma comunidade desse tipo não proporcionaria uma plataforma comum sobre a qual estabelecer uma identidade religiosa.

Em uma comunidade sem obrigações mútuas, o conceito de responsabilidade teria de ser concebido sobre novas bases. Mais uma vez Derrida volta-se para a etimologia como roteiro. A resistência à disjunção revelada pelo prefixo "re-" presente em "religião", bem como em suas duas fontes etimológicas latinas, *relegere* e *religare*, emerge de modo paralelo em "responsabilidade" e "resposta". Derrida observa que as duas palavras vêm do verbo latino *spondeo*, que significa garantir ou prometer, próximo em sentido a *religare* ou a atar, o verbo que Tertuliano identificava como a origem da palavra "religião": "*Respondeo, responsum*, isso é dito dos intérpretes dos deuses, dos sacerdotes, sobretudo dos arúspices, *fazendo uma promessa em troca da oferenda*, depositando um penhor em troca de um presente; é a 'resposta' de um oráculo, de um sacerdote."[28]

Na leitura de Derrida, essa análise etimológica revela que resposta e responsabilidade compartilham com a religião uma preocupação com o intercâmbio econômico, mediante o qual promessas são feitas em troca de oferendas, e penhores são depositados em troca de presentes. Essa é a mesma queixa que faz em relação ao perdão, que, em sua forma condicional, só dá o que pode ser quantificado em termos de punição. Entender resposta e responsabilidade apenas no contexto de um intercâmbio econômico, que geralmente vem acoplado à garantia jurídica de que o intercâmbio foi justo, não tem a ver com o que Derrida acredita ser o cerne da responsabilidade: responsabilidade em face do incalculável.

Desconstruir o sentido familiar de religião e responsabilidade tem uma urgência política determinada pelo que Derrida descreve como o casamento infeliz entre a religião e a tecnologia digital. Não se trata, segundo Derrida, do fato de que a religião se afirme globalmente graças à sua aliança com as infovias digitais. Mas ele não tem dúvida de que essa é uma aliança cheia de tensões e contradições. Todos os componentes constitutivos da religião — o respeito pela sacralidade da colheita, um sentido de obrigação com Deus e a promessa de absoluta honestidade — falam à sua profunda cautela com relação ao deslocamento, à fragmentação e à desincorporação que, em contrapartida, são as condições de existência da tecnologia digital. Enquanto a rede de informação global e sua sustentação tecnológica representam as forças da abstração e da dissociação, a religião permanece ancorada na necessidade de inscrição e corporificação. Se a informação circula na linguagem de bits, a religião se propaga em idiomas humanos, sejam eles o inglês, o árabe, o espanhol ou o japonês. A religião, escreve Derrida, que está inextricavelmente ligada ao corpo e à inscrição lingüística, sente-se dominada, sufocada, expropriada pelo sistema de informação global. Essa sensação de expropriação e de auto-alienação explica a modalidade primitiva das novas guerras lutadas em nome da religião.

> A vingança é contra a máquina que descorporifica e expropria, recorrendo — revertendo — às mãos nuas, aos órgãos sexuais ou a ferramentas primitivas, geralmente a armas que não as de fogo. O que é referido como "matanças" e "atrocidades" — palavras jamais usadas em guerras "limpas" ou "corretas", nas quais precisamente os mortos não são mais contados (mísseis guiados e "inteligentes" alvejando cidades inteiras, por exemplo) — é aqui suplantado por torturas, decapitações e mutilações de todos os tipos. O que está envolvido é sempre a vingança, geralmente declarada como vingança sexual: estupros, genitálias mutiladas ou mãos cortadas, corpos exibidos, cabeças mostradas, como as que não há muito tempo a França empalava na ponta de estacas (procissões fálicas de "religiões naturais").[29]

A descrição de Derrida aplica-se à maioria das guerras declaradas e não declaradas da última década, entre elas o genocídio em Ruanda, os conflitos da Bósnia e de Kosovo, a guerra civil na Argélia e as interpretações fundamentalistas da lei islâmica no Irã, Afeganistão, Paquistão, Iêmen, Sudão e na Arábia Saudita. Elas sugerem, na sua leitura, que o próprio corpo se vingou de sua expropriação, identificada com a disseminação global do mercado e com a hegemonia do capitalismo ocidental. Teríamos justificativa para pensar os ataques de 11 de setembro como uma mutilação desse tipo.

Se é verdade que um desejo pela reinstituição do ser humano sobre e além da sua reprodutibilidade mecânica está por trás das características primitivas das guerras religiosas contemporâneas, o que muitos se referem como o "retorno do religioso" é, em vez disso, para Derrida, a expansão sem precedentes da herança romana do *religio*, com a ajuda e sob a ameaça do que ele chama de teletecnociência, o sistema de informação global. O uso por Derrida de nomes alternativos para globalização — *mondial*-latinização ou o francês *mondialisation* — destaca sua crença de que um elemento crucial no que chamamos de globalização é o casamento infeliz da religião com a teletecnociência imperialisticamente exportada pelo mundo. Dessa perspectiva, sempre que pensamos em globalização, temos de pensar na propagação de uma certa maneira de construir a religião segundo a marca latina e cristã.

Apesar de todas as tensões que caracterizam a aliança entre a religião e o sistema global de informação, não há dúvida de que a sua é uma ligação incrivelmente poderosa. Para ter alcançado tal escala planetária de expansão, a ligação deve contar com um forte sistema imune que a protege contra a agressão externa. E, no entanto, como aponta Derrida, não existe imunidade sem auto-imunidade, que é a autodestruição de nossas próprias defesas. A globalização mostra tanto força imunitária como fraqueza auto-imunitária. E esta é a marca do nosso tempo.

As condições da tolerância

A tolerância é um dos conceitos-chave da globalização. Proposta como uma convocação moral e política neutra para a hospitalidade e a amizade entre diferentes povos, etnias, tradições e crenças religiosas, ela é de fato, segundo Derrida, profundamente marcada por uma moldura de referência normativa: o cristianismo.

O sentido de tolerância dos dias modernos tem sua herança no Iluminismo. Kant entendia-a como a promessa emancipadora da era moderna. Na leitura de Derrida, as implicações problemáticas da tolerância começaram com o projeto de Kant para realocar a religião "dentro" dos limites da razão, a fim de neutralizar seu potencial irracionalista. Um texto clássico de Kant, *A religião dentro dos limites estritos da razão,*[30] ilustra esse esforço. A leitura desconstrutiva que Derrida faz desse ensaio mostra que a tentativa de Kant de oferecer à religião uma justificação racional termina com qualquer tentativa de fundar a razão na religião e mais especificamente no cristianismo. Explorar a intervenção de Derrida sobre o texto de Kant, não só mostrará o alcance do envolvimento do primeiro com o legado do Iluminismo, mas também irá desfazer qualquer suspeita de que sua leitura do terrorismo global como uma crise auto-imune possa estar firmando uma postura niilista.

A intervenção de Derrida sobre o texto de Kant começa com o título. Enquanto o tratado de Kant é *A religião dentro dos limites estritos da razão*, a resposta de Derrida, que vem no subtítulo de seu próprio tratado *Fé e conhecimento*, é *A religião nos limites estritos da razão*. Dizer que a religião não se erige *dentro* dos limites da razão (como no título de Kant) mas *nos* seus limites (como na apropriação que Derrida faz do título de Kant) indica a interdependência do que é incluído e do que é excluído por esse limite. Da mesma maneira que a identidade geográfica de dois países, digamos, o Canadá e os Estados Unidos, depende do fato de os dois partilharem uma fronteira, que serve à dupla função de incluir um país e excluir o outro, a linha de demarcação entre a razão e a religião tem para ele o mesmo papel, entrelaçando-as inextricavelmente.

Kant distinguia entre dois tipos de religião: uma é a "religião do culto apenas", que ensina a prece e não exige do fiel que ele encontre o seu caminho para se desviar do pecado e seguir a vida moral. A outra é a "religião moral", que prescreve ao indivíduo o aprimoramento de si, atuando em seu próprio terreno moral, o que Kant expressa de uma forma axiomática: "Não é essencial e portanto necessário que todo mundo saiba o que Deus faz ou fez por sua salvação, mas é essencial saber o que o homem deve necessariamente fazer a fim de se tornar merecedor da atenção de Deus."[31]

Em correspondência com esses dois tipos de religião, Kant descreve dois tipos diferentes de fé: a "fé dogmática", que não opera sob esse princípio e não reconhece a distinção entre revelação e conhecimento; e a "fé reflexiva", na qual o caminho fora do pecado não depende da revelação histórica, mas da racionalidade e da boa vontade humanas. A fé reflexiva manda-nos "suspender" nossa crença em Deus e fingir que ele não existe a fim de provar nosso comprometimento moral. Nesse texto, nossa responsabilidade filosófica, secular e moral parece estar ligada à experiência do abandono: a morte de Deus, silenciosa e inexplicavelmente, além de qualquer narrativa da escritura.

Depois de apresentar essa classificação, Kant identifica no cristianismo o arquétipo da única religião moral. O cristianismo liberou a fé reflexiva da expectativa paralisante do messias: a revelação histórica já ocorreu no cristianismo, portanto, o processo de auto-edificação pode começar baseado na força individual do crente em seu caráter e em sua dedicação. Essa conclusão "forte, simples e estonteante", nas palavras de Derrida, tem como conseqüência o fato de que moralidade pura e cristianismo são indistinguíveis; se isso é verdade, todo o aparato da teoria moral kantiana, incluindo "a universalidade incondicional do imperativo categórico", é evangélico. "A lei moral inscreve-se no fundo de nossos corações como a memória da Paixão. Quando ela se dirige a nós, fala o idioma do cristão — ou é silenciosa."[32] O processo de secularização da religião, o objetivo de Kant, é assim inseparável da essência do cristianismo, a religião que entende a si mesma em termos da morte de Deus.[33] O esforço de Kant para moralizar a religião levou-o, segundo Derrida, ao resultado paradoxal de acabar transformando a moralidade em um empenho religioso. O conceito de tolerância é o exemplo quintessencial desse dilema kantiano: apresenta-se como religiosamente neutro e, no entanto, contém um forte componente cristão. O caso da tolerância é quase facilmente demais amoldado pela história cristã para servir como prova do argumento de Derrida. Como ele lembrou em nosso diálogo,

> A palavra "tolerância" é antes de mais nada marcada por uma guerra religiosa entre cristãos, ou entre cristãos e não-cristãos. A tolerância é uma virtude *cristã* ou, por isso mesmo, uma virtude *católica*. O cristão deve tolerar o não-cristão, porém, ainda mais do que isso, o católico deve deixar o protestante existir. Como hoje sen-

timos que as reivindicações religiosas estão no coração da violência (a senhora vai notar que continuo dizendo, de maneira deliberada e genérica, "violência", para evitar as palavras equívocas e confusas "guerra" e "terrorismo"), recorremos a essa boa e velha palavra "tolerância": que muçulmanos concordem em viver com judeus e cristãos, que judeus concordem em viver com muçulmanos, que os crentes concordem em tolerar os "infiéis" ou "descrentes" (pois esta é a palavra que "bin Laden" empregou para denunciar seus inimigos, em primeiro lugar os americanos). A paz seria assim a coabitação tolerante.

A história do conceito revela que a tolerância "está sempre do lado da 'razão do mais forte'", firmemente vinculada à figura do soberano, que Habermas também menciona em nosso diálogo. Desse ponto de vista, ser tolerante não vai tornar aqueles que se sentem excluídos mais incluídos ou compreendidos. Esta era certamente uma declaração insensível a se fazer no imediato rescaldo dos ataques de 11 de setembro, quando os países ocidentais dependiam da tolerância como compromisso moral unificador.

Enquanto para Derrida não há modo algum de superar a unilateralidade da tolerância, a hospitalidade é um conceito muito mais flexível. "Se você acha que estou sendo hospitaleiro porque sou tolerante, é porque eu desejo limitar minha acolhida, reter o poder e manter o controle sobre os limites de meu 'lar', minha soberania, o meu 'eu posso' (meu território, minha casa, minha língua, minha cultura, minha religião etc.)." A tolerância é uma "hospitalidade vigiada, sempre sob vigilância, parcimoniosa e protetora da sua própria soberania. No melhor dos casos, é o que eu chamaria de uma hospitalidade condicional, aquela que é mais comumente praticada por indivíduos, famílias, cidades, ou estados".[34]

A vantagem da hospitalidade sobre a tolerância é que ela se presta, assim como o perdão, a ser colocada do registro duplo no condicional e do incondicional. De fato a tolerância é, para Derrida, hospitalidade condicional. Sendo tolerante, admitimos o outro sob nossas próprias condições e sob nossa autoridade, lei e soberania. Derrida espera, em vez disso, por um novo conceito de hospitalidade que seja, em um sentido, muito mais tolerante do que a tolerância. Surpreendentemente, para aqueles que acreditam que Derrida é um pensador do contra-Iluminismo, Kant é o seu ponto de referência. A formulação que faz da hospitalidade incondicional depende da distinção estabelecida por Kant entre os dois tipos de direitos: direito de convite e direito de visitação.

> Mas hospitalidade pura ou incondicional não consiste em tal *convite* ("Eu o convido, eu dou-lhe as boas-vindas ao meu *lar*, sob a condição de que você se adapte às leis e normas do meu território, de acordo com minha linguagem, tradição, memória etc."). A hospitalidade pura e incondicional, a hospitalidade *em si*, abre-se ou está aberta previamente para alguém que não é esperado nem convidado, para quem quer que chegue como um *visitante* absolutamente estrangeiro, como um *recém-chegado*, não-identificável e imprevisível, em suma, totalmente outro. Eu chamaria essa hospitalidade de *visitação* mais do que de *convite*. A visita poderia na verdade ser muito perigosa, e não devemos ignorar esse fato; mas será que uma hospitalidade sem risco, uma hospitalidade apoiada em certas garantias, protegida por um sistema imune contra o totalmente outro, seria uma hospitalidade verdadeira?

Como nenhum sentido de perdão existiria sem perdão incondicional, nenhum sentido de verdadeira hospitalidade e abertura para o outro existiria sem hospitalidade incondicional.

Violência excessiva

A hospitalidade condicional, ou tolerância, é fundamentalmente o direito de convite, e como tal, lança as condições para as convenções internacionais e cosmopolitas. A hospitalidade incondicional, em oposição, corresponde ao direito de visitação. Como tal, expõe o anfitrião ao risco máximo, pois não dá margem a qualquer defesa ou imunidade sistemática contra o outro. Derrida admite que a hospitalidade incondicional não pode ter um status político ou jurídico. Os estados não podem incluí-la em suas leis, porque a hospitalidade sem condições é irreconciliável com a própria idéia de um Estado soberano. E, no entanto, é somente do ponto de vista da hospitalidade incondicional, ou do direito de visitação, que conquistamos uma perspectiva crítica dos limites do direito cosmopolita, de tolerância, hospitalidade condicional e direito de convite.

Em seu tratado *Paz perpétua*, Kant defende a idéia de direito cosmopolita sem o apoio de um governo mundial. Desde a Primeira Guerra Mundial, as instituições internacionais operaram em acordo com o legado de Kant, mas este é o sonho político de Derrida, bem como o de Habermas. No entanto, enquanto Habermas o vê como um programa, Derrida entende-o como um ideal que pode ser perseguido da melhor maneira, fazendo com que ele enfrente continuamente os seus limites. Pois, como vimos, o cosmopolitismo expressa apenas hospitalidade condicional ou o que Kant chama o direito de convite.

Para Derrida, o ideal da democracia está além do cosmopolitismo e da cidadania mundial, acima e além da economia de soberania, política e jurídica. O cosmopolitismo aplica-se a um mundo visto como um cosmo que desde os gregos significa um todo bem-ordenado regulado por princípios e leis. Embora Derrida explicitamente aceite o cosmopolitismo e a cidadania mundial, ele sente que o compromisso com a justiça não pode ser plenamente exercido dentro das fronteiras da lei e do cosmopolitismo. Pois a justiça, assim como a democracia, não tem a ver apenas com a nossa conduta dentro da moldura do Estado ou sob as obrigações da cidadania, mas também em face de um estranho.

Quero sublinhar que a crença de Derrida de que é preciso deixar espaço para alguma coisa localizada em algum lugar *além* da política e da lei, do cosmopolitismo e da cidadania mundial, está firmemente ancorada em um esquema formal: a distinção entre os registros condicional e incondicional. O formalismo conceitual desse gesto permite-lhe evitar ressurreições reacionárias e nostálgicas, bem como uma leitura essencialista da tradição e da identidade. A qualidade do que está além da política e da lei nunca é determinada em termos de qualquer conteúdo ou valor específico, mas simplesmente indicada como a condição de possibilidade para o que for elaborado pela política e pela lei.[35]

Enquanto o perdão, nas mãos de políticos e no domínio jurídico, torna-se uma terapia de reconciliação, e a hospitalidade, nas mãos do cosmopolitismo, transforma-se no simples direito de convite, a justiça nas mãos da lei é reduzida à simples imposição da lei.

> A aplicabilidade, a "imposição", não é uma possibilidade exterior ou secundária que possa ou não ser acrescentada como um suplemento da lei. Ela é a força essencialmente implícita no conceito mesmo de *justiça como direito* (*droit*), de justiça quando se torna *droit* (pois quero insistir de saída na possibilidade de uma justiça, na verdade de uma lei que não só exceda ou contradiga a "lei" [*droit*] mas também, talvez, que não tenha qualquer relação com a lei, ou mantenha uma relação tão estranha com ela que possa muito bem comandar o *droit* que a exclui). A palavra imposição lembra-nos que não existe coisa tal como uma lei [*droit*] que não implique *em si mesma, a priori, a estrutura analítica do seu conceito,* a possibilidade de ser "imposta", aplicada pela força.[36]

As noções de excesso e suplemento são centrais na concepção de política de Derrida e expõem uma diferença-chave entre o seu pensamento e o de Habermas, uma vez que elas implicam que a política deve admitir a existência de algo localizado além dos seus limites. Para Derrida, a justiça é e está além da lei; de outro modo, seria reduzida à imposição da lei. Lei e justiça pertencem a duas dimensões diferentes. Como a lei é o produto da dinâmica social e política, ela é finita, relativa e historicamente determinada. Em contraste, a justiça transcende a esfera da negociação social e da deliberação política, o que a torna infinita e absoluta. A justiça, para Derrida, está além das fronteiras da política, tal como a sua inexaurível demanda.

Vamos examinar mais de perto como Derrida chega a essa conclusão. Seu ponto de partida é a expressão inglesa "*to enforce the law*" — "impor a lei". Ao contrário da expressão francesa "*appliquer la loi*" — "aplicar a lei", o inglês "impor a lei" revela a suposição decisiva em relação à natureza da lei, ou seja, que sua imposição demarca o uso autorizado da força. Em uma democracia constitucional a lei é autorizada porque representa a vontade dos cidadãos. No caso de um sistema político não-democrático, a autorização corresponde à autoridade incontestável de um chefe absoluto ou de um partido no poder. No entanto, em ambos os casos, o elo entre imposição e lei permite a distinção entre lei como força autorizada e violência como força não-autorizada.

Insistindo no elemento idiomático da linguagem, Derrida volta-se para o substantivo alemão *Gewalt*, que significa tanto violência, no sentido de força não-autorizada, como poder legítimo ou força pública. Ele argumenta que a oscilação semântica exibida por *Gewalt* não é uma esquisitice isolada, mas uma abertura para a instabilidade estrutural da distinção conceitual entre força autorizada e não-autorizada, usualmente construída como um par de opostos. Derrida prossegue em seu argumento com uma leitura detalhada do difícil ensaio de Walter Benjamin "Zur kritik der Gewalt", traduzido comumente como "Crítica da violência", que se move precisamente em torno da ambivalência de *Gewalt*.[37] Como a distinção entre o uso autorizado e o não-autorizado da força claramente exibe, a idéia de Benjamin é de que a avaliação da violência é tradicionalmente centrada em seu uso ou aplicação, deixando inexplorada a discussão do que ela é.

O que é *Gewalt*? Um terremoto, um *tsunami* ou qualquer outro acontecimento natural é violento apenas no sentido figurativo. A violência é um conceito que pertence à ordem simbólica da lei, da política e da moral. Aceitando que este seja o caso, para Benjamin a distinção importante não é entre força autorizada e não-autorizada, mas entre "força fazedora-da-lei", que se refere ao momento de fundação do sistema legal, e "força conservadora-da-lei", que corresponde à imposição da lei. Derrida toma a distinção de Benjamin e emprega-a para desconstruir a distinção mais tradicional entre força autorizada e não-autorizada, que Benjamin parece arrogantemente deixar de lado.[38]

Na leitura de Derrida, o que Benjamin chama de força fazedora-da-lei, o ato de fundar um novo sistema de lei, não tem condições de ser levado a cabo dentro de fronteiras legais. "A origem da autoridade, a fundação ou base, a posição da lei não podem por definição repousar em nada além de si mesmas."[39] Esse juízo parece trivial quando aplicado à posição de um monarca absoluto, digamos, Luís XIV da França, que declarou "*L'état c'est moi*". No entanto, da notável perspectiva de Derrida, o caso de Thomas Jefferson e dos Pais Fundadores da democracia parlamentar americana não é diferente, porque até mesmo os princípios da Constituição dos Estados Unidos carecem de justificativa legal prévia.[40]

> Todas as situações revolucionárias, todos os discursos revolucionários, à esquerda ou à direita, ... justificam o recurso à violência alegando a fundação, em progresso ou por vir, de uma nova lei. Como a lei por vir virá por sua vez legitimar retrospectivamente a violência que possa ofender o sentimento de justiça, seu futuro anterior já a justifica. A fundação de todos os estados ocorre em uma situação que podemos assim chamar de revolucionária. Ela inaugura uma nova lei e sempre faz isso com violência. Sempre, vale dizer, mesmo quando não houve aqueles genocídios espetaculares, expulsões ou deportações que tão freqüentemente acompanham a fundação de estados, grandes e pequenos, velhos ou novos, próximos de nós ou distantes. ... Esses momentos, supondo que os possamos isolar, são aterrorizantes. Por causa dos sofrimentos, dos crimes, das torturas que raramente deixam de acompanhá-los, sem dúvida, mas também porque são em si, e em sua própria violência, ininterpretáveis ou indecifráveis.[41]

A fundação de um novo sistema de leis ocorre na ausência de qualquer parâmetro legal. Esse fato torna-o literalmente ilegal. Como a lei detém o monopólio tanto da força autorizada como da não-autorizada, a conseqüência disso é que até mesmo a mais amigável inauguração de uma nova ordem legal acontece acima e além da distinção entre uso autorizado e não-autorizado da força.

Derrida é cauteloso ao sublinhar que a fundação da lei antes *excede* do que ofende as fronteiras da legalidade. É por isso que ele acredita que todos os momentos revolucionários são fundamentalmente não-interpretáveis e indecifráveis. A legitimidade da ordem legal não pode ser oferecida a não ser retroativamente, ou seja, assim que o sistema de lei foi estabelecido e puder ser imposto. Nessa medida, Derrida acha que a justificação moral da lei, isto é, a justiça, está sempre *à venir*, por vir. A futuridade irreversível da justiça é o que Derrida, tomando emprestada uma expressão do filósofo francês do século XVI, Michel Montaigne, chama a "fundação mística da autoridade".

O reconhecimento da condição peculiar que acompanha a fundação de todas as leis é aterrorizante, não só porque freqüentemente essa fundação acontece em meio a derramamento de sangue de todo tipo, mas também porque torna possível conceber nossas ações além da oposição entre legal e ilegal. A que categoria pertenceriam estas ações? Se a ação legal corresponde à violência autorizada, e a ação ilegal corresponde à violência não-autorizada, será que uma ação que não é legal nem ilegal corresponderia à pura violência? Derrida não acredita que esse impasse tenha solução, mas considera-o produtivo, pois revela que a violência é interna, mais do que externa, à ordem da lei.

Sob essa premissa, o terrorismo pareceria ser a expressão quintessencial da fundação da violência. "Até na escala grandiosa da máfia e do tráfico de drogas pesadas", o crime transgride a lei buscando benefícios particulares, de modo que o sistema legal e o Estado que depende desse sistema não são ameaçados em suas fundações. Mas o terrorismo cria uma situação diferente, porque ataca o momento de fundação da lei e, por meio dele, a legitimidade do Estado. A dificuldade de levar a julgamento o terrorismo como terrorismo reside no fato de que ele coloca o mesmo desafio ao sistema de leis que uma revolução ou uma guerra. É por isso que Derrida sugere que a diferença entre terrorismo e guerra é bastante escorregadia.

Ao lado das questões jurídicas relativas ao julgamento do terrorismo, existe a questão moral referente aos parâmetros do julgamento. Como vamos julgar o terrorismo se, de fato, sua violência não é legal nem ilegal? Foi o que Derrida disse em nosso diálogo.

> O que me parece inaceitável da "estratégia" (em termos de armas, práticas, ideologia, retórica, discurso etc.) do "efeito bin Laden" é não só a crueldade, o menosprezo pela vida humana, o desrespeito à lei, às mulheres, o uso daquilo que há de pior na modernidade tecnocapitalista para propósitos de fanatismo religioso. Não. É acima de tudo o fato de que tais ações e tal discurso *não se abrem para futuro algum*

> *e a meu ver não têm futuro.* Se devemos colocar alguma fé na perfectibilidade do espaço público e no cenário jurídico-político mundial, na palavra "mundial" em si, então me parece que não há *nada de bom* a se esperar daquele lado.

O que falta ao terrorismo é a projeção no futuro e o interesse na perfectibilidade do presente, que Derrida identifica com a inexaurível demanda por justiça. Nesse sentido, o terrorismo simplesmente carece de justiça.

> É por isso que, no desencadeamento da violência sem nome, se eu tivesse de optar entre um dos dois lados e escolher em uma situação binária, eu o faria. Apesar de minhas fortes reservas em relação à posição política americana — de fato européia — referente à coalizão "internacional antiterrorista", apesar de todas as traições *de facto*, de todos os fracassos da tentativa de viver sob a democracia, a lei internacional e as próprias instituições internacionais que os estados da "coalizão" fundaram e apoiaram até um certo ponto, eu optaria pelo campo que, em princípio, por direito de lei, deixe uma perspectiva aberta para a perfectibilidade em nome da "política", da democracia, da lei internacional, das instituições internacionais e assim por diante.

A visão de justiça de Derrida leva-o a interpretar a lei como universal, e a justiça, como singularmente particular. Enquanto o domínio real pressupõe a generalidade de regras, normas e dos imperativos universais, a justiça diz respeito a indivíduos, à singularidade de suas vidas e situações. À medida que a lei é organizada em torno da demanda de universalidade — regras e imperativos —, ela opera no domínio do que é possível, geralmente previsível e certamente calculável. Já a justiça apresenta-nos uma série de exigências impossíveis: julgar o que é absolutamente singular, relacionar-se com o outro em sua plena alteridade e tomar decisões em face da infinita perfectibilidade de qualquer decisão. A justiça exige de nós que calculemos o incalculável e decidamos o indecidível. Em resumo, a justiça requer a experiência da aporia, na verdade uma experiência impossível. E, no entanto, Derrida insiste, "não há justiça sem essa experiência, por mais impossível que ela possa ser".[42] Manter a fissura entre a justiça e a lei ajuda a manter aberta a promessa impossível da utopia.

A concepção de justiça de Derrida requer uma revisão da concepção familiar de responsabilidade. Pois se a justiça não pode ser restrita às fronteiras da lei, do calculável e do universal, a responsabilidade não pode ser concebida sob a égide do agente moral autônomo, definido como a capacidade de cada indivíduo para legislar por si mesmo. Essa concepção clássica da autonomia produzida por Kant, entende a responsabilidade como o momento fundador de uma ordem legal separada. Em contraste, Derrida acredita que tal momento de fundação excede a lei que ele estabelece. Do mesmo modo como a justiça excede a lei, é preciso haver um conceito de responsabilidade que exceda a autolegislação do livre-arbítrio. Como a justiça, uma responsabilidade radicalmente incondicional é uma experiência impossível, sem a qual, no entanto, não pode haver ética e moralidade. Ser responsável é responder ao chamado do outro: outro indivíduo, outra cultura, outro tempo. Tal resposta também nos torna responsáveis pelo outro "em nós mesmos".

> Para ser justa, a decisão de um juiz, por exemplo, deve não só seguir a regra da lei ou uma lei geral, mas deve assumi-la, aprová-la, confirmar o seu valor por um ato reinstitutivo de interpretação, como se, em última análise, nada existisse previamente à lei, como se o próprio juiz inventasse a lei em cada caso. ... Em suma, para ser justa e responsável, uma decisão precisa, no seu momento adequado, se existir um, ser ao mesmo tempo regulada e sem regulação: precisa confirmar a lei e também destruí-la ou suspendê-la o bastante para ter de reinventá-la em cada caso, voltar a justificá-la, pelo menos para reinventá-la na afirmação da nova e livre confirmação do seu princípio.

A promessa européia

Na opinião de Derrida, depois de 11 de setembro a política internacional e a diplomacia iriam se beneficiar enormemente se trabalhassem lado a lado com os filósofos. Mais do que nunca, o desafio atual é desenvolver um arcabouço crítico a partir do qual avaliar e reinventar a linguagem das relações internacionais. A filosofia pode desempenhar um papel singular nessa conjuntura, porque ela sabe como examinar os elos entre o sistema jurídico-político e a herança filosófica que o produziu. Somente apropriando-se dessa complexa rede de elos explícitos e implícitos poderá ocorrer a transformação do sistema. Com seu acesso privilegiado a esses elos, a filosofia poderia ajudar a avaliar a linguagem que é usada na política internacional e acabar levantando a questão da responsabilidade daqueles que a dirigem.

Um número de questões amplas e difíceis precisa ser estudado de novo depois de 11 de setembro. Uma delas, segundo Derrida, é a soberania, que constitui a aporia especial do cosmopolitismo: como estabelecer o direito internacional sem um governo mundial. A política mundial parece depender disso. Por exemplo, a questão da soberania domina a discussão em torno da legitimidade de se declarar guerra contra o terrorismo. Derrida chama isso de "uma guerra sem guerra". Seguindo a trilha de Schmitt, ele sustenta que uma guerra só pode ocorrer entre dois estados soberanos. Não só qualquer ajuda ou apoio foram formalmente oferecidos por todos os estados; mas a tese do governo Bush de que existem nações "abrigando" atividades terroristas é difícil de provar, uma vez que Londres, Madri e Hamburgo acolheram células terroristas em que indivíduos eram treinados, doutrinados e de onde saíram.

A questão da soberania, disse Derrida em nosso diálogo, afeta as relações internacionais ainda em outro nível: o caráter incompleto do processo de secularização na política atual. A opinião de Derrida é de que 11 de setembro revelou o conflito entre duas teologias políticas. De um lado há os Estados Unidos, a única grande potência democrática que mantém a pena de morte e cultiva uma marca cristã bíblica em seu discurso político. Do outro está seu inimigo, que se identifica como islâmico. Derrida observa que essas duas teologias políticas não só derivam da mesma fonte abraâmica, como o epicentro de seu conflito, pelo menos simbolicamente, é o estado de Israel (um estado judaico) e o estado virtual da Palestina.

A frente de combate, na visão de Derrida, não é Oriente *versus* Ocidente, como comumente se figura. É mais entre os Estados Unidos e uma Europa que ele identifica como o único ator secular no palco mundial. Ao mencionar a Europa, Derrida refere-se a uma "nova figura da Europa" ou a Europa-por-vir, mais do que à Comunidade Européia, à qual, mesmo assim, ele credita uma das mais avançadas culturas políticas não-teológicas.

A reflexão de Derrida sobre a Europa-por-vir começou em 1990, quando um filósofo italiano pediu-lhe que respondesse a uma questão sobre a identidade cultural européia. Fazia poucos meses da queda do Muro de Berlim. Surpreendentemente, dada sua tendência usual de evitar declarações axiomáticas, naquela ocasião Derrida afirmou: "O que é próprio a uma cultura é não ser idêntica a si mesma."[43] Essa assertiva confirma sua crença no valor ético da heterogeneidade e da diferença que exemplifiquei ao discutir a função exclusiva e inclusiva das fronteiras geográficas, entre elas o Muro de Berlim, na segunda seção deste ensaio. Para Derrida, a identidade acarreta a diferenciação interna ou, em sua formulação, a "diferença com relação a si mesma". Na verdade, a autorelação produz cultura; mas não existe cultura alguma sem relação com o outro. Nenhuma cultura tem uma origem única: está na própria natureza da cultura explorar a diferença e desenvolver uma abertura sistemática em relação aos outros dentro de nossa cultura bem como em outras.

> *Por um lado*, a identidade cultural européia não pode ser dispersa. ... Ela não pode e não deve se dispersar em uma miríade de províncias, em uma multiplicidade de idiomas fechados em si mesmos ou pequenos nacionalismos mesquinhos, cada qual ciumento e intraduzível. Não pode e não deve renunciar a locais de grande circulação ou tráfego pesado, a grandes avenidas ou artérias de tradução, comunicação e, assim, de midiatização. Mas, *por outro lado*, ela não pode e não deve aceitar ser a capital de uma autoridade centralizadora que, por meio de seus mecanismos transeuropeus, ... controlaria e padronizaria.[44]

Além do europocentrismo e do anti-europocentrismo, há dois programas que Derrida caracteriza como "inesquecíveis" mas "exauridos": qual a identidade cultural pela qual somos responsáveis? Que memória e que promessa o nome da Europa evoca? A quem e diante de quem somos responsáveis? Ele enumera dois tipos de responsabilidade: a responsabilidade com relação à memória e a responsabilidade consigo mesmo. Enquanto a segunda sublinha a necessidade de um comprometimento pessoal e incondicional com o processo decisório, a segunda demanda um auto-entendimento histórico baseado na diferença e na heterogeneidade.[45] Para sermos responsáveis *por* essa memória da Europa, precisamos transformá-la a ponto de reinventá-la. Desse modo, não iremos simplesmente repetir ou abominar o seu nome. A transformação só ocorrerá se aceitarmos a possibilidade de uma impossibilidade, a experiência da aporia.

> É necessário que nos tornemos os guardiães de uma idéia da Europa, de uma diferença da Europa, *mas* de uma Europa que consista precisamente em não se fechar na sua identidade e saiba avançar de um modo exemplar em direção ao que ela não é, rumo a outra direção ou em direção ao outro.[46]

A noção de capital figura no título que Derrida deu ao seu pequeno livro sobre a Europa: *A outra direção*. A obra foi escrita para responder à promessa política de uma Europa unificada, assumindo a responsabilidade pelo passado da Europa — um passado que, espera Derrida, virá proteger e reencaminhar a Europa para outra direção, outra destinação. Geograficamente a Europa entendeu a si mesma como um promontório, um cabo ou um pontal: a porção extrema da Eurásia e o ponto de partida para as descobertas e a colonização. Embora a necessidade de uma capital física, uma metrópole única que exerça o papel de coração de uma nação, tenha envelhecido consideravelmente, o "discurso da capital" ainda está intacto. Esse discurso é entrelaçado com a questão da identidade européia. A cultura européia é responsável pela emergência do ideal de Estado-nação "encabeçado" por uma cidade capital. Paris, Berlim, Roma, Bruxelas, Amsterdã, Madri, todas elas são capitais nesse sentido muito forte. A palavra capital, do latim, "cabeça", *caput*, também aparece em uma variedade de outras expressões, tais como os cabeçalhos de um jornal ou o título de um livro. A Europa, para Derrida, é o nome para o cabeçalho da cultura, o cabeçalho exemplar de todas as culturas.

Assumir a responsabilidade pela Europa significa responder à complexidade que constitui o seu passado, o seu presente e o seu futuro e reinventar suas relações. A soberania, que Derrida renomeia como "discurso da capital", está em primeiro lugar na lista. Para reinventar a Europa e ao mesmo tempo assumir a responsabilidade por sua herança, precisamos acreditar nas contaminações paradoxais, tais como "a memória de um passado que nunca foi presente", ou "a memória do futuro". Afinal, salienta Derrida, o movimento da memória não está necessariamente atado ao passado. A memória não tem a ver só com preservar e conservar o passado, ela está sempre voltada para o futuro, "em direção à promessa, ao que está vindo, ao que está chegando, ao que está acontecendo amanhã".[47]

O outro cabeçalho é a direção em que a Europa, a verdadeira Europa, deveria estar viajando. É também a direção rumo a uma nova forma de soberania, urgentemente necessária caso o cosmopolitismo se torne uma realidade política no mundo pós-11 de setembro. Essa destinação não é nova nem velha, mas a memória de um passado que nunca foi presente. Esta é a memória da promessa do Iluminismo: liberdade e igualdade para todos.

NOTAS

PREFÁCIO

1. Immanuel Kant, "On Perpetual Peace", in Hans Reiss (org.), *Kant's Political Writings*, Cambridge, Cambridge University Press, 1970, p.106.

2. Ibid, p.108.

INTRODUÇÃO

1. Aristóteles. *Poetics*, Michingan, University of Michigan Press, 1967, p.33.

2. Existem algumas exceções notáveis à perspectiva iniciada sobretudo por Aristóteles. Exemplo destacável é o do filósofo italiano de século XVIII, Giambattista Vico, que defende a prioridade da história e da memória sobre a razão, pensada como uma faculdade independente do tempo. Vico sublinha o princípio de que "a verdade e o inventado são o mesmo", *verum ipsum factum*. Se por "inventado" entendemos o domínio dos fatos e acontecimentos produzidos pelo homem, o que Vico endossa é a idéia de que o conhecimento histórico pode aspirar à certeza absoluta. Contrariamente ao ponto de vista racionalista de Descartes, a tese de Vico é de que as ciências humanas podem oferecer conhecimento exato porque as sociedades, bem como os acontecimentos históricos, são nossa própria criação. Ver Giambattista Vico in Thomas Goddard Bergin e Max Harold Fisch (org.), *The New Science: Unabridged Translation of the Third Edition*, Ithaca, Cornell University Press, 1984.

3. O tratado de John Stuart Mill *On Liberty* é um manifesto do princípio da liberdade negativa. "O objeto deste ensaio é afirmar um princípio muito simples, ... que o único fim para o qual a humanidade é convocada individual ou coletivamente a interferir com a liberdade de qualquer de seus membros é a defesa própria. Que a única finalidade para a qual o poder cabe ser justamente

exercido sobre qualquer membro da comunidade civilizada, contra a sua vontade, é impedir o dano aos outros. Seu próprio bem físico ou moral não é garantia suficiente." John Stuart Mill, *On Liberty*, Londres/Nova York, Norton, 1975, p.48.

4. Quando solicitados a refletir sobre modelos de engajamento político entre os filósofos do século XX, muitos leitores pensam em Jean-Paul Sartre, e não em Russell ou Arendt. Quero sublinhar que meu foco aqui é o *contraste entre* duas diferentes maneiras de entender a relação entre filosofia e política. Tal contraste me parece muito visível na justaposição dessas duas figuras. O campo em que alinho Arendt, Habermas e Derrida também é a experiência da história como trauma. A formulação que Arendt fez da filosofia como uma resposta ao trauma histórico proporciona um modelo para o que é comum nas trajetórias de Habermas e Derrida

5. Bertrand Russell, *Philosophy and Politics*, Cambridge, Cambridge University Press, 1947, p.20.

6. Ibid, p.26.

7. Ibid, p.8.

8. Noam Chomsky, *9-11*, Nova York, Seven Stories Press, 2001.

9. Existem muitos aspectos da anatomia do totalitarismo esboçada por Arendt que não vou poder discutir aqui. Talvez minha maior omissão seja a descrição que ela faz da instalação de regimes totalitários na metade do século XX como o resultado do progressivo empobrecimento da concepção ocidental de cidadania. Simbolicamente, isso significa o triunfo do *bourgeois*, do indivíduo ambicioso, em busca de riqueza e poder a qualquer custo, sobre o *citoyen*, que crê no valor da vida política. Na leitura de Arendt, o imperialismo do século XIX, com sua busca da conquista global fora das fronteiras do Estado-nação, abre o palco para movimentos políticos cuja preocupação é a auto-afirmação da identidade nacional, étnica ou racial, mais do que o cuidado com um mundo público estável e contido em si mesmo. Ver Hannah Arendt, *The Origins of Totalitarianism*, Sidney, Allen and Unwin, 1967.

10. "Se quisermos nos sentir em casa nesta terra, mesmo sob o preço de nos sentirmos em casa neste século, devemos tentar tomar parte no interminável diálogo com a essência do totalitarismo." Hannah Arendt, "Entendimento e política (As dificuldades do entendimento)", *Essays in Understanding, 1930-1954*, Jerome Kohn (org.), Nova York, Harcour, Brace & Co., 1994, p.323.

11. Ibid, p.457.

12. Hannah Arendt, *Eichmann in Jerusalem: A Report on the Banality of Evil*, Nova York, Viking Press, 1963 (trad. bras., *Eichmann em Jerusalém, um ensaio sobre a banalidade do mal*, São Paulo, Companhia das Letras, 1996).

13. O primeiro aspecto enfatizado repetidamente ao longo do livro é que a justiça criminal, moral e política envolve as ações particulares de pessoas particulares, de modo que o ato de fazer um julgamento se corrompe assim que esse aspecto-chave é esquecido. Uma das principais acusações que Arendt faz aos procedimentos em Jerusalém é de que o julgamento foi deliberadamente manipulado, apesar das tentativas dos juízes, para atender a interesses de grupos — tanto durante os acontecimentos que eram julgados quanto por ocasião do julgamento, que ocorreu 15 anos depois do fim da guerra. Ela achou problemático que durante o julgamento a questão do colaboracionismo judeu não fosse adequadamente trazida à tona. Em sua leitura, o governo israelense também queria um julgamento que lembrasse ao mundo inteiro os sofrimentos do povo judaico e que permitisse finalmente que os sobreviventes judeus tivesse um público oficial. O fato de que uma agenda política comandasse o julgamento era para Arendt uma perversão da justiça, por mais simpática que ela fosse aos motivos. A controvérsia tornou-se tão amarga que levou Gershom Scholem, o eminente sionista, a declarar cruelmente que a reportagem de Arendt sobre o julga-

mento de Eichmann carecia de *Ahabath Israel*, ou amor pelo povo judaico. Ver "Arendt's *Eichmann in Jerusalem*", de Seyla Benhabib, in Dana R, Villa (org.) *The Cambridge Companion to Hannah Arendt*, Cambrideg, Cambridge University Press, 2000, p.65-85. Um excelente tratamento deste tópico pode ser encontrado em *Hannah Arendt and the Jewish Question*, Cambridege, MIT Press, 1996; e Dana R. Villa, *Politics, Philosophy, Terror: Essays on the Thought of Hanna Arendt*, Princeton, Princeton University Press, 1999.

14. Jürgen Habermas, "Ideologies and Society in Post-War World", in Peter Dews (org.), *Autonomy and Solidarity: Interviews with Jürgen Habermas*, Londres, Verso, 1986, p.43.

15. A expressão "passado indômito" (*unbewältige Vergangenheit*) surgiu no contexto da história intelectual da Alemanha no pós-Segunda Guerra Mundial. Foi cunhada para descrever tentativas alemãs de aceitar o passado nazista. Voltou ao centro do palco durante o *Historikerstreit* sobre a normalização do passado alemão. Ver Charles S. Maier, *The Unmasterable Past: History, Holocaust and German National Identity*, Londres/Cambridge, Harvard University Press, 1988.

16. Ernst Nolte, "Vergangenheit, die nicht vergehen will. Eine Rede, die geschrieben, aber nicht gehalten werden konnte," *Frankfurter Allgemeine Zeitung*, 6 de junho de 1986.

17. Jürgen Habermas, "On the Public Use of History", in Shierry Weber Nicholsen (org.), *The New Conservatism: Cultural Criticism and the Historians' Debate* (introd. Richard Wolin), Cambridge, MIT Press, 1989, p.229.

18. Ibid, p.233.

19. Ver Jürgen Habermas, "Yet Again: German Identity — A Unified Nation of Angry DM-Burghers", in Harold James e Marla Stone (org.) *When the Wall Came Down: Reactions to German Unification*, Londres, Routledge, 1992, p.86-102.

20. Jacques Derrida, "Circumfession", in Geoffrey Bennington e Jacques Derrida, *Jacques Derrida*, Chicago, University of Chicago Press, 1993, p.58.

21. Ibid, p.73.

22. Além disso, a própria noção de espécie tem uma história específica que data da época de Aristóteles, que usou *eidos* para espécie, em contraste tanto com o particular (isto é, um indivíduo) quanto com o gênero (o domínio animal). Ver Aristóteles, "Categorias", 2a14, in *The Categories; On Interpretation*, Cambridge, Harvard University Press, 1973.

23. O trabalho em que Derrida elabora essa linha de argumentação é "The Ends of Man" e foi lido na conferência intitulada "Philosophy and Anthropology", proferida na cidade de Nova York em outubro de 1968. Pediram a Derrida que comentasse especificamente o estado do debate sobre o humanismo na filosofia francesa do pós-Segunda Guerra Mundial. De saída, ele declarou as implicações políticas de sua intervenção. "Devemos lembrar que estas foram as semanas de abertura das conversações de paz no Vietnã e do assassinato de Martin Luther King. Pouco depois, quando eu datilografava este texto, as universidades de Paris foram invadidas pelas forças da ordem — e pela primeira vez a pedido de um reitor —, e depois reocupadas pelos estudantes, em um levante com o qual vocês estão familiarizados. ... eu simplesmente achei necessário marcar, datar e tornar conhecidas de vocês as circunstâncias históricas em que preparei meu trabalho. Estas circunstâncias parecem-me pertencer, sob todos os aspectos, ao campo e à problemática deste colóquio." Derrida, "The Ends of Man", *Margins of Philosophy*, Chicago, University of Chicago Press, 1982, p.113.

24. Ver Jean-Paul Sartre, *Being and Nothingness. An Essay on Phenomenological Ontology* (ed. reduzida, introd. de Hazel E.Barnes), Nova York, Citadel Press, 1956; e *The Emotions: Outline of a Theory*, Nova York, Philosophical Library, 1948.

25. Derrida critica profundamente a apropriação pelo existencialismo francês da tradição alemã — incluindo Hegel, Husserl e Heidegger —, que julga como menos dependente do ideal antropológico da unidade essencial do homem. "A leitura antropológica de Hegel, Husserl e Heidegger foi um erro sob determinado aspecto, talvez o mais sério erro. E foi essa leitura que forneceu os melhores recursos conceituais ao pensamento francês do pós-guerra." Derrida, op.cit., p.117.

26. Ibid, p.116.

27. Habermas, "On Public Use of History", p.234.

28. Immanuel Kant, "An Answer to the Question: 'What is Enlightenment?'", in Hans Reisds (org.), *Kant's Political Writings*, Cambridge, Cambridge University Press, 1993, p.54.

29. Ibid, p.58.

30. Aiatolá Ruholla Khomeini, comunicado pelo rádio, 14 de fevereiro de 1989, em "Fiction, Fact and *Fatwa*", in Steve MacDonough (org.), *The Rushdie Letters. Freedom to Speak, Freedom to Write*, Lincoln, University of Nebraska Press, 1970, p.130.

31. Kant teve experiência direta com o preconceito religioso quando, com a publicação de um tratado sobre religião, ofendeu Frederico Guilherme II, rei da Prússia. Ao contrário de seu predecessor, Frederico, o Grande, Guilherme II não era um defensor da tolerância religiosa. Enquanto Salman Rushdie recebeu uma ameaça de morte em âmbito mundial por parte do governo teocrático do Irã, incluindo nela seus editores e tradutores, Kant recebeu por carta o pedido formal de que prometesse nunca mais escrever sobre religião. Concordou com relutância como "O Súdito Mais Leal de Sua Majestade". A qualificação permitiu-lhe voltar a escrever sobre religião depois da morte do rei, apenas três anos depois. Essa morte, Kant explicou depois, absolveu-o de sua promessa, uma vez que não era mais súdito específico daquele rei. Ver Immanuel Kant, *Gesammelte Schriften*, Berlim, G. Reimer, 1900, n.7, p.7-10.

32. Christopher Norris afirmou com muita lucidez a necessidade de reconhecer a heterogeneidade do pós-modernismo, advertindo os estudiosos sobre o perigo de confundirem posições sérias e cuidadosamente ponderadas com desordem filosófica. Jean Baudrillard é, para Norris, um representante quintessencial da vertente contra-iluminista à qual Derrida é erroneamente acusado de pertencer. Da perspectiva de Norris, Baudrillard equaciona "o que é, de modo corrente e contingente, 'bom em termos de crença', com os limites do que talvez pode ser conhecido de um ponto de vista crítico ou de busca da verdade. Isso evidentemente acompanha a moda das teorias do conhecimento pragmatistas, antifundacionistas ou baseadas em consenso, teorias que aceitam como fato consumado que a 'verdade', em qualquer situação dada, só pode ser uma questão de valores e crenças que acabam prevalecendo entre membros de uma 'comunidade interpretativa' qualquer". Ver *Uncritical Theory: Postmodernism, Intellectuals and the Gulf War*, Amherst, University of Massachusetts Press, 1992, p.16. Ao contrário, a orientação desconstrutiva de Derrida não repudia critérios de referência, validade e verdade. A posição de Norris — que endosso plenamente — afirma que uma das virtudes da obra de Derrida é que "ela levanta questões de responsabilidade ética (juntamente com questões epistemológicas) que são tornadas invisíveis pelo apelo direto a referência, intenções, autoridade textual, leitura correta, garantia autoral e assim por diante" (p.18). É isso o que permite a Norris fazer a importante afirmação de que Derrida "sustenta o impulso da crítica iluminista mesmo quando submete a tradição a uma reavaliação radical dos seus conceitos e categorias básicos" (p.17).

33. A "teoria crítica" foi cunhada por Max Horkheimer, em um artigo intitulado "Traditional Theory and Critical Theory", in *Critical Theory: Selected Essays*, Londres/Nova York, Continuum, 1986, p.188-252. Publicado em 1930, quando ele era diretor do Instituto de Pesquisa Social em

Frankfurt, o artigo apresenta as opiniões que circulavam entre um grupo de filósofos e teóricos sociais, incluindo Theodor W. Adorno, Herbert Marcuse e Walter Benjamin. Habermas é o maior intérprete da segunda geração dessa linha de pensadores que acabaria conhecida como Escola de Frankfurt. As posições associadas ao título geral de "Escola de Frankfurt" são tudo, menos homogêneas, tanto entre seus vários representantes como ao longo do tempo. Além do mais, a evolução filosófica de Habermas é marcada por diferentes avaliações das posições dos principais teóricos da Escola de Frankfurt. Uma discussão a respeito dessa complexidade de relações no interior da orientação da teoria crítica ultrapassaria o âmbito desta introdução. A literatura sobre o tema é vasta. Eu mencionaria apenas dois ensaios de Habermas dedicados à primeira geração de teóricos críticos associados à Escola de Frakfurt: "The Entwinement of Myth and Enlightenment: Max Horkheimer e Theodor Adorno", *The Philosophical Discourse of Modernity: Twelve Lectures*, Cambridge, MIT Press, 1987, p.106-30, e "Psychic Thermidor and the Rebird of Rebellions Subjectivity", in Richard J. Bernstein (org.), *Habermas and Modernity*, Cambridge, MIT Press, 1985, p.67-77. O leitor pode ter uma orientação geral a partir do ensaio de Albrecht Wellmer, "Reason, Utopia and the *Dialectic of Enlightenment*", in *Habermas and Modernity*, p.35-66. Finalmente, como Adorno foi o teórico crítico da primeira geração mais próximo de Habermas, o leitor provavelmente irá consultar o excelente ensaio de Romand Coles intitulado "Identity and Difference in the Ethical Positions of Adorno e Habermas", in Stephen K. White (org.), *The Cambridge Companion to Habermas*, Cambridge, Cambridge University Press, 1995, p.19-45.

34. A tolerância, ou toleração, como preferem defini-la alguns filósofos (ver *On Toleration*, de Michael Walzer, New Haven, Yale University Press, 1997), também foi discutida como atitude e virtude, mais do que como um conceito político inscrito na história moderna da Europa. Ver David Heyd (org.), *Toleration: An Elusive Virtue*, Princeton, Princeton University Press,1996.

35. No diálogo Derrida estende sua rejeição da universalidade da tolerância à noção de religião, que, por sua demarcação abraâmica, não pode ser usada indiscriminadamente em todos os contextos ao redor do mundo.

36. Na seção deste ensaio intitulada "As condições da tolerância", explico a complexa relação de Derrida com Kant em termos de tolerância e hospitalidade.

37. Para Derrida, a tolerância é um princípio que não pode ser reduzido a uma regra aplicável. Como a justiça não pode ser definida em termos de lei, uma vez que não existem leis injustas, é preciso distinguir a tolerância de escolhas ou normas específicas da política. Kant parece insinuar uma posição similar quando relembra a atitude iluminada de Frederico, o Grande, da Prússia: "Um príncipe que não encara como tarefa menor para ele dizer que considera seu dever, em questões religiosas, não prescrever nada a seu povo, mas deixar-lhe a liberdade completa, um príncipe que, desse modo, até mesmo declina de aceitar o título presunçoso de *tolerante*, é realmente iluminado." Ver Kant "An Answer to the Question", op.cit., p.58.

38. A crítica da tolerância feita por Derrida foi antecipada por um dos maiores representantes da teoria crítica, Herbert Marcuse, em um curto ensaio intitulado "Repressive Tolerance" (1965). Com o mesmo tipo de reserva de Derrida a respeito da noção de tolerância, escreveu Marcuse: "O que é proclamado e praticado como tolerância hoje está, em muitas de suas mais efetivas manifestações, servindo à causa da opressão." Ver Robert Paul Wolff, Barrington Moore, Jr. e Herbert Marcuse, *A Critique of Pure Tolerance*, Boston, Beacon Press, 1965, p.81. Contra o entendimento clássico e liberalista da tolerância Marcuse advoga "a prática da tolerância discriminada. ... A tolerância que é o elemento da vida, o penhor de uma sociedade livre, nunca será uma dádiva dos poderes estabelecidos; sob as condições prevalecentes da tirania pela maioria, ela só pode ser conquistada no esfor-

ço contínuo das minorias radicais desejosas de romper com a tirania e trabalhar pela emergência de uma maioria livre e soberana — minorias intolerantes e militantemente intolerantes e desobedientes às regras de comportamento que toleram a destruição e a repressão" (p.123).

FUNDAMENTALISMO E TERROR — UM DIÁLOGO COM JÜRGEN HABERMAS

1. Este diálogo aconteceu em dezembro de 2001, três meses depois dos ataques de 11 desetembro. [GB]

2. Em 12 de novembro de 2001, apenas dois meses e um dia depois dos ataques de 11 de setembro, um avião comercial caiu no distrito de Queens, cidade de Nova York, matando 260 pessoas a bordo e cinco no solo. A cidade foi completamente fechada, temendo-se que o desastre fosse o resultado de outro ataque terrorista. Habermas, que estava de visita em Nova York, viveu aquele momento em presença. [GB]

3. Aqui Habermas refere-se às conversações de paz que aconteceram no final de novembro de 2001, nos arredores de Bonn, Alemanha. Elas reuniram os líderes políticos da Aliança do Norte, formada principalmente por grupos étnicos de tajiques, usbeques e hazaras e três facções étnicas de exilados dominadas pelo Pashtun e conhecidas como os grupos de Roma, Chipre e Peshawar. O grupo de Roma representava aliados do antigo rei, cujo retorno, até mesmo como líder decorativo, foi rejeitado pela Aliança do Norte.[GB]

4. Ver *Süddeutsche Zeitung*, 19 de dezembro de 2001. [GB]

5. Este é o discurso de Habermas ao aceitar o Prêmio da Paz da Associação Alemã dos Editores e Livreiros, que recebeu em Paulskirche, Frankfurt, em outubro de 2001. O tema do discurso deveria ser a biotecnologia. No entanto, como foi proferido um mês depois dos ataques de 11 de setembro, Habermas inseriu o tópico original na questão maior da rivalidade entre o que ele chama de "ciência organizada" e "religião organizada": "Se um lado temia o obscurantismo e o ressurgimento de uma suspeita atávica contra a ciência, o outro acusava a crença cientificista no progresso como um naturalismo cru que mina a moralidade. Mas depois de 11 de setembro a tensão entre a sociedade secular e a religião explodiram de uma forma inteiramente diferente." *Süddeutsche Zeitung*, 15 de outubro de 2001. [GB]

6. Habermas refere-se ao debate aberto pelo artigo de Samuel P. Huntington, "The Clash of Civilizations?", publicado em *Foreign Affairs* em 1993. O argumento de Huntington diz que a política mundial está sendo reconfigurada ao longo de linhas culturais, de modo que os conflitos futuros não serão travados por motivos econômicos ou políticos, mas em função de diferentes valores culturais. As "culturas" islâmica, ocidental e asiática são aquelas que parecem mais preocupar Huntington. Ver Samuel P. Huntington et al., *The Clash of Civilizations? The Debate*, Nova York, Foreign Affairs, 1993; Peter L. Berger e Samuel P. Huntington (org.), *Many Globalizations. Cultural Diversity in the Contemporary World*, Nova York, Oxford University Press, 2002. [GB].

7. Association of East Asian Nations. [GB]

RECONSTRUINDO O TERRORISMO — HABERMAS

1. Jürgen Habermas, "What Theories Can Accomplish", in Max Pensky (org.), *The Past as Future*, Nebraska University Press, 1994, p.103.

2. Ibid, p.102.

3. De uma perspectiva da comunicação, a Guerra do Golfo foi apresentada ao público como uma montagem produzida pela mídia; em contraste, 11 de setembro foi narrado e televisionado em tempo real. A noção de um acontecimento histórico mundial, que Habermas usa para especificar a singularidade de 11 de setembro, refere-se à simultaneidade de realidade e representação no nível global ou mundial.

4. Jürgen Habermas, "The Gulf War", in *Past as Future*, entrevista a Michael Haller, p.6.

5. Ibid, p.7.

6. Hans Georg Gadamer define essa interação como "fusão de horizontes". Com isso ele afirma a impossibilidade de abordar ou explicar uma tradição de uma maneira imediata ou simplesmente neutra, pois o presente é o único ângulo a partir do qual o acesso ao passado se torna disponível. Ver Hans Georg Gadamer, *Truth and Method*, Nova York, Seabury Press, 1975.

7. Habermas, "Europe's Second Chance", in *The Future as Past*, p.96.

8. Kant, op.cit.

9. O contexto social em que o "uso público" da razão torna-se mais obviamente crucial é o cenário acadêmico, que Kant indica como o modelo ideal de todos os intercâmbios políticos. "Pelo uso público de nossa razão eu quero dizer aquele uso que qualquer um pode fazer como *um homem de saber* dirigindo-se a um público totalmente letrado. O que chamo de uso privado da razão é aquele que uma pessoa pode fazer em um posto ou cargo *civil* particular que lhe foi confiado." (Kant, op.cit., p.55). O uso privado da liberdade, que Kant também qualifica com o termo "civil", é o que freqüentemente chamamos de "juízo individual", o exercício do julgamento individual dentro dos limites estabelecidos pelo sistema legal, assim como pelas circunstâncias das próprias responsabilidades sociais de cada um. Para Kant, pensar livremente no sentido teórico e agir livremente no sentido prático são funções distintas e, no entanto, interdependentes: "Um alto grau de liberdade civil parece vantajoso para a liberdade *intelectual* de um povo, mas também coloca barreiras insuperáveis para ele. Inversamente, um menor grau de liberdade civil dá à liberdade intelectual espaço suficiente para se expandir em sua plena extensão" (p.59)

Como pode parecer que um maior grau de liberdade civil estimule a liberdade intelectual, Kant nos adverte que nem sempre este é o caso. A liberdade civil, ou o poder discricionário, requer o exercício de regras. Na ausência de regras, torna-se uma questão de preferência pessoal, e não o resultado de uma argumentação racional de nossa escolha ou posição. A liberdade intelectual ou a força do melhor argumento só pode florescer em um contexto democraticamente regulado no qual os indivíduos se sentem suficientemente fortalecidos para discutir a validade das regras a que obedecem. O ponto de vista de Kant, que Habermas compartilha, é que, se as restrições da legislação permitirem que os cidadãos façam uso "público" de sua razão, a iluminação surgirá como conseqüência disso. Desse modo, homens e mulheres cumprirão sua natureza humana, cujo "destino original", diz Kant, está "na iluminação" (p.59).

10. Habermas, "Yet Again", op.cit., p.86-102.

11. Apesar da filiação política ao nazismo, que afeta claramente muitas de suas opiniões, Carl Schmitt permanece o tema de um produtivo debate entre jovens teóricos políticos e filósofos do direito. Ver, por exemplo, Gershon Weiler, *From Absolutism to Totalitarianism: Carl Schmitt on Thomas Hobbs*, Hollowbrook Publishers, 1994; Heinrich Meier, *Carl Schmitt and Leo Strauss: The Hidden Dialogue*, Chicago, University of Chicago Press, 1995; Heinrich Meier, *The Lesson of Carl Schmitt: Four Chapters on the Distinction between Political Theology and Political Philosophy*,

Chicago, University of Chicago Press, 1998; John P. McCormick, *Carl Schmitt's Critique of Liberalism: Against Politics as Technology*, Cambridge, Cambridge University Press, 1997.

12. Se o colonialismo britânico atrasou o desenvolvimento desse modelo de nações soberanas ao redor do mundo, as tendências imperialistas que Schmitt atribui tanto à União Soviética como aos Estados Unidos fizeram exatamente o mesmo. Para uma noção do papel que Schmitt atribuía à Europa, ver "Carl Schmitt's Europe: Cultural, Imperial and Spatial Proposals for European Integration, 1923-1955", trabalho apresentado ao European University Institute, Florença, 1999-2000. Ver também McCormick, op.cit., capítulo 2.

13. Immanuel Kant, *Perpetual Peace*, in Hans Reiss, *Kant's Political Writings*, Cambridge, Cambridge University Press, 1970, p.102.

14. Ibid, p.105.

15. Ibid, p.106.

16. Ibid, p.107.

17. Em 1974, Augusto Pinochet assumiu o poder no Chile, como resultado de um golpe de Estado, depois do qual mais de três mil opositores políticos foram detidos, interrogados, torturados e assassinados, e um milhão de chilenos partiram para o exílio. Em 1998 ele aposentou-se da política e nomeou-se "senador vitalício". Na viagem anual de compras que fazia a Londres, o general sofreu sérias dores nas costas e foi hospitalizado. Ali detiveram-no imediatamente depois da cirurgia. Ele passou os 503 dias seguintes sob prisão domiciliar, em uma propriedade nos arredores de Londres, enquanto a Câmara dos Lordes debatia se devia ser extraditado para a Espanha, a fim de ir a julgamento por seus crimes. As visitas de cortesia da ex-primeira-ministra Margaret Thatcher a Pinochet, aliado da Grã-Bretanha durante a campanha das ilhas Malvinas, foram duramente criticadas. Embora a Câmara dos Lordes acabasse por destituí-lo da imunidade legal que tradicionalmente protege chefes de Estado de julgamento por crimes contra a humanidade, o general ainda assim recebeu permissão para voltar ao Chile, por motivos de saúde. Embora considerado doente demais para ser submetido a julgamento em Santiago, foi destituído da imunidade pelo Supremo Tribunal do Chile, declarado criminoso e mantido sob prisão domiciliar.

18. Como destaquei na introdução, este é um dos pontos de discordância máxima entre Habermas e Derrida.

19. Essa qualidade elitista, que refulge na concepção da esfera pública de Kant, é consistente com sua dependência do cenário acadêmico como o modelo ideal de todos os intercâmbios políticos (ver nota 9).

20. A linha de argumentação de Habermas intersecta um amplo e variado campo de discussão sobre a espetacularização da política. Um texto clássico nesse área é o livro de 1967 do sociólogo francês Guy Debord, *Society of the Spectacle*, Detroit, Black & Red, 1977. (Trad. bras., *A sociedade do espetáculo*, Rio de Janeiro, Contraponto, 1997.)

21. Isso está em contraste com a rejeição do livro pelos dois padrinhos da teoria crítica, Horkheimer e Adorno, quando foi submetido como *Habilitationschrift*, a tese para qualificação de pós-doutorado exigida dos professores alemães. Ambos acharam o texto insuficientemente crítico com relação às forças potencialmente destrutivas levantadas pelo pensamento iluminista e ao seu caráter ilusório. Nesse sentido, *The Structural Transformation of the Public Sphere* [Mudança estrutural na esfera pública] está alinhado à orientação teórica "original" da teoria crítica, não com o seu posterior desenvolvimento no pós-Segunda Guerra Mundial, ao qual Adorno e Horkheimer estavam aderindo na ocasião. O livro foi finalmente aceito como *Habilitationschrift* na Universidade de Marburg.

22. Ver Theodor Wiesegrund Adorno in Gretel Adorno e Rolf Tiedemann (org.), *Aesthetic Theory*, Londres, Routledge & Kegan Paul, 1984.

23. Jürgen Habermas, "Further Reflections on the Public Sphere," in Craig Calhoun (org.), *Habermas and the Public Sphere*, Cambridge, MIT Press, 1992, p.441.

24. Ao contrário da grande maioria de intelectuais europeus de esquerda que em 1968 expressaram uma forte desilusão com as instituições democráticas em seus respectivos países, a admiração de Habermas por essas instituições jamais declinou. A abordagem crítica que faz em relação ao movimento estudantil de 1968 move-se em torno da capacidade e disposição de comentar o trauma da história alemã do século XX. Quando Inge Marcuse sugeriu-lhe que o movimento estudantil estava combatendo pela primeira vez a herança do nazismo de uma maneira crítica, Habermas ficou ultrajado, pois sentia que, "em sua maior parte, os estudantes esquerdistas tinham uma noção um tanto estereotipada do fascismo. Na época custou um esforço verdadeiro afirmar em público que os órgãos do Estado também executavam funções que ajudavam a garantir a liberdade, ou que, apesar de tudo, a *Bundesrepublik* era um dos seis ou sete países mais liberais do mundo. Era difícil para mim encontrar um público para tais declarações, que se destinavam a introduzir um senso de proporção histórica". "The Role of the Student Movement in Germany", in Peter Dews, op.cit., p.231.

25. Jürgen Habermas, *Communication and Evolution of Society*, Boston, Beacon Press, 1979, p.93.

26. Ver Jürgen Habermas, "What Is Universal Pragmatics?", in *Communication and the Evolution of Society*, op.cit., p.1-68. Habermas não é o único filósofo que busca desenvolver essa abordagem. Karl Otto Apel é outro importante teórico da pragmática universal. Ver *Understanding and Explanation. A Transcendental Pragmatic Perspective*, Cambridge, MIT Press, 1984. Uma excelente elaboração da pragmática universal é o ensaio de John P. Thompson, "Universal Pragmatics", in John P. Thompson e David Held (org.), *Habermas. Critical Debates*, Cambridge, MIT Press, 1982, p.116-33.

27. Aqui Habermas segue o argumento da linguagem privada de Wittgenstein (ver *Philosophical Investigations*, de Ludwig Wittgenstein, Oxford, Blackwell, 1953, seções 243-64). O ponto de partida de Wittgenstein e de Habermas é o seguinte: para que alguém possa seguir uma regra de modo significativo, ele deve ser capaz de seguir aquela regra correta ou incorretamente. "Uma expressão lingüística só pode ter um significado idêntico para um sujeito se ele é capaz de seguir pelo menos com um outro sujeito uma regra que seja *válida para ambos*. Um sujeito monadicamente isolado não pode empregar uma expressão com um sentido idêntico, assim como uma regra não pode ser seguida de maneira privada." Jürgen Habermas, *Postmetaphysical Thinking. Philosophical Essays*, Cambridge, MIT Press, 1996, p.68. (Trad. bras., *Pensamento pós-metafísico*, Rio de Janeiro, Tempo Brasileiro, 1993.)

28. Uma vez que "um interlocutor simultaneamente faz algo quando diz algo, proferir uma frase não é descrever o que estou dizendo que estou fazendo enquanto faço, nem declarar que o estou fazendo: é simplesmente fazê-lo". Ibid, p.62. Ver também J.L. Austin, *How to Do Things with Words*, Cambridge, Harvard University Press, 1962, p.49.

29. A idéia de que existe sempre um melhor argumento claramente pressupõe uma unidade epistemológica fundamental — a saber, a existência de um esquema único dentro do qual posições, todas elas possíveis, podem ser classificadas segundo uma unidade de medida. Se essa unidade existe na prática, este é o tema do debate. Acreditando que sim, Habermas faz uma afirmação fortemente cognitivista que percorre a articulação ética do discurso. Esse é o terreno em que ele

rejeita todos os tipos de céticos morais, para os quais a razão prática não pode ser decidida em bases racionais. Como a posição de Habermas é de que até mesmo problemas morais são passíveis de resolução de um modo racional e cognitivo, ele não tenciona assimilar o fenômeno específico da "moralidade" ao domínio do cognitivismo. Existe uma óbvia diferença entre "Você não devia ser racista" e "Esta neve é branca". Daí o termo "verdade moral" apresentar dificuldades intrínsecas, como o próprio Habermas reconhece. Para as sentenças normativas, ele endossa apenas o resgate das reivindicações de validade "mais fracas".

30. Jürgen Habermas, "A Reply to my Critics", in John B. Thompson e David Held (org.), *Habermas. Critical Debates*, Londres, Macmillan, 1983, p.221 e 227.

31. Jürgen Habermas, "Further Reflections on the Public Sphere", p.442.

32. Nesse sentido, a noção de consenso de Habermas é marcadamente distinta daquela esposada por neopragmatistas como Richard Rorty, para quem o consenso é literalmente pensado como o acordo deliberado atingido por dois ou mais participantes em uma discussão, ou por membros de uma comunidade. Ver "Habermas and Lyotard on Postmodernity", de Richard Rorty, in *Essays on Heidegger and Others. Philosophical Papers*, vol.2, Cambridge, Cambridge University Press, 1991, p.164-76.

33. Habermas especifica a situação de fala ideal como um conjunto de propriedades formais que as argumentações discursivas deveriam possuir quando o consenso que elas produzem tem de ser claramente distinto de uma mera acomodação ou acordo de conveniência. A situação de fala ideal tem quatro condições obrigatórias: "Primeiro, cada participante deve ter uma oportunidade igual de iniciar e continuar a comunicação; segundo, cada um deve ter uma oportunidade igual de fazer afirmações, recomendações, explicações e de desafiar as justificações. Terceiro, todos devem ter oportunidades iguais, como atores, de expressar seus desejos, sentimentos e intenções. Quarto, o interlocutor deve agir *como se*, em contextos de ação, existisse uma distribuição igual de oportunidades 'para ordenar e resistir a ordens, prometer e recusar, ser responsável por sua conduta e exigir a responsabilidade dos outros'." Jürgen Habermas, "Wahrheitstheorien", in Helmut Fahrenbach, *Wirklichkeit und Reflexion: Walter Schulz zum 60. Geburtstag*, Pfullinger, Neske, 1973, p.256; ver também Seyla Benhabib, "The Utopian Dimension in Communicative Ethics," *New German Critique*, n.35, primavera-verão de 1985, p.83-96, depois incluído em *Critique, Norm and Utopia: A Study of the Foundations of Critical Theory*, Nova York, Columbia University Press, 1985. As quatro condições da situação ideal de fala são, na teoria da ação comunicativa de Habermas, os parâmetros-guias para a formação de crenças e de vontade na esfera pública.

34. Ver Samuel P. Huntington, op.cit.

35. Jürgen Habermas, "Further Reflections on the Public Sphere", p.444.

36. Ver Jürgen Habermas, *Legitimation Crisis*, Boston, Beacon Press, 1975. (Trad. bras., *A crise da legitimação no capitalismo tardio*, Rio de Janeiro, Tempo Brasileiro, 1994.) O debate de Habermas com Luhmann veio à baila pela primeira vez com a publicação de *Legitimation Crisis*; reavivou-se depois nos anos 90, diante da nova ênfase sobre a lei e na comunidade legal face à questão da legitimação legal que surge em *Between Facts and Norms. Contribution to a Discourse Theory of Law and Democracy*, Cambridge, MIT Press, 1996.

37. Jürgen Habermas, "Further Reflections on the Public Sphere", p.446.

38. Jürgen Habermas, *Theory of Communicative Action*, vol.2, p.393-6.

39. Jürgen Habermas, "New Social Movements", *Telos*, n.49 , p.33-7, 1981.

40. Ver Émile Benveniste, *Problems in General Linguistics*, Miami, University of Miami Press, 1971.

41. A hipótese de que a modernidade é inoculada por um vírus autodestrutivo era parte integrante de uma certa seção da cultura alemã conservadora na virada do século, e não necessariamente está associada a Weber. Ver, por exemplo, Oswald Spengler, *The Decline of the West*, Nova York, Knopf, 1926-28.

42. Jürgen Habermas, "The Dialectics of Rationalization: Na Interview with Jürgen Habermas", *Telos*, n.49, outono de 1981, p.7.

43. Jürgen Habermas, *Between Facts and Norms*, p.117.

44. Max Weber, *The Protestant Ethic and the Spirit of Capitalism*, Nova York, Scribner, 1958, p.25. (Trad. bras., *A ética protestante e o espírito do capitalismo*, São Paulo, Difel, 1970.)

45. "Émile Durkheim e George Herbert Mead pensam os mundos da vida racionalizados como aqueles caracterizados pelo tratamento reflexivo de tradições que perderam seu status quase natural; pela universalização de normas de ação e pela generalização de valores, que deixaram a ação comunicativa livre de contextos restritos e ampliaram o campo de opções; e, finalmente, por padrões de socialização orientados para a formação de geoidentidades abstratas e que forçam a individuação da criança em crescimento." Jürgen Habermas, *The Philosophical Discourse of Modernity*, Cambridge, MIT Press, 1987, p.2. (Trad. bras., *Discurso filosófico da modernidade*, São Paulo, Martins Fontes, 2002.)

46. Ibid, p.16.

47. Ibid, p.7.

48. Se uma cultura pode fazer essa escolha sem qualquer suporte histórico, uma questão permanece aberta. O exemplo de culturas islâmicas que não podem contar em sua experiência histórica com revoluções democráticas ou qualquer coisa comparável a um momento típico de Iluminismo em sua história recente — aspecto que Derrida destaca neste volume — exemplificam diretamente a questão que estou levantando, embora não ofereça uma resposta definitiva.

49. O discurso de Habermas ao aceitar o prêmio, intitulado "Modernidade: um projeto incompleto" (in Hal Foster (org.), *Postmodern Culture*, Londres, Pluto, 1983, p.3-15), exibe uma relação interessante e quase estranha com o contexto deste livro: não só a cidade de Frankfurt decidiu, 22 anos depois, conceder o mesmo prêmio a Derrida, mas a própria data da premiação foi 22 de setembro de 2001, 11 dias depois dos ataques contra o World Trade Center e o Pentágono.

50. Jürgen Habermas, "Prefácio", *The Philosophical Discourse of Modernity*, p.ix.

51. Esta é uma definição altamente idiossincrática, fundindo pós-modernismo e pós-estruturalismo, usada apenas no contexto alemão. Habermas e Manfred Frank parecem permanecer fiéis a ela, mesmo depois de repetidas críticas. Ver Manfred Frank, *What Is Neostructuralism?* (introd. Martin Schwab), Minneapolis, University of Minnesota Press, 1989.

52. Existem apenas umas poucas mas excelentes fontes para explorar a complexidade da relação entre Habermas e Derrida como pensadores políticos. Ver Christopher Norris, "Deconstruction, Postmodernism and Philosophy: Habermas and Derrida", in David Wood (org.), *Derrida: A Critical Reader*, Oxford, Blackwell, 1992, p.167-92; idem, "Desconstrução e um projeto inacabado de modernidade", *Deconstruction and the Unfinished Project of Modernity*, Londres, Routledge, 2000, p.48-74. Outra avaliação bastante equilibrada da relação entre Derrida e Habermas como pensadores políticos pode ser encontrada no trabalho de Bill Martin, "What Is at the Heart of the Language? Habermas, Davidson and Derrida", *Matrix and Line. Derrida and the Possibility of Postmodern Social Theory*, Albany, Suny Press, 1992, p.65-124; idem, "Transformation of Humanism", *Humanism and its Aftermath. The Shared Fate of Deconstruction and Politics*, Humanities Press, 1995, p.47-137, especialmente p.47-72. Cerrando fileiras com Habermas está

Thomas McCarthy, *Ideals and Illusions; on Reconstruction and Deconstruction in Contemporary Critical Theory*, Cambridge, MIT Press, 1991.

53. Minha indicação geral de que Benjamin é uma figura-chave na relação entre as estruturas políticas de Derrida e Habermas é apoiada por Beatrice Hanssen em seu excelente livro *Critique of Violence Between Poststructuralism and Critical Theory*, Routledge, 2002.

54. Jürgen Habermas, *The Philosophical Discourse of Modernity*, p.11. Habermas faz citações de "Theses on the Philosophy of History", de Walter Benjamin, *Illuminations*, Nova York, 1969, p.263.

55. Jürgen Habermas, *The Philosophical Discourse of Modernity*, p.14.

56. Em nosso diálogo Derrida confirmou a leitura de Habermas: isso não pode ser articulado discursivamente de modo algum; mas, ao contrário de Habermas, Derrida acha que esta é justamente sua virtude.

AUTO-IMUNIDADE: SUICÍDIOS REAIS E SIMBÓLICOS — UM DIÁLOGO COM JACQUES DERRIDA

1.Em inglês no original. [NT]

2. Embora eu tenha modificado algumas formulações e tentado esclarecer ou desenvolver um argumento ou dois, segui tão fielmente quanto possível a transcrição de uma conversa que aconteceu em Nova York em 22 de outubro de 2001. Achei importante respeitar naturalmente a ordem em que as perguntas foram feitas e também o tom e outros aspectos ligados aos embaraços da improvisação oral. Todas as referências e notas foram obviamente acrescentadas posteriormente. Pareciam-me necessárias para ajudar o leitor a desenvolver, caso ele ou ela desejar, as análises que o tempo e o gênero da entrevista me forçaram a abreviar. [JD]

3. Em inglês no original. [NT]

4. Derrida está se referindo à palestra que deu em 22 de setembro de 2001, em Frankfurt, quando aceitou o Prêmio Adorno. Ver *Fichus: discours de Francfort*, Paris, Éditions Galilée, 2002. [GB]

5. O ataque japonês a Pearl Harbour, Havaí, em 7 de dezembro de 1941, não foi feito a solo continental dos Estados Unidos. Como o Havaí era um território norte-americano, pode-se dizer que o ataque não foi tecnicamente em "território nacional" dos Estados Unidos. Portanto, 11 de setembro foi o primeiro ataque em território nacional estadunidense desde a guerra de 1812. [GB]

6. Na verdade, as reflexões de certos arquitetos sobre as Torres Gêmeas já haviam levado em conta a possibilidade (premonitória, profética, espectral, gravada na pedra do inconsciente) de um ataque "terrorista" vários anos antes de 11 de setembro de 2001. Em artigo notável (e ainda não publicado), "Target Architecture: Destination and Spectacle before and after 9-11", Terry Smith fala de uma "arquitetura de trauma" e cita o comentário de Joseph B. Juhas sobre Yamasaki, in Muriel Emanuel (org.), *Contemporary Architects*, 3ª ed., Farmington, St. James Press, 1994. O texto é de 1994! "O WTC tinha sido o nosso Portal de Marfim da Cidade Branca. ... Pelo menos quando visto à distância, o WTC ainda refulge — ele está no momento bastante manchado pelo seu desafortunado papel como alvo para o terrorismo do Oriente Médio." E mais adiante: "Claro, qualquer 'estabilidade' baseada na supressão de sistemas abertos torna-se um elemento em um drama que, nos seus próprios termos, *deve* terminar em cataclisma. Em um sentido alegórico, a presença vasta, geminada, duplamente espectral do WTC apresenta um sepulcro do qual os fantasmas não se levantarão no dia do cataclisma como mortos ressuscitados: parecendo mais uma tumba, ela profetiza a aparição de Golems e Zumbis."

Sem levar em conta os problemas arquiteturais (urbanos, técnicos, políticos, estéticos) levantados pelo World Trade Center, devemos reconhecer pelo menos uma coisa: o afeto, na verdade a afeição, o amor que ele inspira (um amor cujo duplo espectro invadiu minha própria memória, por exemplo, por mais de dez anos) não pode excluir a sensação pelo menos inconsciente de uma terrível vulnerabilidade, a fascinante exposição daqueles dois corpos verticais enormes, a agressão hedionda ou amorosa. Como podemos "ver" as duas torres sem "vê-las" antecipadamente, sem antevê-las evisceradas? Sem imaginar, em um ambíguo terror, o seu colapso? Vale dizer, sua sublime subtração do arquivo filmado, um filme mais inesquecíveldo do que nunca para a memória enlutada e idealizadora da mundial-ização (*mondialisation*) do mundo.

Além disso, das tantas outras análises necessárias, não deveríamos reconstruir os fantasmas — tanto conscientes como inconscientes — daqueles que decidiram e então puseram em ação, nas suas cabeças e nos seus aviões, até o suicídio, o evisceramento e o colapso dessa torre dupla? Arcaicos e eternamente pueris, terrivelmente crianças, esses fantasmas masculinos foram de fato alimentados por toda uma cultura tecnocinematográfica, e não só no gênero de ficção científica. O que obviamente não basta — na verdade, bem ao contrário — para fazer do ataque de 11 de setembro uma "obra de arte", como Stockhausen teve o péssimo gosto de falar a fim de pleitear, com sua provocação barata, uma ninharia de originalidade. [JD]

7. Por exemplo, em "Faith and Knowledge: The Two Sources of 'Religion' at the Limits of Reason Alone", in Jacques Derrida e Gianni Vattimo, *Religion*, Palo Alto, Stanford University Press, 1998. Analisando "essa *aterrorizante* mas inescapável lógica da *auto-imunidade incólume* que sempre associa ciência e religião, "propus ali estender à vida *em geral* a figura de uma auto-imunidade cujo significado ou origem primeiro parecia limitada à chamada vida natural ou vida pura e simples, ao que se acredita ser o puramente "zoológico", "biológico" ou "genético":

> É especialmente no domínio da biologia que os recursos léxicos da imunidade desenvolveram sua autoridade. A reação de imunidade protege a *inden-idade* do corpo, produzindo anticorpos contra antígenos estranhos. Quanto ao processo da auto-imunização, que nos interessa particularmente aqui, ele consiste de organismos vivos, como bem se sabe, e de proteger a si mesmo contra sua autoproteção, destruindo seus próprios sistemas imunológicos. À medida que o fenômeno desses anticorpos estende-se para uma zona de patologia mais ampla, quando recorremos cada vez mais às virtudes positivas de imunodepressivos destinados a limitar os mecanismos de rejeição e a facilitar a tolerância a certos transplantes de órgãos, sentimo-nos autorizados a falar de uma espécie de lógica geral de *auto-imunização*. Isso nos parece indispensável hoje para pensar as relações entre fé e conhecimento, religião e ciência, bem como a duplicidade de fontes em geral. (p.73, n.27)

Sublinhei "aterrorizante" no texto anterior simplesmente a fim de sugerir uma hipótese: como estamos falando aqui de terrorismo e, assim, de terror, a mais irredutível fonte de terror absoluto, aquela que por definição se encontra mais indefesa diante da pior ameaça seria a que vem de "dentro", dessa zona onde o pior "exterior" vive com ou dentro de "mim". Minha vulnerabilidade é portanto — por definição e por estrutura, por situação — sem limite. Daí o terror. O terror é sempre, ou sempre se torna, pelo menos em parte, "interior". E o terrorismo sempre tem alguma coisa "doméstica", se não nacional, em si. O pior e mais eficaz terrorismo, ainda que pareça externo e "internacional", é aquele que instala ou relembra uma ameaça anterior, *at home* [em inglês no original, GB] — e relembra que o inimigo está *também sempre* alojado no interior do sistema que ele viola e aterroriza.

8. A figura do "laço" (*loop*) é sugerida aqui por pelo menos *três* razões:

1. A re-transmissão re-produtiva dos "laços", como dizemos, as mesmas imagens televisionadas de uma "transmissão ao vivo" (o evisceramento e o colapso das duas torres, um filme que passa e repassa interminavelmente nas telas do mundo inteiro); essa compulsão à repetição imediatamente confirma e neutraliza o efeito dessa realidade, à medida que uma dor assustadora, assustada e aterrorizada liga-se a um inadmissível desfrutar [*jouissance*], algo que antes de mais nada é inadmissível, incontrolável e irreprimível, à proporção que opera a distância, neutralizando a realidade, mantendo-a desse modo afastada.
2. O laço também pretende se referir à especularidade circular e narcisista desse penoso desfrutar, desse clímax, aterrorizados pelo outro e aterrorizados ao descobrirmos que existe algo que nos deixa exultantes quando o vemos aqui, aterrorizados de nos vermos mitigando o nosso terror pelo *voyeurismo*.
3. Finalmente, o laço é o círculo vicioso de um suicidio que se confessa por negação, que se destesta atestando a si mesmo, que é levado de roldão em seu próprio testamento, que dá testemunho do que restará, do lado dos "suicidas" (os seqüestradores e os cadáveres "desaparecidos"), *sem testemunha*. [JD]

9. O mal desse traumatismo tem a ver com o fato de que a agressão *não terminou*. Não terminou e não passou, esta é a primeira conclusão. De todas as reflexões que poderiam se inspirar na cobertura televisiva do acontecimento pela mídia, eu gostaria de sublinhar o seguinte, um aspecto que julgo não ter sido realmente discutido: ao estabelecer um arquivo completo e continuamente acessível, reprodutível a cada momento, em um laço, damos a nós mesmos a sensação tranqüilizadora de que "terminou". Terminou porque está arquivado e qualquer um pode visitar o arquivo! O arquivo, o efeito do arquivo, tranqüiliza (a questão está encerrada! está tudo gravado! foi tudo gravado!), e nós então fazemos tudo para monumentalizar as gravações, reassegurando-nos assim de que os mortos estão mortos; não vai acontecer de novo porque já aconteceu. Negamos portanto a irresistível premonição de que o pior não aconteceu, ainda não. Assim, ao arquivo visual foram acrescentadas recentemente as gravações, feitas por um operador de rádio de São Francisco, das mensagens trocadas entre a polícia e os bombeiros durante a queda das Torres Gêmeas. Os únicos testemunhos que escapam da prática de arquivar são aqueles das vítimas, não os mortos ou os cadáveres (houve tão poucos), mas os desaparecidos. Por definição, os desaparecidos resistem ao trabalho de luto, assim como o futuro, exatamente assim como os mais recalcitrantes dos fantasmas. A perda do arquivo, o espectro, o fantasma — este é o futuro. [JD]

10. Em inglês no original. [NT]

11. Em *Leviatã*, de Thomas Hobbes (introd. C.B. Macpherson), Londres, Penguin, 1968, p.11-27. [GB]

12. Ver Walter Benjamin, "Critique of Violence", *Reflections*, Nova York, Schocken Books, 1978, p.277-300. [GB]

13. Ver por exemplo Noam Chomsky, *9-11*, Nova York, Seven Stories Press, 2001, p.43-54. Essas páginas contêm algumas estatísticas comparativas referentes ao número de vítimas de "11 de setembro" e o número de vítimas de outros ataques "terroristas de Estado" relativamente recentes. As definições oficiais do terrorismo por parte de instituições norte-americanas nunca definem o status (individual ou coletivo, relacionado ao Estado ou não) ou a *origem* ou o *autor* dos atos de terrorismo. O autor pode assim ser um indivíduo, um grupo de indivíduos — ou um Estado. O governo americano não define o terrorismo, mas sim o que chama de "atividade terrorista" como

> qualquer atividade que seja ilegal sob as leis do lugar onde é cometido (ou que, se cometido nos Estados Unidos, seria ilegal sob as leis dos Estados Unidos ou de qualquer Estado) e que envolve quaisquer atos

entre os seguintes: 1. Seqüestro ou sabotagem de qualquer meio de transporte ou comunicação (incluindo aeronave, navio ou veículo) [em outras palavras o terrorismo começaria com um roubo de carro; o fato de que isso não seja claramente o que o texto significa sugere que o conceito é confuso]. 2. A tomada ou detenção, sob ameaça de morte, ferimento ou o aprisionamento de outro indivíduo a fim de compelir uma terceira pessoa (inclusive uma organização governamental) a fazer ou a abster-se de fazer qualquer ato como a condição explícita ou implícita da soltura do indivíduo seqüestrado ou detido. 3. Um ataque violento sobre uma pessoa internacionalmente protegida (conforme definido na seção 1116(b)(4) do títutlo 18, Código dos Estados Unidos) ou sobre a liberdade desta pessoa. 4. Um assassinato. 5. O uso de qualquer (a) agente biológico, químico ou arma ou dispositivo nuclear, ou (b) explosivo ou arma de fogo (que não para mero ganho monetário pessoal) com a intenção de colocar em risco, direta ou indiretamente, a segurança de um ou mais indivíduos ou causar dano substancial a propriedade. 6 Uma ameaça, tentativa ou conspiração para fazer quaisquer dos descritos acima" (citado em Chomsky, p.123-4).

Essa definição "legal" (que inclui armas nucleares, observo, em apoio a meu argumento anterior) é frouxa o bastante para incluir praticamente qualquer crime, qualquer "assassinato". Desse modo é dificilmente rigorosa. Não podemos mais ver a diferença entre um crime não-terrorista, o terrorismo nacional e o terrorismo internacional, um ato de guerra e um ato de terrorismo, militar e civil. Se a restrição especificando "que não para mero ganho monetário pessoal" parece excluir do terrorismo o roubo armado, assaltos a bancos ou atividades de gangues; ela está em contradição com o que define um terrorista como qualquer coisa que deseja "causar dano substancial à propriedade".

A definição dada pelo *United States Code Congressional and Administrative News*, 98º Congresso, 2ª sessão, 19 de outubro de 1984, vol. 2, par. 3077, 98 STAT.2707 [West, 1984] é mais curta, embora essencialmente a mesma, com uma importante diferença: fala de atos violentos destinados a intimidar ou coagir uma população "civil" ou com o intuito de influenciar a política de um governo por intimidação ou coerção. A população "civil" também é citada na definição dada pelo FBI. E a dimensão internacional é explicitamente mencionada nas definições publicadas pela CIA e pelos Departamentos de Estado e Defesa. [JD]

14. O significado que dei aqui às palavras "utopia" e "aporia" sugerem-me, ao reler o texto, uma interpretação irônica e de certo modo brincalhona de uma declaração particular feita por Heidegger na entrevista a *Der Spiegel*. ("Only a God Can Save Us", *Philosophy Today* 20, n.4, inverno de 1976, p.267-84).

Como alguém poderia negar que o nome "deus por vir" poderia justamente ser adequado a uma forma final de soberania que reconciliaria a justiça absoluta com a lei absoluta e, assim, como toda soberania e toda lei, com absoluta força, com um absoluto poder de salvação? Sempre poderemos chamar de "deus por vir" a improvável instituição que acabei de invocar acima, ao falar de uma "fé na possibilidade dessa coisa impossível". Essa fé não é estranha àquela estrutura universal a que me referi em outra parte como "messianidade sem messianismo" (*Specters of Marx: The State of the Debt, the Work of the Mourning, and the New International*, Londres, Routledge, 1994, por exemplo, e em inúmeros outros locais). Claro que tal interpretação fantasiosa teria chocado Heidegger. Isso não é certamente o que ele "quis dizer". E ele teria visto, embora erroneamente, na minha opinião, a ironia do meu discurso como sintomática de tudo o que denunciava sob as categorias do jurídico e do tecnológico, na verdade, do "Estado tecnológico". Na mesma entrevista, Heidegger de fato respondeu com um breve "sim", sem comentário algum, sem deixar qualquer espaço para discussão, firme e claro, à seguinte questão do jornalista: "O senhor obviamente prevê, e isso é o que já disse, um movimento mundial que levará ou já levou ao Estado tecnológico absoluto? — Sim." (p.277).

É desnecessário dizer que nada se assemelha menos a um "Estado tecnológico absoluto" do que aquele de que falei sob os termos de *fé, messianidade, democracia por vir*, a promessa insustentável de uma *instituição internacional justa*, uma instituição que seja forte em sua justiça, *soberana sem soberania*, e assim por diante. [JD]

15. Permitam-me fazer referência a outros textos que desenvolvem o tema: *Of Spirit: Heidegger and the Question*, Chicago, University of Chicago Press, 1991; *The Other Heading*, Bloomington, Indiana University Press,1992; "Khôra", in Thomas Dutoit, *On the Name*, Bloomington, Indiana University Press, 1995, p.87-127; e "Faith and Knowledge". [JD]

16. Para complicar e depurar aqui o uso que faço dessas palavras, deixem-me referir uma vez mais a "Faith and Knowledge". [JD]

17. Derrida refere-se aqui a um encontro do G8 ocorrido em Gênova, Itália, em 20-22 de julho de 2002. Os países envolvidos no encontro eram Itália, Canadá, França, Alemanha, Japão, Rússia, Reino Unido e Estados Unidos. A reunião de cúpula foi convocada para discutir tópicos como redução da pobreza e proteção ambiental. Protestos violentos foram realizados pelo movimento antiglobalização, e resultaram em extensos danos a prédios, carros e lojas. Vários manifestantes foram feridos, alguns gravemente, e um deles morreu. [GB]

18. Ver, por exemplo, "As If It Were Possible, 'Within Such Limits'", in Elizabeth Rottenberg (org.), *Negotiations: Interventions and Interviews, 1971-2001*, Palo Alto, Stanford University Press, 2002, p.343-70; *Papier machine: le ruban de machine à écrire et autres réponses*, Paris, Galilée, 2001; "The University without Condition" in Peggy Kamuf (org.), *Without Alibi*, Palo Alto, Stanford University Press, 2002, p.202-37. [JD]

19. Em "The University without Condition", Derrida escreve: "Mantenho a palavra francesa *mondialisation* de preferência a "globalização" ou *Globalisierung* para preservar uma referência à palavra *monde, Welt, mundus*, que não é o globo nem o cosmo" (p.23). Apesar das reservas expressadas por Derrida neste e em outros textos, *mondialisation* foi às vezes traduzida aqui como "globalização", quando a discussão se refere ao que é comumente chamado, no mundo de fala inglesa e até mesmo além de "globalização". [NT].

20. Ver "The University without Condition"; Jeremy Rifkin, *The End of Work: The Decline of the Global Labor Force and the Dawn of the Post-Market Era*, Nova York, G.P. Putnam's Sons, 1995. [JD]

21. Ver Walter Benjamin, "Critique of Violence"; e Jacques Derrida, "Force of Law: The 'Mystical Foundation of Authority'", *Cardozo Law Review* 11, n.5-6, 1990, p. 920-1045. [JD]

22. Ver "Plato's Pharmacy", *Dissemination*, Chicago, University of Chicago Press, 1981, p.61-171. [JD]

23. Voltaire, "Tolerance", *The Philosophical Dictionary*, Nova York, E.R. Dumont, 1901, vol.10, p.100-2; *la tolérance* foi traduzida ao longo do texto como "tolerância", e não "*toleration*-toleração"; este último é o termo usado na tradução inglesa comum do artigo de Voltaire; quando Derrida se refere, como Voltaire, à noção mais restritiva de "toleração religiosa", ele invoca outros registros de "tolerância" em geral não cobertos por "toleração". [NT]

24. Ver Jacques Derrida e Anne Dufourmantelle, *Of Hospitality*, Palo Alto, Stanford University Press, 2000 (trad. bras., *Da hospitalidade*, São Paulo, Escuta, 2003); e Jacques Derrida, *Cosmopolitanism and Forgiveness*, Londres, Routledge, 2001. [JD]

25. Ver Jacques Derrida, *Adieu to Emmanuel Levinas*, Palo Alto, Stanford University Press, 1999. [JD] (Trad. bras., *Adeus a Emmanuel Levinas*, São Paulo, Perspectiva, 2004.)

26. "... keine phantastische und überspannte Vorstellungsart des Rechts", Immanuel Kant, *Perpetual Peace*, Indianapolis, Bobbs-Merrill Co., 1957, p.20-3. [JD]

27. Ver Jacques Derrida, *On Cosmopolitanism and Forgiveness* e *Politics of Friendship*, Londres, Verso, 1997, em particular sobre o tema da fraternidade. [JD]

28. Ibid. [JD]

29. Ver Jacques Derrida, "Force of Law: 'The Mystical Foundation of Authority'". [JD]

30. Ver Immanuel Kant, "Of the Drives of Pure Practical Reason," *Critique of Practical Reason*, livro 1, capítulo 3, Londres, Macmillan Publishing Co., 1993, especialmente p.84-5. [JD]

31. Nesta sentença Derrida joga com a palavra francesa *devoir*, repetida três vezes: "Il faut donc devoir au-delà du devoir, devoir aller au-delà du droit...". [GB]

32. "... diferenças no interesse da razão" [ein verschiedenes Interesse der Vernunft], Immanuel Kant, "Appendiz to the Transcendental Dialectic: The Regulative Employment of the Ideas of Pure Reason", *Critique of Pure Reason*, Nova York, St. Martins Press, 1965, p.547. [JD]

33. Immanuel Kant, *Critique of Pure Reason*, p.533. Conhecemos o papel decisivo e enigmático desempenhado pelo *als ob* em todo o pensamento de Kant; mas isso é especialmente verdade em relação à idéia reguladora. Trata-se de considerar as conexões entre os fenômenos "*como se* eles fossem as ordenações de uma razão suprema, da qual nossa razão não é senão uma pálida cópia" [*als ob sie Anordnungen einer höchsten Vernunft waren, von der die unsrige ein schwaches Nachbild ist*], (p.555); "*como se* este ser, como suprema inteligência, agindo de acordo com um propósito supremamente sábio, fosse a causa de todas as coisas" [*als ob diese als höchste Intelligenz nach der weisesten Absicht die Ursache von allem sei*], (p.561). "Pois a lei reguladora da unidade sistemática prescreve que deveríamos estudar a natureza *como se* uma unidade sistemática e dotada de propósito, combinada com a maior variedade possível, fosse encontrada por toda parte, *in infinitum*" [*als ob allenthalben ins Unendliche systematische und zweckmässige Einheit bei der grossmöglichen Mannigfaltigkeit angetroffen wurde*], (p.568).

Para continuar na direção que indiquei acima, distinguindo uma "reserva" de uma "objeção", diria que às vezes sou tentado a fazer "como se" eu não tivesse objeções aos "como se" de Kant. Ver "The University without Condition", em que trato da difícil questão do "como se" em Kant. [JD]

34. "A segunda idéia reguladora de razão meramente especulativa é o conceito do mundo em geral" [*Die zweite regulative Idee der bloss speculativen Vennunft ist der Weltbegriffe überhaupt*], *Critique of Pure Reason*, p.558. [JD]

35. Ver Jacques Derrida, *The Gift of Death*, Chicago, University of Chicago Press, 1995, p.80ss. [JD]

DESCONSTRUINDO O TERRORISMO — DERRIDA

1. A escolha do termo "desconstrução" por Derrida surge de seu diálogo com Martin Heidegger. Como Derrida vividamente relembra, "Quando escolhi aquela palavra, quando ela se impôs a mim, ... acho que foi em *Of Grammatology*, eu desejava traduzir e adaptar para meus próprios fins a palavra heideggeriana *Destruktion* ou *Abbau*. Cada uma delas significava, nesse contexto, uma operação que atuava sobre a estrutura da arquitetura tradicional dos conceitos fundamentais de ontologia ou da metafísica ocidental. Mas em francês *destruction* implicava obviamente demais uma aniquilação, ou uma redução negativa muito mais próxima talvez da 'demolição' nietzscheana do que da interpretação heideggeriana, ou do tipo de leitura que eu propunha. Jacques Derrida,

"A Letter to a Japanese Friend" in David Wood e Robert Bernasconi (org.), *Derrida and Difference*, Evanston, Northwestern University Press, 1988, p.1.

2. Ver Donald Davidson, "On the Very Idea of a Conceptual Scheme", *Inquiries into Truth and Representation*, Oxford, Clarendon Press, 1984. A possibilidade de que a noção de um esquema conceitual de Davidson esteja ligada ao projeto de desconstrução, tal como definido por Nietzsche, Heidegger e Derrida, foi proposta por Rorty. Ver Richard Rorty, "The Contingency of Language", *Contingency, Irony, Solidarity*, Cambridge, Cambridge University Press, 1989, p.3-22.

3. Jacques Derrida, *The Other Heading: Reflections on Today's Europe*, Bloomington, Indiana University Press, 1992, p.79.

4. Jacques Derrida, "On Forgiveness", *Cospolitanism and Forgiveness*, Londres, Routledge, 2001, p.28.

5. Ibid, p.28.

6. Como exemplo desta orientação entre teóricos do Holocausto, Derrida menciona Vladimir Jankélévitch. Ver Vladimir Jankélévitch, *L'Imprescriptible: pardonner? Dans l'honneur et la dignité*, Paris, Éditions du Seuil, 1986.

7. Jacques Derrida, "On Forgiveness" p.38.

8. Ibid, p.39.

9. Ibid, p.39.

10. Ibid, p.55.

11. As fronteiras são mais centrais à filosofia do que à maioria das outras disciplinas, uma vez que traçar fronteiras conceituais não é justamente o que a filosofia faz, mas aquilo do que ela trata. As fronteiras da própria filosofia têm sido a principal questão filosófica desde os gregos. Por 2.500 anos de história, a filosofia nunca parou de examinar e justificar suas fronteiras, traçando-as repetidas vezes e de diferentes maneiras. A incessante negociação quanto à demarcação de seu campo de investigação levou alguns filósofos a suspeitarem que é errado pressupor que a filosofia de fato nomeia "alguma coisa". Para esses pensadores, a filosofia não deve ser entendida como um campo, mas como um método de análise aplicável a várias coisas, materiais e conceituais. Era assim que René Descartes, no século XVII, esperava resolver a questão das imprecisas fronteiras da filosofia. Ele concebeu a filosofia como uma técnica "construtiva" íntegra, permitindo que o edifício do conhecimento fosse erigido sobre fundações sólidas como rocha. Isso naturalmente não o dispensou da tarefa de traçar fronteiras entre fundações genuinamente seguras e outras instáveis. A maneira de Descartes resolver esse passo adicional foi aplicar a "dúvida metódica" a todas as crenças, convidando-nos depois a reter aquelas que eram indubitáveis. Descartes estava convencido de que a dúvida metódica do tipo que apresentou nas *Méditations* tornaria a distinção auto-evidente, aliviando-nos assim do fardo de ter de traçar a fronteira entre crenças duvidosas e indubitáveis: se eu penso, existo, porque, esteja acordado, dormindo e sonhando, ou intoxicado e alucinado, ainda estou envolvido em algum tipo de pensamento. Como tem sido incessantemente discutido desde Descartes, esse argumento é menos definitivo do que parece. Primeiro, ele traz uma qualidade estranhamente temporária no fato de que só posso ter certeza de que existo enquanto estiver tendo este exato pensamento. Segundo, produzir conhecimento objetivo do tipo fornecido apenas por fundações inabaláveis acarreta alguma coisa mais: a capacidade de quem conhece de provar a existência de Deus.

12. Meu exemplo não tem a intenção de excluir o fato de que poderia haver o mesmo preconceito por parte de ocidentais com mentalidade estreita, convencidos de que o Muro de Berlim foi a fronteira entre o bem e o mal, entre a justiça e a injustiça.

13. Ver Sigmund Freud, in James Strachey (org.), *Beyond the Pleasure Principle*, Nova York, Norton, 1961.

14. Heidegger elaborou a noção de acontecimento (*Ereignis*) ao longo de toda a sua carreira. Ela aparece em relação à morte como um exemplo de acontecimento do qual não nos podemos apropriar. Ver Martin Heidegger, *Being and Time*, Albany, Suny Press, 1996, parte 2, seção 1, p.50-2. Mais tarde Heidegger distinguiu acontecimento e produto (*Erzeugnis*); ver Martin Heidegger, introdução a "What Is Metaphysics?", in William McNeill (org.), *Pathmarks*, Cambridge, Cambridge University Press, 1998, p.82-96). Ele usou a noção de acontecimento que emerge dessa distinção para descrever a maneira como acontecimentos históricos genuinos envolvem uma mudança na mentalidade e no entendimento do mundo, de modo que não podem ser considerados meras circunstâncias; ver Martin Heidegger, *Identity and Difference*, Nova York, Harper & Row, 1974. A noção de acontecimento permeia a obra de Heidegger durante as duas últimas décadas de sua vida, estando associada com a essência da poesia, da linguagem e até mesmo do pensamento. Ver Martin Heidegger, *Contributions to Philosophy: From Enowing*, Bloomington, Indiana University Press, 1999.

15. Sem dúvida tudo depende do padrão da medida. O ataque contra o World Trade Center na cidade de Nova York certamente figura entre os maiores assaltos contra uma área metropolitana importante em tempo de paz.

16. Ver David Hume, *An Enquiry Concerning Human Understanding*, Londres, Hackett, 1997, seções 2-3.

17. Tanto Derrida como Habermas mencionam Schmitt em nossos diálogos; Schmitt foi uma figura controversa pela filiação ao Terceiro Reich. Eu amplio a leitura de Habermas sobre Schmitt em meu ensaio "Reconstruindo o terrorismo", em particular na seção intitulada "Da lei internacional clássica a uma nova ordem cosmopolita".

18. O argumento aproxima Derrida de Habermas, que não discute o terrorismo em relação a processos auto-imunes, mas afirma o risco sistemático de reação exagerada e desligitimação a que as democracias liberais estão expostas em sua luta contra o terrorismo.

19. Ver Émile Benveniste, in Jean Lallot (org.), *Indo-European Language and Society*, Miami, University of Miami Press, 1973.

20. Jacques Derrida, "Faith and Knowledge. The Two Sources of Religion at the Limits of Reason Alone", *Acts of Religion*, Londres, Routledge, 2002, p.72-3.

21. Derrida vê a sobrevivência da conexão entre esses dois elementos da experiência religiosa na prática católica de carregar estátuas e marionetes em procissões, em geral para honrar um santo. Ele pergunta, não é o fálico, "distinto do pênis e, uma vez separado do corpo, o marionete que é erguido, exibido, fetichizado e desfilado em procissões?". Jacques Derrida, "Faith and Knowledge", p.83. Desse modo, a dimensão pagã da religião, já presente no estudo etimológico da palavra por Cícero, pode ser assimilada em sua interpretação por Tertuliano como uma dívida.

22. Jacques Derrida, "Faith and Knowledge", p.74.

23. Ibid, p.53.

24. Ibid, p.56.

25. A expressão ressurge em muitos lugares, inclusive em nosso diálogo. Para um tratamento completo, ver Jacques Derrida, *Spectres of Marx: The State of the Debt, the Work of Mourning, and the New International*, Londres, Routledge, 1994.

26. Jacques Derrida, "Faith and Knowledge", p.56.

27. Derrida destaca que a palavra "comunidade", derivada do termo latino *communitas*, também inclui a noção de obrigação, expressa pelo termo latino *munus*. "Imune" tem a mesm a derivação, só que, ao contrário de "comunidade", ela significa isenta ou liberada da obrigação, originalmente em um sentido fiscal. "Essa isenção", como observa Derrida, "foi transportada para os domínios da lei constitucional e internacional (imunidade parlamentar ou diplomática), mas também pertence à história da igreja cristã e à lei canônica; a imunidade dos templos também envolvia a inviolabilidade do asilo que lá se podia encontrar (Voltaire atacava com indignação a 'imunidade de templos' como um 'exemplo revoltante' de 'desprezo às leis' e 'ambição eclesiástica'). Urbano VIII criou uma congregação de imunidade eclesiástica; contra impostos e militares, ... e contra buscas policiais." Jacques Derrida, "Faith and Knowledge", p.80.

28. Jacques Derrida, "Faith and Knowledge", p.69.

29. Ibid, p.88.

30. Immanuel Kant, *Religion within the Limits of Reason Alone* [A religião dentro dos limites estritos da razão], Chicago, Open Court, 1934.

31. Citado em Derrida, "Faith and Knowledge", p.49.

32. Jacques Derrida, "Faith and Knowledge", p.50.

33. Ver Gianni Vattimo, "The Trace of the Trace", in Jacques Derrida e Gianni Vattimo *Religion*, Palo Alto, Stanford University Press, 1996.

34. O tema da hospitalidade assumiu o centro do palco nas intervenções políticas de Derrida, à medida que ele confrontava o tema dos direitos cosmopolitas aplicados a imigrantes, refugiados e asilados. Em meados dos anos 1990, o assunto tornou-se o centro de um debate público na França conhecido como *Sans Papiers*. Segundo Hannah Arendt, a história moderna das minorias coincide com a história daqueles sem um Estado (*Heimatlosen*), sem um lar, os que foram deportados ou deslocados por emergências políticas ou econômicas. Como isso necessariamente implica a repatriação ou a naturalização do estrangeiro, também representa as limitações de uma hospitalidade que é concedida pelo soberano de quem o refugiado está fugindo ou pelo soberano que lhe dá refúgio. Nesse sentido, o direito a asilo é o equivalente legal do conceito de tolerância.

35. É viável interpretar o duplo registro do condicional e do incondicional como uma versão do argumento transcendental de Kant. Os estudiosos exploraram essa possibilidade que, se aceita, dispersa consideravelmente a preocupação de Habermas, segundo a qual basear a política no seu "além" é irreconciliável com a democracia. Ver Rudolphe Gasché, *The Train in the Mirror. Derrida and the Philosophy of Reflection*, Cambridge, Harvard University Press, 1986; Richard Rorty, "Is Derrida a Transcendental Philosopher?", *Yale Journal of Criticism* 2, n.1, 1989, p.207-17; e Giovanna Borradori, "Two Versions of Continental Holism", *Philosophy and Social Criticism* 26, n.4, 2000, p.1-22.

36. Jacques Derrida, "Force of Law: The 'Mystical Foundation of Authority'", in Drucilla Cornell, Michel Rosenfeld e David Gray Carlson (org.), *Deconstruction and the Possibility of Justice*, Londres, Routledge, 1992, p.5-6.

37. Walter Benjamin, "Critique of Violence", in Marcus Bullock e Michael W. Jennings (org.), *Selected Writings*, vol.1, 1913-1926, Cambridge, Harvard University Press, 1996, p.236-53.

38. Em nome da simplicidade, essa formulação toca levemente o fato de que Derrida desconstrói a distinção entre os tipos de violência fundadora e conservadora, e assegura que eles estão mutualmente envolvidos, ou "diferencialmente contaminados". A fundação de todos os estados inaugura uma nova lei na violência, uma violência que, para se afirmar, precisa se impor e se preservar.

39. Jacques Derrida, "Force of Law: 'The Mystical Foundation of Authority'", p.14.

40. Ver Jacques Derrida, "Declarations of Independence", *New Political Science* 15, 1986, p.7-15.

41. Jacques Derrida, "Force of Law: 'The Mystical Foundation of Authority'", p 35.

42. Ibid, p.16.

43. Jacques Derrida, *The Other Heading: Reflections on Today's Europe*, p.9.

44. Ibid, p.39.

45. Discuti a noção de responsabilidade em relação à memória no contexto da crítica de Habermas à perspectiva messiânica de Benjamin no final do ensaio prévio sobre Habermas.

46. Jacques Derrida, *The Other Heading: Reflections on Today's Europe*, p.29.

47. Jacques Derrida, "From Traumatism to Promise", in Elisabeth Weber (org.), *Poins...: Interviews, 1974-1994*, Palo Alto, Stanford University Press, 1995, p.383.

AGRADECIMENTOS

Desejo expressar minha gratidão a Jürgen Habermas e Jacques Derrida por aceitarem o desafio deste livro. Cresci lendo os textos desses dois filósofos, muitas vezes me perguntando que tipo de pessoa estaria vinculada a mentes tão assombrosas. A ocasião me deu a oportunidade, não só de captar suas mentes em ação, experiência que transformou minha vida, mas também de conhecê-los como os indivíduos inesquecíveis que são: dois cavalheiros bem diferentes, e no entanto inequivocamente europeus, que tiveram muitas experiências em suas vidas e cujo poder intelectual fantástico nunca obscurece uma sensibilidade humana bastante palpável.

Gostaria também de agradecer ao meu caríssimo amigo e colega Michael Murray, sem o qual este livro não seria o que é e talvez nem chegasse sequer a se completar. Dificilmente posso encontrar palavras para expressar o que o seu apoio representou para mim. Ele leu e criticou cada página deste livro, em cada estágio de depuração, oferecendo-me o dom de seu inexaurível conhecimento filosófico e de sua acuidade analítica. Sei o quanto devo a ele e guardo-o com muito carinho em meu coração.

Este projeto teve uma trágica data de nascimento: 11 de setembro de 2001. Durante aquele dia exato, e nos meses que se seguiram, meu irmão, Pietro Borradori, esteve perto de mim, assim como minha amiga Mariangela Zappia-Caillaux, encorajando-me tanto emocional como profissionalmente: como diplomata de carreira, ela me reassegurou o tempo todo de que este projeto era uma contribuição única e muito útil. Meus agradecimentos vão também para o dr. Alvin Mesnikoff, que não me deixou afundar nos momentos mais sombrios.

Sou agradecida a três amigos maravilhosos. Richard J. Bernstein, para mim grande fonte de inspiração filosófica e humana ao longo dos anos. James Traub, cuja mente arguta e o implacável senso de humor me fizeram rir quando o riso era tudo o que eu precisava. E Brooke Kroeger, a mulher mais forte que conheço, cujo afeto e crença em mim simplesmente nunca esquecerei.

Entre as pessoas às quais mais me sinto reconhecida estão meu editor na University of Chicago Press, David Brent, e Giuseppe Laterza, dos Editori Laterza. A confiança deles neste livro, sua bondade e amizade foram preciosas. Na University of Chicago Press gostaria de agradecer a Maia Melissa Rigas pela excelente edição de texto do manuscrito, feita sob circunstâncias extremas.

Sou muito grata a Luis Guzman, que fez um trabalho maravilhoso traduzindo meu diálogo com Habermas, e a Michel Naas e Pascale-Anne Brault, cuja versão de meu encontro com Derrida para o inglês é uma verdadeira obra de arte.

Este livro me fez perceber como é importante sentir-se valorizada e apoiada pela sua instituição de origem. Sou muito reconhecida ao Vassar College e a seu presidente, Francis Ferguson; ao diretor de meu departamento, Douglas Winblad; e Kathy Magurno, assistente administrativa. Gostaria também de agradecer a todos os meus alunos do Vassar College, que torceram por mim e mantiveram meu ânimo. Agradecimentos especiais para Max Schmookler, meu maravilhoso assistente de pesquisa, e Zachary Allen, cuja paixão pela filosofia e dedicação ao meu projeto foram realmente inesquecíveis.

Meus filhos, Gerardo e Lucia Zampaglione, foram defensores fabulosos deste livro. Entenderam que significava muito para mim e suportaram minhas ausências prolongadas de casa e de suas vidas. Por isso desejo agradecer-lhes.

Finalmente, por último nesta lista, mas em primeiro lugar no meu coração, está meu marido, Arturo Zampaglione. Como vivemos de mãos dadas a tragédia de 11 de setembro, este é o seu livro também. Naquele dia, e em todos os outro dias até hoje, ele me ofereceu nada menos do que seu amor incondicional.

ÍNDICE REMISSIVO

NOTA – A expressão "11 de setembro" tem entrada como *onze.*

Este livro foi composto pela
Futura Editoração, em Minion e Gill Sans,
e impresso pela Geográfica Editora em julho de 2004